입양 치유

입양으로 아이를 잃은 어머니의 회복과 성숙을 위한 카운슬링

조 솔 | 캐런 윌슨 부터보 지음
오혜인 외 옮김

뿌리의집
KOROOT

ADOPTION HEALING

...a path to recovery for mothers who lost children to adoption

입양 치유

입양으로 아이를 잃은 어머니의 회복과 성숙을 위한 카운슬링

초판 인쇄 2013년 5월 6일
초판 발행 2013년 5월 10일

지은이 조 솔(CSW), 캐런 윌슨 부터보
옮긴이 오혜인 외
펴낸이 김길자
편집인 김도현
펴낸곳 뿌리의집
등록 제300-2012-53호(2012년 4월 2일)
주소 (110-030) 서울시 종로구 자하문로 125-10
전화 02-3210-2451~2
팩시밀리 02-3210-2453
전자우편 admin@koroot.org
홈페이지 http://www.koroot.org

ISBN 978-89-968798-2-4 03330

값 12,000원

*잘못된 책은 바꾸어 드립니다.

입양 치유

어머니에게.

당신이 누구이든, 어디에 계시든 사랑을 담아.

또한 입양 중에

사라진 그리고 사라질 모든 이들에게.

— 조(Joe) —

사랑하는 세 딸에게.

한때는 잃어버렸지만 마리아로 되찾은 미첼 르네,

그리고 브랜디 브라운과 트리니티 월슨에게 사랑을 담아.

또한

입양으로 그 존재를 인정받지 못하고 부성낭한 모든 어머니들과

사라진 나의 자매들에게.

— 캐런(Karen) —

차례

제2부 자아 되찾기

제3부 도움받기

제4부 회복을 향한 도전

부록

저자의 말

입양으로 자녀를 잃은 많은 어머니들과 일하면서 그녀들이 입양과정에서 입양인과 똑같은 심리적 경험을 한다는 것을 알게 되었습니다. 입양인과 어머니 모두는 이별 이후 유사한 과정을 경험합니다. 그러나 그동안 이러한 어머니들의 경험은 간과되어왔다고 생각합니다.

우리 사회는 어머니들의 경험에 귀를 막고 눈을 감아왔습니다. 그러나 자녀를 잃은 아픔은 삶의 전반에 만연해 있는 이러한 아픔은 마땅히 이해받아야 합니다.

처음 책을 쓰기 시작할 때 저는 입양인과 어머니 모두를 돕는 작업을 하리라 마음먹었습니다. 저의 첫 번째 책이 입양인의 치유에 초점을 두었다면, 이 책은 입양으로 자녀를 잃은 어머니의 치유에 작으나마 도움을 되고자 하는 마음에서 썼습니다. 어머니와 입양인의 치유 과정은 정말로 비슷합니다. 이 책을 읽는 입양인은 자신을 위해 이 책에 제시된 치유방법을 적용해보시기 바랍니다. 물론 저의 첫 번째 책『입양 치유: 회복을 위한 길(Adoption Healing: A Path to Recovery)』도 읽어보십시오.

이 책을 읽어가면서 여러분은 지금껏 어떤 삶을 살았느냐에 상관없이 정서적으로 고무되면서 불안과 아픔 그리고 슬픔을 경험하게 될 것입니다. 이러한 경험은 정상적인 것이며, 여러분 혼자만의 감정이 아니라는 것을 알려드립니다. 1940년 이후로 미국에는 600만 명의 입양인, 입양으로 자녀를 잃은 1,200만 명의 부모, 그리고 아이를 입양한 600만 쌍의 부부가 있는 것으로 확인되었습니다. 다시 말해서, 3천만 명의 사람들이 입양과 직접 연관되어 있습니다.

마지막으로 언급할 것은 이 책에서는 편의적으로 여성대명사를 사용했다는 점입니다. 실제로 동일한 수의 남성이 입양과 연관되어 있습니다. 여성대명사의 사용으로 이들 남성을 배제하고자 하는 의도는 결코 없습니다. 또한 편의적으로 어머니라는 단어를 입양으로 자녀를 잃은 여성 그리고 아이를 이미 입양했거나 앞으로 입양할 여성 모두를 지칭하는 데 사용했습니다.

—조

이 책에서 입양 경험을 개괄하고자 했지만 입양으로 자녀를 잃은 모든 어머니의 개인적 관점과 경험을 모두 담아내지는 못했습니다. 사람들은 자신의 경험에 빗대어 그리고 지금까지 어떤 노력을 해왔는지에 따라 다양한 반응을 보입니다. 수년 동안 우리는 아이들을 잃은 것에 대해 스스로에게 다양한 방식으로 말해왔습니다. 이러한 이유로 모든 점을 하나로 연결하는 것은 어려운 일이며, 모두에게 맞는 보편적인 경험은 없다고 생각합니다.

경우에 따라서 거부하고픈 마음이 너무 깊어서 슬픔과 같은 반응이 지연되기도 하고 분노 및 상실과 관련된 문제가 보다 강하게 다가오기도 합니다. 많은 사람들은 "옳은 일을 한 거야"라는 식으로 입양 이야기를 미화하는 한편, 다른 사람들은 그 순간 자신에게 닥친 현실을 인식하고 그것이 가져온 충격에 휩싸여 슬픔을 직접적이고 노골적으로 표현합니다. 입양 이야기는 한 권의 책으로 온전히 담아내기에는 너무나도 다양합니다. 그러나 '우리보다 크고 힘센 부모, 사회, 사회복지사, 교회, 남자친구 등에 의해 우리 아이들과 헤어졌다'는 사실은 모두 같습니다.

상실의 상처(트라우마)는 결코 사라지지 않습니다. 입양이 초래한 결과를 딛고 살아가려면 우리 모두에게 도움이 필요합니다. 이 책은 당신을 위해 훈련과 지원을 제공합니다. 하지만 가능하면 치료사의 도움을 받거나 이 책의 다른 저자인 조의 '치유 프로그램(Healing Weekends)'에 참여해보기를 권합니다.

이 책을 통해 당신이 아이와 이별하도록 강요한 집단(세력)을 좀 더 제대로 파악할 수 있기를 바라며, 신뢰할 만한 친구와 가족 그리고 훈련된 전문가들이 제공하는 도움과 격려를 이해할 수 있게 되기를 바랍니다. 그런 연후에 우리는 비로소 치유의 수단을 발견할 수 있을 것입니다.

—캐런

감사의 말

이 책의 출간에 도움을 주신 많은 분들께 감사의 마음을 전합니다.

부록 '입양 분리의 상실'과 표지 디자인에 도움을 준 게로(Darlene Gerow)에게.

그림 〈또 다른 이브(Another Eve)〉를 제공한 프랭크스-모라(Barbara Franks-Morra)에게.

추가적인 표지 디자인에 도움을 준 보이어(Kate Boyer)와 라이델(Bruce Rydell)에게.

편집자 캐머런(Debra Cameron), 레이크(Bryony Lake), 골드먼(Julie Goldman)의 관용과 헌신 그리고 역량에.

이 책에 감동을 담아낸 어머니들의 용기와 그들의 이야기에.

인터넷을 통해 숨어 있던 전 세계의 어머니들을 교육하고 그녀들에게 지지를 보내고 발언권을 제공해준, 그리고 부적절하고 비윤리적인 입양 관행에 대해 처음으로 정부 조사를 주창한 '출생의 복지를 위한 디안 협회(Dian Wellfare of Origins, Inc. NSW Australia)에.

발행인 휴스(Ann Hege Hughes)의 한결같은 격려와 끊임없는 지원에.

책을 펴내며

전국의 서점, 도서관, 사회서비스기관 등에서 강연할 때 종종 화가 난 사람들에게 그들을 둘러싸고 있던 거품을 터뜨려버렸다 또는 꿈을 망가뜨렸다는 원망을 듣곤 합니다.

그때 저는 이렇게 묻습니다. "무슨 거품을 터뜨렸죠? 어떤 꿈을 깨버렸나요?"

"제 아이가 행복할 것이라는, 고통이 없을 거라는 꿈 말이에요. 저는 당신이 말해준 것을 알고 싶지 않았고 그러한 사실을 듣고 싶지도 않습니다!"

이 책은 입양의 실제와 자신의 소중한 아이를 잃어버린 어머니들의 내면세계에 관한 이야기입니다. 누군가를 원망하려는 책이 아닙니다. 이 책은 앞으로의 세대가 의지할 곳이 없는 임신한 여성을 적절하게 대할 수 있도록, 그리고 그 여성이 자신의 아이를 양육하게 도와줄 수 있도록 안내하고자 합니다.

저는 이 책에 멘토와 동료에게서 배운 폭넓은 지식과 지혜를 담았습니다. 또한 이 책의 많은 내용은 어머니들, 입양 부부, 입양인—청소년과 성인—들과 함께한 21년간의 임상연구에 기반을 두고 있습니다.

이 책에 담긴 내용은 유쾌한 것이 아니지만 그래도 이런 문제에 대한 언급은 절실하다고 생각합니다. 이 책은 입양에 연관되거나 그 영향으로 상처받은 사람들을 치유하기 위한 것으로, 입양으로 받는 상처를 조금이나마 보듬기 위한 지식을 제공하는 것으로 이해되어야 할 것입니다. 저는 입양인 입장에서 진심어린 마음을 담아 수백만 명의 입양된 '형제들과 자매들'을 위해, 아들로서 어머니들과 아버지들을 위해, 동료로서 정신보건 전문가들을 위해 이 책을 썼습니다.

이 선물이 잘 전달되어 필요한 곳에 적절히 사용되기를 희망합니다.

2003년 6월

뉴욕 콘거스에서

프롤로그: 입양 정책

미국 역사에서 대부분의 시기 동안 가정을 필요로 하는 가족이 없는 아이들이 그들을 입양하려는 가족보다 더 많았다. 실제로 고아가 된 아이가 거의 없었던 1900년대 중반에도 입양을 원하는 부부에게 충분히 제공할 정도의 '사생아'가 있었다.

그러나 1970년대에 이르러 최소한 백인 인구 내에서 이런 상황을 극적으로 변화시킨 몇 가지 사건들이 일어났다. 임신중절이 합법화됨에 따라 백인 '사생아'가 급격하게 줄어들었고, 여러 가지 요인들이 입양에 필요한 건강한 백인 유아의 공급을 감소시켰다. 사생아는 더 이상 오명으로 여겨지지 않으며, 아이를 키우는 싱글맘*은 더 이상 사회적 약자 또는 남편을 구할 수 없는 그런 사람으로 대접받지 않는다. 이혼율의 증가와 그에 뒤이은 이혼 여성 및 그 자녀들의 궁핍화로 인해 편모-자녀 가족의 경제적 지위는 결혼에서 비롯된 다양한 형태의 가족과 비슷해졌다. 이와 더불어 이혼율이 증가하면서 양부모 가족이 아닌 여러 가지 형태의 가족 구성이 정당한 것으로 받아들여지기 시작했다.

이러한 변화들로 인해 미혼모보다 결혼한 부부에 의해 양육되는 것이 사생아에게 더 좋다는 주장은 상당히 약화되었다. 반면에 『입양 치유(Adoption Healing)』(2000)에서 논의되었듯이, 현재 여러 증거들은 많은

---

* single mother를 싱글맘으로 번역했다. 결혼 여부와 관계없이 홀로 아이를 키우는 어머니를 말한다. – 옮긴이

입양인과 어머니가 서로 헤어짐으로써 심각하고 지속적인 심리적 고통을 겪는다는 사실을 보여주고 있다.

입양 가능한 백인 유아의 공급이 줄어드는 것과 나란히 입양을 원하는 백인 부부의 수가 폭발적으로 증가했다. 30대까지 임신을 미루는 추세, 클라미디아 같은 성행위를 매개로 감염되는 질병의 증가 등을 포함한 여러 가지 요인으로 백인 중산층—전통적으로 유아를 입양해왔던 집단—의 불임률이 높아졌다. 이들 중 몇몇은 새로 개발된 불임약의 혜택을 받기도 하지만, 입양 가능한 유아보다 더 많은 수의 부부가 여전히 백인 유아의 입양을 원하고 있다.

미국 전역의 신문 광고에서 드러나듯이, 입양을 원하는 사람들이 싱글맘이 아이를 입양 보낼 대상으로 선택해주기를 바라며 잡지나 신문 등의 매체에 자신들을 이상적인 부부로 광고하는 사례가 줄어들고 있다. 반면에 점차로 싱글맘이 아이를 포기하는 조건으로 '공개 입양'을 요구하는 사례가 많아지고 있다. 입양을 하는 대부분의 사람들이 가능하다면 공개 입양을 피하려는 것은 어쩌면 당연한 일인지도 모른다. 불임 부부는 일반적으로 자신들이 가질 수 없는 '자연스러운' 가족과 가장 비슷한 가족을 만들고자 원한다. 비입양 가족처럼 살아가고 싶은 염원으로 그들은 불임을 반복적으로 기억나게 하는 사람을 배제하거나 자기 가족 이외의 그 누구와도 입양아의 사랑과 헌신을 공유하려 하지 않는다. 입양아에게 미치는 공개 입양의 장점을 잘 알고 있는 사람조차도 두려운 마음으로 미지의 방식(공개 입양)을 고민한다. 결과적으로 친가족찾기/재회운동이 활기를 띠게 되면서 입양 부모들은 입양이 '최종 단계'는 절대로 아니라는 지속적인 불안과 마주할 수밖에 없게 되었다.

어머니 및 그 자녀의 욕구와 입양을 원하는 사람들의 욕구가 충돌하자 이 문제와 관련된 견해에서 첨예한 대립을 야기했다. 이와 같은 상황은 최근 뉴욕 주 의회에 상정된 두 개의 법안에서 가장 극적으로 드러났다. 하나는 주지사의 부인이 발기한 입양 기록 공개 법안이며, 다른 하나는 대외적으로 주지사가 지지하는 법안으로 기록의 봉인을 주장하고 있다. 전국적인 수준에서 모든 입양 기록을 공개하자는 친가족 찾기/재회운동을 이끄는 단체들의 정치적 압력은 '통일주법위원회 전국협의회(National Conference of Commissioners on Uniform State Law)'가 제안한 법안에 의해 도전받고 있다. 만약 이 법안이 실행되면 99년간 모든 기록을 공개할 수 없고, 관계자 모두가 정보 공개에 동의한 경우라도 정보를 공개한 사람에게 벌금형과 구금형을 내릴 수 있게 된다.

불행히도 이런 상황에서는 중간지대란 없다. 이 책의 목적이 어머니와 자녀가 받은 상처를 치유하고 더 이상 어머니와 자녀가 쓸데없이 헤어지지 않도록 돕는 것이므로 저자들은 모든 관계자의 동의하에 입양 기록을 공개하는 것과 가능한 경우 입양인과 부모가 재회하는 것을 지지하며 출생 가족 내에서의 자녀 양육을 옹호한다. 따라서 이 책은 논쟁을 일으킬 가능성이 크다.

주의 깊게 진행하기

나는 이 책에서 시각화(visualization)와 긍정하기(affirmation) 훈련을 제시할 것이다. 당신이 현재 심리치료를 받고 있다면 훈련을 시작하기 전에 치료사의 동의를 구하기 바란다. 당신은 스스로 현명하고 배려심 있는 성인 자아(adult self)를 활용해 훈련할 수 있지만 치료사의 동의가 필요하다. 이 훈련의 어떤 부분에서 당신의 성인 자아가 상처받은 당신의 내적 아이를 보살필 것이다. 모든 성인은 어린 시절의 내적 아이를 가지고 있다. 내적 아이는 상처받은 과거의 아이를 표현하기 위해 붙인 이름이다. 어린 시절의 고통은 현재의 나에게도 계속 영향을 미친다. 내적 아이는 과거 기억이 현재의 나에게 영향 주는 방식을 변화시키기 위해 무의식에 접촉하도록 작용한다. 혼자서 훈련을 할 수 있지만 적어도 시작 단계에서는 당신을 돌봐주고 도와주는 친구 또는 지원 집단과 함께하는 것이 좋다.

이 훈련은 당신이 현재 받고 있는 어떤 치료 또는 집단치료를 대신하고자 의도하지 않는다. 이 훈련은 당신이 속해 있을지도 모르는 어떤 12단계 집단을 대신하고자 설계된 것이 아니다. 실제로 이 훈련은 당신의 치료와 12단계 작업을 촉진할 것이다. 당신이 성폭행을 당한 피해자이거나 정서적으로 심한 충격을 경험했다면, 또는 정신질환으로 진단받았거나 정신질환 가족력을 가졌다면 반드시 전문가의 도움이 필요하다. 이 책을 읽으면서 또는 제시된 훈련을 실행하면서 심상치 않거나 상당히 강력한 감정에 빠지려고 하면 즉각 멈추고 이 책을 내려놓아라. 더 나아가기 전에 자격 있는 상담사의 도움을 받아라.(이 경고는 존 브래드쇼[John Bradshaw]의 『귀향[The Homecoming]』에서 발췌했다.)

제23장의 첫 두 페이지를 읽어보면 이 책의 모든 장에서 계속 사용될 시각화 기술을 이해할 수 있을 것이다.

서문

"당신의 아이를 진심으로 사랑한다면 그 아이의 양육을 부부에게 양보해야 한다." "당신이 아이를 양육하려는 것은 이기적인 행동이다." 임신한 상태에서 이와 같은 말을 들었다고 상상해보라. 미국에서만 600만 명의 어머니가 임신 상태에서 그 어떤 도움도 받을 수 없었을 때 이런 말을 들었다. 임신한 어머니들을 극도로 무력하게 만든 이 말들은 그녀들의 가슴속 깊이 새겨져 있다. 이 말들은 장기적으로 그녀들을 자신이 경험한 사회적으로 용납할 수 없는 현실과 타인에 의해 규정되고 왜곡되었지만 사회적으로 용인된 자신의 현실에 대한 해석 중에서 무엇을 선택할지 딜레마에 빠지게 만든다.

입양으로 아이를 잃은 수천 명에 달하는 어머니들과 임신한 여성들과 함께 21년간 매일매일 해온 임상연구를 바탕으로 이 책에서는 자신의 아이를 키우려고 하는 또한 불가능하지만 우리가 상상할 수 있는 가장 가슴 아픈 상실에서 살아남을 수 있는 방법을 찾으려는 어머니들의 노력과 관련해 심하게 손상된 이와 같은 딜레마의 결과를 탐색할 것이다. 이 책에 표현된 생각과 이론은 앞에서 언급한 임상연구, 방대한 양의 독서, 여러 입양 교육자 또는 정신보건 전문가와의 세미나 및 대화 등의 결과물이다.

임산부에 관한 연구를 보면, 어리고 의지할 곳이 없는 여성들에게 그들의 내적 감정과 경험을 정면으로 무효화하거나 부정하는 외부 세계의 언어 및 비언어 메시지가 쏟아졌음을 알 수 있다. 그녀들은 자신의 어머니에게 아이와 문화 중 하나를 선택하도록 강요한다면 그 문화는 혐오스러울 정도로 잔인하고 비상식적인 것이다. 문화적 금기를 따르기 위해 누군가의 영혼을 죽이는 문화는 심각하게 병든 문화이다._클라리사 핀콜라 에스테스(Clarissa Pinkola Estés), 『늑대와 함께 달리는 여성들: 여성의 야성성에 관한 신화와 이야기(Women Who Run With the Wolves: Myths and Stories of the Wild Woman Archetype)』

아이를 포기하고 그들을 잊으라는 요구를 받는다. 아이를 '진심으로' 사랑한다면 아이를 더 사랑하고 보다 잘 양육할 수 있는 사람에게 내어주라는 말을 듣는다. 이러한 말들은 그녀들에게 어머니로서의 자격, 자아 존중감, 모성 등을 고민하게 만든다.

그들은 어머니로서 적합하지 않다는 결론을 내리게 된다. 가장 해로운 것은 타인의 설득에 의해 자신이 옳은 일을 했고 자신의 아이가 건강하게 자랄 것이며 자신의 인생을 살아야 하고 자신이 낳은 아이를 잊겠다고 결심하는 것이다.

상충되는 메시지 사이에서 어린 어머니들은 정서적인 곤경에 빠져 자신의 내면적이고 개인적인 현실뿐만 아니라 주변 사람이 묘사하는 허구적 현실 모두를 받아들일 수 없게 된다. 어머니로서의 자아상은 통합되지 못하고 부서져(fracturing)* 가루가 되어버린다. 살아남기 위해 어머니들은 외부세계에서 기능적으로 행동해야 하지만, 내면세계는 점차로 억압되어 결국 자신의 진짜 감정이 무엇인지 알 수 없게 된다.

* 부서짐(fracturing)은 아이를 포기한 어머니가 휩쓸리게 되는 지속적인 감정을 표현하는 단어이다. 즉, 낙담(frustration), 분노(rage), 불안(anxiety), 혼란(confusion), 공포(terror), 걱정(unrest), 후회(regret), 비인간성(inhuman), 무시(neglected), 애통(grief) 등의 감정을 표현한다.

그녀의 영혼은 보기를 원하지만, 그녀를 둘러싼 문화는 그녀가 눈감기를 요구한다. 그녀의 영혼은 진실을 말할 것을 염원하지만, 그녀는 침묵하도록 강요당한다. 아이의 영혼과 그녀의 정신 모두 이에 순응할 수 없다._클라리사 핀콜라 에스테스, 『늑대와 함께 달리는 여성들: 여성의 야성성에 관한 신화와 이야기』

그러나 내면의 감정을 충분히 고려하지 않고 생존을 위해 비싼 대가를 치른 어머니들은 진실한 삶을 살 수 없게 된다.

이 책은 어머니들이 그러한 상처를 치유할 수 있도록 지식과 방법을 제공하기 위해서 서술되었다. 이 책 전체에 실린 실제 어머니들이 삶에서 경험한 일화들은 입양과 관련된 이슈들을 생생하게 알려주며 이러한 이슈들이 정확하게 이해되고 제기될 때 성공적인 성장과 치유가 가능하다는 것을 보여주고 있다.

미국에서만 매년 5만 명 이상의 여성이 자신의 아이를 입양 보내고 있다. 다시 말해서 10분마다 한 번꼴로 여성이 입양으로 자신의 아이를 잃는 셈이다.

입양은 가족 전체의 문제이다. 그러므로 입양은 친어머니, 입양인, 양부모를 넘어서 보다 확장된 범위에 영향을 미친다. 이러한 이유로 이 책은 입양의 결과에 대해 고민하고 있는 형제, 배우자, 조부모, 입양인의 자녀들을 위한 책이기도 하다.

이 책은 전문적인 정신치료사와 일반인을 대상으로 한다. 일반적으로 이들 두 집단 모두를 대상으로 하는 것은 가능하지 않지만, 전문가와 일반인의 역할이 중첩되는 입양 심리학(adoption psychology)은 예외라고 생각한다. 다른 심리학 분야와는 달리, 이 책은 전문가의 안내를 받아 스스로 자신의 경험을 이해하고 정의하고자 하는 입양인과 어머니들의 노력으로 만들어졌다고 할 수 있다. 입양 심리학이 뿌리(친가족)찾기/재회운동에서 시작되었다는 점에서 이 분야는 일반인이 심리학 이론의 발전에 기여했다는 특이점을 지닌다. 이 책은 어머니의 삶에 관여하고 있는 모든 '치유사'－전문 상담사, 배우자, 가족 구성원, 가장 중요한 어머니 자신－을 위한 것이다.

이 책은 이 세상에서 가장 오해받고 있는 대상 중 하나인 어머니를 이해하고 교육하려는 마음으로 출판되었다. 이 책은 결코 누군가를 비판하기 위한 것이 아니다. 우리의 실수를 통해 얻은 교훈을 바탕으로 특히 자신의 자녀와, 그리고 자신의 어머니와 아버지와 형제자매와 헤어진 사람들이 미래에 겪을 고통을 줄일 수 있게 되기를 바란다.

환영사

기쁜 마음으로 환영한다! 당신은 여기까지 왔다. 이것은 절대로 쉬운 일이 아니다. 입양은 대부분 사람들에게 공포를 유발한다(이러한 두려움은 무의식적이라고 생각한다). 실제로 입양은 무서운 주제이다. 당신이 이 책을 열었다는 것 자체만으로도 많은 두려움과 불안을 이겨냈다고 할 수 있다.* 자, 이제부터 진짜 시작이다. 입양 지지집단 모임에 참석하는 것으로 다음 단계로 나아가자. 이 책을 읽는 모든 이들이 정규적으로 모임에 참석하기를 바란다. 입양으로 생이별을 한 사람들을 위한 지지모임에 가면 다음과 같은 말을 듣게 된다.

> 지지모임에 참여한 여러분을 환영합니다. 특히 처음 오신 분들을 환영합니다. 저는 이 모임을 개최하는 이유와 어떻게 하면 가장 도움을 받을 수 있을지에 대해 설명을 드리고자 합니다. 우리 대부분은 아이를 입양 보낸 어머니 또는 입양된 당사자로서의 경험에 대해 솔직한 감정을 드러내지 못했습니다. 우리는 '화를 내지 마라', '슬퍼하지 마라', '그런 감정은 용납될 수 없다'는 식으로 그러한 감정을

---

* 사람들이 '극도로 압도되었다(overwhelmed)'고 말할 때, 실제로는 압도될까봐 두렵다(afraid)는 의미인 경우가 있다. 누군가 압도되었다면, 내 생각에 그 사람은 책상 밑바닥에 앉아 손톱을 물어뜯고 있을 것이다. 감정 상태를 지칭하는 말에 의해서 우리의 감정 상태가 영향을 받는다는 점에서 나는 보다 적절하다고 판단되는 '압도되었다(whelmed)'라는 단어를 대신 선택하겠다.

느끼지 말아야 한다는 말을 들어왔습니다. 불행히도 이 메시지는 효력이 없는 것 같습니다. 감정은 옳고 그름의 문제가 아닙니다. 감정은 그 자체입니다! 우리는 그러한 경험을 받아들이는지 심정이 어떤지 말해야 합니다. 감정에는 법칙이 없습니다. 누군가 당신에게 바깥 날씨가 차다고 말할 수 없다거나 말해서는 안 된다고 하는 상황을, 또는 배고픔을 호소하는 당신의 말이 받아들여지지 않는 상황을 상상할 수 있으십니까?

우리가 해내야 할 가장 어려운 작업은 우리의 경험을 제대로 전달할 수 있는 언어를 배우는 것입니다. 우리는 "나는 ~(예를 들어 행복, 슬픔, 분노, 수치심, 아픔, 두려움 등)을 느껴요. 왜냐하면 ~하기 때문이에요(당신의 입양 경험과 관련된 이야기로 빈 칸을 채울 수 있다)"라고 말하는 법을 배워야 합니다. 무언가를 언급하지 않으면 그것이 사실이 되지 않듯이, 무언가를 발설하면 그것은 사실이 됩니다. 그리고 그것이 사실이 될 때 우리는 우리가 경험하는 감정의 이유를 이해할 수 있게 됩니다. 그리고 이유를 이해하게 되면 어떤 경험이 우리에게 영향을 미치는 방식을 변화시킬 수 있게 됩니다. 어떤 때 마음속에서 일어나는 감정에 휩싸여 죽을 것만 같지만, 결코 그럴 수 없다는 것을 배우게 됩니다. 우리의 감정을 더 이상 두려워하지 않을 때 세상은 변하게 됩니다. 더 이상 당신의 감정을 두려워하지 않는다고 상상해보세요!

아, 얼마나 환희에 찬 날일까. 이것은 가능한 이야기이다. 이 책을 펼침으로써 당신은 입양으로 인해 받은 상처를 치유하고 온전함을 향한 여정을 시작했다. 이 책의 여러 사례들이 보여주고 있듯이, 무언가에 대해 생각하는 방식은 그것을 경험하는 방식에 큰 영향을 미친다. 이 책의 많은 부분은 '다르게 보기'(정신과 전문용어로는 '재구조화[reframing]') 와 관련되어 있다. '사물을 다르게 봄'으로써 우리는 우리에게 미치는 영향력을 변화시킬 수 있고 궁극적으로는 사물이 영향을 주는 방식과 감정을 불러일으키는 방식을 실제로 통제할 수 있게 된다. 그 누구도 우리가 느끼는 방식에 영향을 미칠 수 없다. 우리가 배운 것과는 달리 성인인 우리의 감정에 그 누구도 책임이 없으며, 우리 역시 타인의 감정에 책임이 없다. 뭐라고? 그렇다. 당신은 당신의 감정에 책임이 있다. 내가 당신에게 이상한 말을 할 수 있지만 그에 대한 반응은 전적으로 당신의 책임이다. 이는 당신의 치유에 중요한 개념이며 핵심이다. 우리가 생각하는 방식이 사건과 사물에 대한 우리의 감정을 변화시킨다.

우리의 여행을 계속하자. 이 책을 읽는 도중에 책을 내려놓고 잠깐 동안 내용을 정리하는 시간을 가져도 좋고 격렬한 감정을 경험하게 될 때에는 휴식을 취하는 것도 괜찮은 방법이다. 진정으로 용감하고 강한 사람만이 이 책을 읽어나갈 수 있음을 알아야 한다. 그렇기 때문에 칭찬을 받아들여도 좋다! 오직 용감하고 강한 사람만이 자신 속에 내재해 있는 악마(나쁜 면)를 직면할 수 있다. 이 책을 읽으면서 당신이 하게 될 일이 바로 이것이다.

당신이 이 책을 읽는 동안 일기 쓰기를 시작하는 것은 좋은 생각이다. 치유와 온전함을 향한 당신의 여정에서 떠오르는 생각과 감정을 적어보기 바란다.

제1부

사라진 아이

권리를 포기하는 것은 어머니의 심리적 건강에 파괴적인 충격을 준다.

어머니는 자신의 아이가 입양된 이후 심리적인 어려움에 봉착하며 일생의 발달 단계에서 특정한 문제에 맞닥뜨리게 된다. 이 책의 제1부에서 다루는 내용은 입양을 경험한 어머니와 담당 정신건강전문가를 돕기 위한 것으로 입양이 일생 전체에 걸쳐서 미치는 영향과 그와 관련한 어려움에 대해 다룬다.

제1부에서 정신건강전문가를 위한 심도 깊은 이론적 논의를 제공하려 했으나 입양을 경험한 어머니와 그 가족에 대한 이야기가 주류를 이룰 것이다. 제1부에서는 어머니의 인성을 형성하고 심리적으로 부서지게 만든 힘을 분명히 표현하고 설명함으로써 그들이 자신의 경험을 받아들이는 것뿐만 아니라 그들이 살아가면서 실제로 부딪히는 어려움을 해결할 단초를 찾을 수 있도록 도와줄 것이다.

제1장

시작_거친 삶과 혼란 상태

수십만 명의 젊은 여성이 십대에 임신했다. 어린 나이에 성관계를 고려하도록 그들을 힘없고 나약하게 만든 것은 무엇일까? 더욱이 아무런 보호도 받지 못했다! 그들은 왜 그렇게 행동한 것일까? 그들은 확실히 무슨 일이 일어날지 알고 있었다. 그리고 그 일은 일어나고야 말았다. 그렇게 많은 젊은 여성이 어떻게 그리 순진했을까?

■ 근거 없는 믿음

_미혼모의 지적 수준과 도덕 수준은 열등하다.

_신생아는 삶의 초기에 일어났던 일을 전혀 알지 못한다.

_미혼모가 아이를 '포기'하는 것은 그녀 자신의 결정이다.

■ 사실

_아이를 입양시킨 어머니 가운데 상당수는 높은 수준의 교육을 받았다. 그들의 도덕성은 다른 사람과 다름없으며 더 낮다고 할 수 없다. 그들은 대학교수, 이웃, 이모, 자매, 의사, 변호사, 심리치료자 또는 목사가 될 수 있었다.

_아이와의 유대는 출생 훨씬 이전에 시작된다. 아이는 그것이 언제이든 어머니와의 이별을 인지하고 있다(부록 C의 입양 분리 상실감 참조).

_여성이 그녀의 인생에서 가장 혼란스럽고 취약한 시기를 보내고 있을 때 진정한 도움은커녕 아이를 포기하라는 '도움'을 받게 된다. 사회와 입양기관의 압력은 그녀에게 아이를 포기하도록 굴복시킨다. 결국 그녀에게 남겨진 유일한 선택은 아이를 입양 보내는 것뿐이다.

모성의 축복과 부담 가운데 아이를 안고 있는 소녀, 사람들은 그녀의 삶에 대해서 그 배경과 정황을 알아보려고 하지 않았다. 오히려 그녀가 왜 그토록 움츠러들었는지, 왜 철저하게 침묵해야만 했었는지, 얼마나 커다란 슬픔을 겪고 있는지에 대해서 철저하게 외면했다. 사람들은 그녀의 얼굴에서 모성의 환희와 긍지의 희미한 흔적을 읽어내지 못했다. 이토록 가련하고 무참하게 경멸받고 있는 이 여성은 누구인가? 그녀는 사생아의 어머니이다. 금지된 길을 지나 이 여성은 모성의 은총을 입었다. 그러나 모성의 영광은 참담한 수치로 바뀌고 말았다._앨버트 레핑웰(Albert Leffingwell), 『사생아: 도덕률 연구(Illegitimacy: A Study in Morals)』

미혼모의 몸속에 자라고 있는 아이의 아버지는 무슨 말을 했을까? 그가 도와주었을까? 그가 어리고 약한 여성의 편에 섰을까? 그가 그 아이가 다른 사람의 아이라고 주장하며 그 일과의 관련을 부인하고 멀리 가버리지는 않았을까? 아이 아버지에게 책임을 물을 어떠한 방법도 없었다.

1950~1970년대는 사랑과 평화의 시대, 혁명의 시대, 사회적 변혁의 시대, 베트남 전쟁과 로큰롤 그리고 여성의 자유와 성 혁명의 신장이 지배하던 시대였다. 그러나 성 혁명은 어린 소녀들과는 무관한 일이었다. 어린 소녀들은 깊은 구렁에 빠졌다.

성을 다룬 다양한 주제들이 라디오에서 흘러나왔고 책과 영화 등을 통해 유혹하듯 서서히 성적인 욕망을 일깨웠다. 1959년의 영화 〈피서지에서 생긴 일(A Summer Place)〉도 그중 하나였다. 이 영화에 성관계는 여러 번 등장했지만 피임법에 관한 것은 없었다. 피임약이나 피임기구도 학교에서의 성교육도 전혀 없었다. 대부분의 부모들은 경고를 무시했다. 그들은 자기 딸에 대해 공개적이고 솔직하게 말하는 것을 거부했

…미혼모는…인격적 수치와 비난을 개인적으로 대응해야 했다. 부모와 남자친구는 그녀를 외면했다._리키 솔린저(Rickie Solinger), 『일어나, 작은 수지야: 미혼모 임신과 로 대 웨이드 이전의 경쟁(Wake Up Little Susie: Single Pregnancy and Race Before Roe v. Wade)』(1992)

다. 그들은 자신의 딸을 '미혼모'의 운명에서 보호해주기에는 역부족이었다.

임신한 어린 소녀들이 학교에서 사라졌다. 학교를 다니던 소녀가 그 다음 날 어디론가 가버렸다. 아무도 그녀가 어디로 갔는지 알지 못했으나 왜 학교를 떠났는지는 모두 알고 있었다. 그녀들은 임신을 했다. 그녀들은 결혼을 하지 않고 아이를 갖는 일이 자신에게 절대 일어나지 않으리라 생각했을 것이다.

그러나 이러한 예상을 벗어난 결과는 실제로 대단히 충격적인 일이었다. 공포와 수치심이 너무 커서 이미 벌어진 사실을 외면하기 위해 어떤 일이라도 할 수 있을 정도였고 임신 사실을 숨기기에 급급했다. 그들의 옷은 점점 옥죄어왔고 옷의 여기저기를 늘려야만 했다. 스웨터로 더 이상 올라가지 않는 옷의 지퍼를 가렸다. 몇몇은 그 당시 유행했던 (허리선이 가슴 아래 높이까지 올라간) 엠파이어 스타일의 옷에 감사했을 것이다.

부모들은 딸의 몸집이 커지는 것을 보고 단지 신진대사가 왕성한 청소년기의 일시적으로 체형 변화라고 생각했다. 혹시나 임신에 대한 의심이 들어도 곧 부정했다. 그들은 자신의 딸에게 그런 일이 일어날 것이라고 상상조차 하지 않았다. 미혼모는 생각할 수 없는 일이었다.

임신한 어린 소녀들은 감기에 걸렸다고 속이며 입덧과 메스꺼움을 그녀가 학교에 남든지 떠나도록 강요당하든지 대부분의 경우 출산할 아이에 대한 계획은 미리 결정되었다. 종종 미혼모가 원하는 것이 무엇인지는 고려되지 않았다._로즈 번스타인(Rose Bernstein),『미혼모를 돕는 일(Helping Unmarried Mothers)』(1971)

숨기기 위해 절망적으로 몸부림쳤다. 그들은 얼마나 오랫동안 거짓말이 지속할 수 있을지 전전긍긍했다. 불안은 나날이 커져만 갔다.

부모에게 사실을 알리는 것은 생각만 해도 고통스러운 일이었다. 얼굴을 맞대고 아니면 전화로? 어떻게 말할 것인가? "엄마, 아빠. 제가 곤경에 빠졌어요." 더 이상 말할 필요도 없었다. 단지 이 짧은 문장 하나였다. 부모는 어떻게 반응했을까? 예상대로 비난을 퍼부었을까? 고함치고 울부짖고 욕을 했을까? "창녀! 걸레! 이 잡년! 네가 어떻게 우리에게 이럴 수 있니?" 몇몇 딸들은 집에서 내쫓겼고 "그 아비 없는 자식을 우리 집에 들일 생각은 하지도 마라"는 협박을 받았다. 그러나 몇몇 부모는 "걱정 마. 우리가 도와줄게"라고 말했다. 훨씬 후에 깨닫게 되지만, 이들 미혼모의 문제는 그들에게 제공된 도움이 아이를 키우며 그 사회적 결과들을 해결하는 것보다 훨씬 나빴다는 사실이다.

많은 경우 그들에게 새 생명을 보내기 위해 곧 태어날 아이의 아버지를 찾았다. 그러나 몇몇 아버지는 임신 사실을 전해 듣지 못해 전혀 모르고 있었다. 결과적으로 임신한 '죄인'들은 수치와 공포 속에 홀로 남겨져 있는 자신을 발견했다.

결정은 신속하게 내려졌다. 임신한 어린 소녀들은 학교에서 퇴학당하거나 자신의 딸을 당혹스러운 비밀과 함께 숨길 곳을 재빠르게 결정한 부모에 의해 격리되었다. 많은 이들은 밤사이에 사라졌다. 친구들은 사회적 차별은 미혼모가 처해 있는 환경과 사회적 지위로 인해 심대하게 영향 받고 있음을 드러내준다. 그녀가 학교에 다니고 있었다면 학업을 중단해야 했고 직장에 다니고 있었다면 해고되었다. 가장 절실하게 도움이 필요했을 때, 정신적·경제적 도움이 긴급했던 바로 그때에 그녀는 가장 커다란 어려움에 직면해야 했다._유엔 여성위원회 사무총장 보고서,『미혼모의 사회적 지위: 법과 실제에서의 미혼모 상황』(1971)

졸업 파티에도 참석하지 못하고 졸업식에서 이름이 불리거나 졸업장을 수여받지 못한 그들을 의아해하게 생각했다.

곧 어머니가 될 이들 중 몇몇은 즉시 자신의 집에 감금되어, 손님이 잠깐이라도 올라치면 다락이나 자기 방에 숨어야 했다. 또한 몇몇은 학교 부적응 또는 정서 장애 등을 내세워 먼 친척에게 보내졌다. 그러나 표면적으로 '이모 집에 간' 많은 소녀들은 미혼모 수용소와 다름없는 임산부의 '집'으로 보내졌다.

■ 요약

_기록적 수준의 미혼모가 철저하게 외면당했으며, 그들은 어떠한 사회적·법적 보호도 받지 못했다. 성 혁명에 대한 지지는 팽배했던 반면 피임에 대한 정보는 그들에게 전혀 제공되지 않았다.

_(상황에 대한) 거부는 부모뿐만 아니라 곧 어머니가 될 자신에게도 임박한 어머니 됨을 숨기도록 했다.

_자신의 의무를 궁극적으로 포기한 아이의 아버지는 어떠한 책임도 지지 않았다. 부모들은 자신의 딸을 가혹한 (응징의 성격을 띤) 임산부 시설로 추방함으로써 '그 문제'를 해결하려 했다.

_임신 중인 싱글맘은 범죄자 취급을 받았으며 임산부 감화시설, 친척

집, 자신의 집 등에서 숨어 지내야만 했다.

■ 연습

_눈을 감고 '그 당시'로 돌아가는 상상을 해보자. 무기력하고 희망이 없고 어떠한 도움조차 받을 수 없는 어린 소녀를 생각해보자. 당신은 그녀의 상태에 공감할 수 있는가?

■ 그 순간을 경험하기

_당신은 가슴속에서 압박감 또는 불안 또는 심리적 통증을 경험해왔다. 당신은 형용하기 힘든 어떤 것을 느꼈을 것이다. 아이를 잃는 것과 결부된 감정은 인간의 일생에서 가장 강력한 것이며 충분히 고려되어야 한다. 이러한 감정은 자연스러운 것이다. 당신 주위를 둘러보라. 이제 아무 일도 일어나지 않으니 스스로를 안심시켜라. 마음속으로 크게 외쳐라. "이젠 아무 일도 일어나지 않아. 나는 그것이 어떤 느낌인지 알아. 그러나 괜찮을 거야!" 이 말은 기억해라. 이 말은 당신에게 큰 힘이 될 것이고 앞으로 겪게 될 경험에 도움이 될 것입니다. 당신이 이 말을 기억한다는 것은 '내면의 아이'에게 영향을 준 것이며 당신이 마음속으로 소리쳐 외친 것은 걱정을 떨쳐버렸다는 확실한 증거이다. 당신의 인생에서 느낌 감정과 생각을 써내려가도록 노력하라. 만약 그렇게 하지 않았다면, 바로 '지금'이 시작할 좋은 기회이다.

제2장

그들이 숨은 곳

1960년대에 임신한 소녀들은 임산부 시설들의 수용 능력이 꽉 차 있고 자신들이 아이를 양육해야만 한다는 사실을 알게 되었다. '고용보호소(wage home)'는 이러한 상황을 해결하기 위한 중간쯤에 존재하는 시설이었다. 임신한 소녀들은 유급 또는 무급 고용인(대부분은 무급)으로서 낯선 이들을 위해 청소하거나 아이를 돌보았다. 그들은 기본적으로 요리사, 하녀, 유모로 채용되었고 명령받은 것은 언제든지 무엇이든 해야만 했다. 집을 떠나 몇 달씩 지내야만 한다는 사실은 두려움 그 자체였으며, 전혀 알지도 못하는 낯선 사람들과 함께 산다는 것은 견딜 수 없는 일이었다.

▪ 근거 없는 믿음

_미혼모는 (아이 낳는) 재생산 기계이다.

_입양 보내는 아이는 원하지 않았던 아이이다.

_재정적으로 여유가 있는 어머니만이 아이를 키울 수 있다.

_싱글맘은 복지 혜택의 대상이 되어서는 안 된다.

_아이에게는 싱글맘보다 더 많은 것을 제공할 수 있는 양(兩)부모 가족의 안정이 필요로 한다.

_당신은 아이를 잊고 새 삶을 시작할 수 있다.

_당신은 당신의 아이에게 최선의 것을 선택야만 한다. 입양이 당신의 아이에게 최선이다.

■ 사실

_입양으로 아이를 잃은 어머니는 소득 수준에 관계없이 당연히 자신의 아이를 키우는 평범한 어머니와 다르지 않다. 어머니들은 불임부부에게, 임신을 원치 않는 부부에게, 사생아를 구제한다고 생각하는 사람들에게, 재정적으로 좀 더 안정된 사람들에게 또한 그 어떤 이유에서든 아이를 제공하기 위해 착취당해서는 안 된다.

_어머니는 자신의 아이를 키우고 싶어 한다. 그녀가 아이를 포기하는 것은 사회적 압박, 자원의 결핍, 자신의 가족이나 아이 아버지에 의한 버려짐 때문이며, 주정부와 연방정부가 그들에게 적절한 도움과 원조를 제공하지 않기 때문이다.

_모든 어머니는 자신의 아이를 보살피고 양육할 절대적이고도 신성불가침한 권리를 가지고 있다.

_사회복지 프로그램, 아동부양세대보조(Aid to Families with Dependent Children: AFDC)가 싱글맘과 그 자녀를 위한 보호를 가능하게 해주었다. 모든 어머니와 그 자녀는 이러한 정부 보조를 받을 권리가 있다. 사회는 싱글맘과 그 자녀가 건강하고 생산적인 성인으로 자라도록 지원해야 한다.

_아이는 어머니의 사랑과 관심이 필요하다. 그 누구도 아이의 친어머니를 대신할 수 없다.

_어머니는 절대 아이를 잊을 수 없고, 아이가 태어나기 이전의 시절로 돌아가는 것은 불가능하다.

_아이에게 언제나 가장 좋은 것은 친어머니와 함께하는 것이다. 미국은 보다 많은 재정적 지원을 제공하고, 보다 적극적인 사회적 지원을 장려하고, 싱글맘을 사회의 주류로 받아들임으로써 그들을 인정하고 존중해야만 한다.

끔찍한 이야기들이 너무도 많이 있다. 한 어머니는 다음과 같은 이야기를 들려주었다. "고용보호소에서 가장 수치스러웠던 순간은 주인이

…복음주의적인 여성들은…'타락한 자매들'에게 물질적·종교적·가정적 영향을 미쳤다.…그들은 미혼모의 모성을 규정하기 위해 점점 더 권위적으로 경쟁했다. 사회복지사가 스스로를 전문가로 자리매김 하고자 하면서 그들은 자신의 전문 영역 안에 자행되는 '불법'을 지적했고…미혼모에게 제공되는 장소의 중요성을 역설했다.…임신부의 집—한때 '타락한 여성'의 구원과 갱생을 의미하는 쉼터였다—은 이제 사회복지사들에 의해 과학적인로 치료의 장소로서 재규정되었다. 이리하여 미혼모는 '구원' 받아야 할 불행한 '자매'에서 '치료'가 필요한 '문제 있는 소녀'가 되었다._레지나 쿤젤(Regina Kunzel), 『타락한 여성, 문제 있는 소녀(Fallen Women, Problem Girls)』(1993)

접대할 때 내가 손님들에게 술을 내갈 때였어요. 나는 칵테일을 가져다주었어요. 열일곱 살 임신 6개월 무렵에 나는 고상한 척 하는 낯선 이들에게 특별한 이야깃거리였어요. 내가 지냈던 다락방은 일어서면 내 머리가 천장을 건드릴 정도였고, 화장실은 낡아빠진 욕조와 무너지기 직전의 샤워 커튼이 위태로이 걸려 있었지요. 지금 생각하면 단지 옛날이야기이지만, 그 당시(1960년대) 겁먹은 십대소녀에게 그것은 매우 고통스러운 경험이었어요. 제 방에는 머리맡 나무판이 없는 트윈 침대와 작은 3칸짜리 서랍장이 있었어요. 어둡고 외풍이 있는 불편한 곳이었죠. 나는 챙겨간 라디오 덕에 그나마 마음의 평안을 얻을 수 있었어요. 나는 친구와 가족을 생각나게 하는 라디오의 노래를 들으며 매일 밤 홀로 울었어요."

'임산부의 집'에서 지내는 것은 어땠을까? 임신한 소녀들은 가명으로 불리거나 이름과 성의 첫 글자만 사용하도록 지시받았다. 그들은 매일 정해진 일을 해야 했고 임시로 마련된 교실에서 고등학교 과정을 마쳤으며 미술과 수공예 그리고 뜨개질 같은 것을 '오락'으로 제공받았다.

…이러한 '집'은 엄격하고 무서운 분위기를 풍겼다.…자유롭게 행동하려는 어머니는 즉각 나이 많은 여성 보호자나 감독관의 즉각적인 제지를 받았다.…어머니들은 청소, 설거지, 빨래 등등의 잡일을 해야 했다.…어머니들의 신체적 요구는 충족된 반면에 감정적으로 필요로 하는 사항은 거의 무시되었다._리키 솔린저, 『일어나, 작은 수지야: 미혼모 임신과 로 대 웨이드 이전의 경쟁』(1992)

그들은 앞으로 일어날 일에 대해 거의 아무것도 준비할 수 없었다. 임신과 출산에 관한 정보도 거의 없었고, 자신의 감정적 고통 또는 출산에 따른 공포를 줄이고 가라앉힐 수 있도록 그들이 노력할 수 있는 방법이 아무것도 없었다. (임산부 시설에서 일하는) 사회복지사들은 그들을 겁먹게 하고 벌주면서 이와 같은 상황을 방치했다.

곧 어머니가 될 어린 소녀들은 여러 의사들에게 은밀하고 당혹스러운 검사를 받았다. 그들은 누구였을까? 지역 의대에서 온 학생이었는지, 병원의 인턴이었는지, 아니면 의료 봉사를 하는 의사였는지 도무지 알 수조차 없었다.

미혼모 중 몇몇은 담당 사회복지사와 일주일에 몇 회 정도 만났다. 사회복지사는 그녀에게 '아이'에 대해 어떻게 느끼는지 그리고 '아이'를 키우고 싶은지에 관해서는 묻지 않았다. 그들은 '아이'를 위해 '아이'가 원하는 것을 가장 잘 제공해줄 수 있는 부모를 선택할 것이라고 말했다. 새로운 부모는 '아이'에게 곧 어머니가 될 그녀가 할 수 없는 것을 해줄 것이라고 말했다. 시간이 지나면 '이 일을 잊을 것'이며 '이런 일이 절대 일어나지 않았다는 듯' 그녀의 인생은 '계속될 것'이라고 말했다. 임신한 소녀들은 사회복지사가 자신과 아이를 위해 세심하게 미

> 우리는 [미혼모들이] [출산 과정]에 대해 어느 정도의 설명을 들었는지 알아내기 어려웠다.…[어느 시설에서도] 규칙적으로 해야 할 일을 가르쳐주지 않았고…때로는 이런 주제를 전혀 다루지 않은 것 같았다.…그녀들은 예상되는 일들을 누군가 말해주기를 원했다.…출산을 앞둔 많은 산모들은 다가오는 분만을 두려워했고 혼란스러워 했다. 그들의 다급한 지적 욕구는 '명백'했다.…'어머니가 되기 위한 준비는 거의 이뤄지지 않았다.'_질 니콜슨(Jill Nicholson), 『어머니와 아이의 집, 미혼모를 위한 시설 조사(Mother and Baby Homes, A Survey of Home For Unmarried Mothers』(1968)

래를 준비하고 있다고 믿을 정도로 어렸고 경험이 부족했고 권위에 순종적이었다. 최소한 잠시 동안은.

담당 사회복지사들은 임신한 소녀들에게 그들이 바로잡아야 할 '실수'를 저질렀으며 '아이를 포기하는 것'이 '문제'를 바로잡을 수 있고 그와 같은 죄－'나쁜 실수'－를 속죄할 수 있는 유일한 방법이라고 말했다. 그들은 "아이가 있는 싱글맘과 결혼하려는 남자는 없을 것"이며, 아무도 싱글맘에게 신뢰를 보내거나 집을 빌려주지 않을 것이라고 말했다. 그들은 다른 아이와 그 부모들에 의해 "그 아이가 아비 없는 자식이라고 불릴 것"이라고 말했고, 임신한 소녀들이 겁에 질리고 죄책감과 수치심을 갖게 되고 보잘것없는 존재로 취급당할 많은 일들을 늘어놓았다. 곧 어머니가 될 소녀들은 그들의 아이를 보호해야겠다고 느꼈다. 그들은 아이가 자신의 '죄' 때문에 고통 받는 것을 원치 않았다. 그들은 자신들보다 '아이를 생각'하라는 말을 들었고 그렇게 했다. 그러나 그 누구도 그들에게 자신의 아이를 키우기를 원하는지 물어본 적이 없었다.

'아기 공장' 안에서의 생활은 '집과 같은' 분위기라고 하지만 수용소

백인 신생아를 입양하고 싶어 하는 결혼한 부부가 아이의 수보다 많기 때문에 이것은 결혼이라는 테두리 밖에서 태어난 아이의 문제라기보다는 사회적 문제라고 할 수 있다.(때때로 입양기관의 사회복지사들은 농담조로 더 많은 '아이를 낳기' 위한 사회적 공급체계의 수립을 제안했다.)_네이슨 코헨(Nathan E. Cohen) 엮음, 『사회복지와 사회문제(Social Work And Social Problems)』(National Association of Social Workers, 1964)

와 같이 엄격했다. 그것들은 마치 감옥처럼 운용되었다. 임신한 소녀들은 '승인된' 목록에 없는 그 누구에게도 편지를 쓸 수도 받을 수도 없었다. 밖으로 보낼 편지들은 소리 내어 읽어야 했고, 검열을 통과하지 못한 편지들은 파기되었다. 몇몇 시설은 그 시설의 이야기와 위치가 알려지는 것을 막기 위해 다른 주에 가서 편지를 발송했다. 소녀들에게 온 편지들도 검열했다. 승인된 누군가에게 온 편지가 아니라면 역시 파기되었다.

임신한 소녀들이 임산부 시설에 들어가면 그들이 준수해야 할 규칙과 규정을 교육받았다. 일반적으로 아침 7시에 일어나야 했으며, 공동 목욕탕에서 샤워를 했고, 잠자리를 정리하고 아침 8시까지 아침식사(카페테리아 스타일로 차려진 저열량 음식)를 하기 위해 내려가야 했다(그들은 어쨌든 임신 전의 상태로 집으로 돌아가야 했다). 그러고 나서 부엌, 화장실, 세탁물 등과 같은 일들이 개개인에게 배정되었다. (많은 시설에 에

…입양은 여성의 행동과 성을 조정하고 가부장적 가족을 존속시킬 수 있는 수단으로 간주되었다.…제2차 세계대전 후 새로운 아이 시장은 입양시키기 위해 어머니에게 자녀를 포기하도록 압력을 가하는 입양 사업가들의 활동을 활발하게 만들었다._카타리나 위거(Katarina Wegar), 『입양, 정체성, 친척관계(Adoption, Identity and Kinship)』(1997)

저녁에 거주자들이 외출하는 것을 허락하는 시설은 드물었다.…수간호사들은 거주자들이 외출 전 허가받는 것을 명문화했다.…그리고 외출이 항상 허락되진 않았다.… 출산을 앞둔 산모는 두세 명의 집단으로만 외출할 수 있다는 규정도 있었다.…하지 말아야 할 행동 규정된 것 가운데는 다음과 같은 것도 있었다.…버스 타기, 시의 특정 지역 또는 상점 방문, 친구 또는 심지어 부모 만나기.…이러한 규율을 준수하지 않을 때 거주자들은 보통 처벌을 받았다.…화장 금지, 거주자 소유물 검사권, 서신 검열, 사생활이나 자유의 주장은 허용되지 않음.…[시설은] 문을 잠가놓고, 모든 편지를 열어보고, 용돈과 기록장을 빼앗았다. [그들은] 사실상 수감자였다._질 니콜슨, 『어머니와 아이의 집, 미혼모를 위한 시설 조사』

어컨이 없어서 여름에는 한증막 같았다.) 낮에 방에서 쉬는 것은 간호사의 허락 없는 한 절대 허용되지 않았다. 학과 공부가 필요한 소녀들은 교실에 남아야 했다(만약 시설에 교실이 있다면). 점심은 정오에 먹었다. 뜨개질, 바느질, 미술, 수공예 같은 '여가 활동'은 오후 동안 할 수 있었다. 또는 카드 게임을 하기도 했다. 저녁식사는 오후 5시에 먹었다. 저녁식사 후 학생들은 숙제를 했고 다른 사람들은 거실에서 텔레비전을 시청했다. 전깃불은 오후 10시에 소등했다. '사감'이 매일 밤 각 층에서 오후 10시 30분 이전에 점호를 했다.

어떤 소녀들에게는 부모 또는 부모 중 한 명이 찾아오기도 했다. 대부

…호스텔, 수녀원 또는 다른 임산부 시설에 사는 것…그들의 부모는 새로운 그룹의 '부모'로 대체 되었다. 그들은 소녀들에게 계속해서 잘못된 이야기를 주입했고 낮은 자긍심을 갖게 하는 죄책감과 부끄러움을 부당하게 이용했다._제프 리카비(Geoff Richarby) 박사가 과거의 입양 관행에 대해 뉴사우스웨일스 의회의 사회문제조사상임위원회에 제출한 자료

분의 소녀에게 부모의 방문만 허락되었다. 종종 전화조차 부모에게서 걸려온 것만 받을 수 있었다. 편지도 부모 외에는 주고받을 수 없었다.

■ 요약

_'고용보호소'에서는 청소하고 요리하고 아이를 돌보는 일을 강요당한 임신한 젊은 여성들에게 종종 아무런 대가도 지불하지 않았다. 몇몇 고용보호소는 이전에 한 번도 집을 떠나본 적이 없는 소녀들을 학대했으며 대부분은 시설에서는 그들에게 아주 무섭게 겁을 주었다.

_많은 임산부 시설은 규율이 엄격했다. 이들 시설에서 그곳에 거주하는 임산부들의 행동을 심하게 제약했을 뿐만 아니라 방문객·편지·전화를 검열했다.

_사회복지사들은 출산을 앞둔 산모들에게 결혼하고 재정적으로 안정된 부부가 키우는 것이 더 낫다며 그들의 아이를 포기하라고 감정적으로 설득하는 데 '상담' 시간을 소비했다.

_임산부 시설과 기관에 있는 사회복지사들은 소녀들에게 그들이 아이를 포기함으로써 바로잡을 수 있는 '나쁜 실수'를 저질렀고, 아이가 엄마와 아빠 밑에서 자랄 수 있도록 내어주어야 하며 그렇지 않으면 '사생아'라고 낙인찍힐 것이라고 말했다.

_많은 임산부 시설은 임신·출산 등에 관한 정보를 제공해주지 않음으로써 소녀들에게 의도적으로 스트레스와 두려움을 갖게 했다.

■ 연습

_눈을 감고 사고로 손 또는 발을 잃은 사람이 어떻게 그것을 잊을 수 있겠는지 상상해보라. 싱글맘은 아이를 통째로 잃었는데 잊으라는 말을

들었다. 자신이 이 세상에 데려온 아이를 잊을 수 있는 사람은 아무도 없다. 아이를 잃는 것은 가장 참혹한 경험이다.

■ 그 순간을 경험하기

_지금 당장 당신은 불안을 느낄지도 모르겠다. 만약 당신의 아이를 입양으로 인해 잃었다면 당신은 아이를 상실했을 때의 느낌과 같은 그런 글을 방금 읽었을 것이다. 살아남은 사람들이 지닌 트라우마(정신적 외상)는 종종 정신적 쇼크에 빠질 만한 상실감을 되살려내곤 할 것이며 그러한 경험은 아주 무서운 일일 것이다. 당신과 아이에게 일어난 일로 인해 당신은 또한 분노를 느낄지도 모른다. 화를 내는 것은 괜찮다. 전혀 잘못된 일이 아니다. 당신은 마음속의 분노, 고통, 슬픔 때문에 두려움을 느낄지도 모르겠다. 그것은 느낌일 뿐이다. 강력하지만 느낌에 불과하다. 제1장의 확언을 반복하라. 마음속으로 크게 외쳐라. "이젠 아무 일도 일어나지 않아. 나는 그것이 어떤 느낌인지 알아. 그러나 괜찮을 거야!" 당신은 때때로 한없이 울고 싶거나 무너져 내리거나 폭발할 것 같은 느낌에 사로잡힐 것이다. 그런 느낌이 들겠지만, 그것은 단지 느낌일 뿐이다. 당신이 만약 불안을 느끼면, 확언을 반복하고 필요하면 친구를 불러라. 이 책은 언제든지 내려놓을 수 있다는 것도 명심해라. 이런 느낌을 피하는 데 당신이 전문가라는 것을 스스로 아는 게 중요하다. 우리 모두가 그렇다. 따라서 당신은 언제든지 원할 때 이런 느낌을 차단하는 벽을 쌓을 수 있다. 괜찮다. 당신의 일기에 당신의 감정과 생각을 써 내려가도록 노력하라.

제3장
출산일

출산일이 가까워질수록 어린 산모들은 앞으로 일어날 일을 궁금해 한다. 많은 이들은 어떤 일이 닥칠지 들어본 적이 없었다. 그들은 몇몇 소녀들이 무엇을 어떻게 해야 알지 못한 채 한밤중에 방치되었다는 사실을 알고 있었다. 1960년대 초반까지 대부분의 미혼모는 지역 병원에서 출산했다. 그중 대다수에게는 과하게 약물을 주입했다. 그러나 다른 한편에서는 약물 치료를 전혀 받지 못한 산모들도 있었다. 몇몇은 자신의 아이를 보고 안을 수 있었지만 대다수는 그렇지 못했다. 오싹하게도, 막 어머니가 된 여성은 출산하는 동안조차 가족도 없이 완전히 홀로 남겨졌다. 어떠한 준비나 조언이나 정보 없는 그들에게 이것은 끔찍하고 정신적 외상을 남길 만한 사건이었다. 이러한 '고립'은 의도적으로 계획된, 응보의 성격을 띤 것이었다.

....

■ 근거 없는 믿음

_입양되기 전에 아이를 보거나 안지 못하더라도 어머니에게 나쁜 영향을 주지 않을 것이다.

_어머니가 입양 서류에 서명을 했으므로 그녀는 자기 아이를 계속 키우려고 해서는 안 된다.

■ 사실

_어머니가 아이를 보았는지에 관계없이 아이를 포기했다는 사실은 어머니가 살아갈 여러 삶의 영역에 중대하고 오래 지속되는 후유증을 초래한다. 원하지

않았던 사생아를 평생 자신의 삶 속에 묻겠다는 희망으로 아이를 포기해버리는 어머니의 이미지는 입양산업이 만들어낸 것이다.

_몇몇 어머니들은 아이를 낳은 후 아직 약물에 취해 있거나 퇴원하기 전에 사회복지사들에게 입양 계약서, 미리 만들어진 서류 또는 선(先)포기 각서 등에 서명하라고 종용받는다. 어머니들은 아이를 키울 수 있는 가족의 도움이나 재정적 자원을 가지지 못했다. 그들은 또한 이용 가능한 정부 보조나 아이 양육 지원 가능성 등에 대해 듣지도 못했다.

1960년대의 '베이비 스쿠프 시대(baby scoop era)'* 동안 싱글맘의 출산 경험들은 상당히 다양했다. 일부는 병원에서 하루나 이틀 정도 머물렀다. 아이들은 병원에서 바로 입양 가정으로 옮겨졌다. 많은 어머니들은 아이를 출산한 후 바로 퇴원했고 그 후의 산후조리 기간을 보내기 위해 임산부 시설로 돌아갔다.

만약 입양할 수 있는 유아에 대한 요구가 계속되어 공급을 초과한다면…가까운 장래에 미혼모들은 출산하자마자 아이를 빼앗기는 '처벌'을 받을 것이다. 이런 정책은 집행되어선 안 된다. 또한 노골적으로 '처벌'로 불려서도 안 된다. 오히려 그것은 '과학적 조사 결과', '아동 권익의 최우선', '미혼모의 사회 복귀', '가족과 사회의 지속 가능성'의 압력으로 작용하고 그러한 이름을 얻어야 한다._클락 빈센트(Clark Vincent),『미혼모(Unmarried Mothers)』(1961)

* 제2차 세계대전과 1973년 미국의 임신중절 권리를 인정한 최고재판소의 판례(Roe v. Wade 사건 판례) 사이의 기간을 입양 소설에서는 '베이비 스쿠프 시대'라고 부른다. 전례 없이 많은 아이들이 그 기간 동안 입양되었기 때문이다. 마치 스쿠프로 아이스크림을 듬뿍 떠내듯 친생가족으로부터 아이들을 집단적으로 분리시켜 다른 곳에 배치시킨 것을 빗댄 표현이다.

…자신들이 소녀들에게 아이를 포기하도록 압력을 가하지 않나 걱정하는 시설에서 일하는 사회복지사들을 가끔 본다. 사회복지사들이 갖는 두려움은 자신들이 소녀들을 '속이고' 있다는 느낌이다. 그 소녀들은 진심으로 원하지 않는 것을 주고 그녀가 장차 후회할 것을 구입하지 않았을까 하는 두려움이다._레온틴 영(Leontine Young), 『사생아(Out of Wedlock)』(1954)

"저는 딸을 낳은 날 아침에 바로 병원에서 임산부 시설로 제 딸과 함께 돌아갔어요." 한 어머니의 말이다. "시설에는 산후조리 건물, 탁아소, 24시간 종일 근무하는 간호사들이 있었어요. 저는 제 딸을 출산 후 10일 동안 돌봤어요. 우리 중 몇몇은 하루 중 지정된 4시간 동안 아이에게 우유를 먹일 수 있도록 허가받았습니다. 그 시간이 끝나면 아이들은 즉시 탁아실로 돌려보내졌죠. 출산한 어머니들이 아직 출산하지 않은 소녀들과 접촉하는 것을 엄격히 금지했어요. 제가 출산하기 전 시설 뒷마당에 앉아 있는데 출산한 어머니가 산후조리 건물의 창문을 열고 '안녕'이라고 외쳤던 날을 똑똑히 기억합니다. 간호사가 화를 내며 그 창문을 닫아버렸지요."

출산한 어머니가 아이를 포기하고 입양 보낸 경험(그녀가 아이를 보았든지 못 보았던지 간에)도 아주 다양하다. 몇몇은 사회복지사들에게 아이들을 넘기도록 지시받았다. 그 일을 수행한 사회복지사들은 이 과정을 어머니가 아이를 선물로 주는 것이라고 간주했다. 사회복지사들은 공식 입양 서류에 서명하기 전에 아이를 돌볼 입양 부부에게 넘겼다. 실제로 아이를 사회복지사에게 넘겨야 하는 어머니는 마치 거래를 최종적으로 완료하는 양육 포기 행위를 자발적으로 하는 것으로 간주되었다. 임산부 시설을 통해 이루어지든 입양기관을 통해서 이루어지든

…아이를 선물로 받는 수령자는 결국 사회복지사와 입양기관이다._마이클 사피로(Michael Shapiro), 「입양 관행 연구, 선별된 과학적 논문(Study Of Adoptions Practice, Selected Scientific Papers)」, 『미국아동복지 연맹(Child Welfare League of America)』, vol. 2(1955)

이것은 몇 달 후의 인터뷰와 상담 과정에서 대부분의 미혼모에게 예견된 결과였다.

다른 어머니들은 바로 병원을 떠났다. 많은 어머니들이 언제 입양기관에서 아이를 데려 갈지 정확히 알지 못했다. 몇몇 어머니는 입양 이외의 어떤 계획이 아이에게 구체적으로 준비되어 있는지 듣지 못한 채 홀로 임산부 시설을 떠나갔다. 다른 어머니들은 아이를 사회복지사들에게 넘길 것을 지시받았는데 아이를 받은 사회복지사는 임시로 그를 입양시설에 넘겼다. 그리고 몇몇 엄마들은 자기 아이를 직접 입양 부모나 입양 부모 대리인(친척 또는 변호사)에게 넘기도록 지시받았다.

■ 요약

_부모는 자기 자녀가 출산할 때 거의 모습을 드러내지 않았다. 많은 경우 그녀는 출산 과정 동안 철저히 홀로 남겨졌다.

_많은 어머니들에게 그들의 자녀가 위탁이나 입양을 위해 옮겨지기 전에 아이를 보고 안아보는 것을 금지했다.

_임산부 시설의 경험과 입양을 포기하고 입양시킨 경험은 굉장히 다양하다.

_어머니에게 임신과 출산은 당황스럽고 두렵고 수치스러운 경험이었다.

■ 연습

_눈을 감고 방금 전 아이를 키우지 못하게 될 것이라는 말을 들은 어린 어머니를 상상해보라. 그녀가 어떤 감정을 느낄 것 같은가? 그녀를 위로하려면 어떤 도움이 필요할까? 그녀가 되어 누군가에게 안겨 위로받는다고 상상해보라. 그녀가 "널 사랑해. 네가 아이를 키울 수 없다니 참으로 슬픈 일이야"라고 말하는 것을 들어라. 어머니가 극심한 고통에 있음을 이해해라. 도움은 그녀를 안전함을 느끼도록 만든다. 그녀에게 그녀가 느끼는 어떤 감정이든 자연스러운 것이라고 말해주어라. 당신이 보호해줄 것 이라고 그녀에게 말해라.

■ 그 순간을 경험하기

_당신은 아마 불안감을 느낄 것이다. 막 태어난 아이를 상실하는 경험이 오직 한 번만 일어날 수 있다는 것을 이해하는 것이 중요하다. 어머니는 그것을 다시 경험할 수 없다. 당신이 입양으로 아이를 잃은 어머니라면 마음속에서 크게 외쳐라. "지금 입양이 일어난 것을 알아. 그러나 이런 일은 절대 다시 일어나지도 않을 거고 일어날 수도 없어. 넌 안전해." 이것을 확실히 하고 당신이 정말로 안전하다는 것을 확인하기 위해 주위를 둘러보라. 심호흡을 해보고 마음속으로 긴장을 풀라고 크게 말하라. 당신이 가지고 있는 어떤 감정이든지 일반적인 감정임을 기억하라. 무섭지만 일반적인 감정이다. 당신의 일기에 당신의 감정과 생각을 써 내려가도록 노력하라.

제4장

점선 위에 서명하다

양육 포기를 각오한 어머니는 곧 사형장에 끌려갈 수감자처럼 살아왔다. 마지막 발걸음을 옮길 때 다가올 일에 대한 공포로 인해 그들의 모든 생각은 멈춰버렸다. 정도의 차이는 있지만, 양육을 포기한 어머니들은 이 세상에서 상상할 수 있는 최악의 상황—엄마에게 발생할 수 있는 최악의 상황은 아이의 상실이다—에서 살아남으려고 몸부림치며 수십 년을 그런 상태에서 버텨왔다.

■ 근거 없는 믿음

_미혼모가 입양 서류에 서명했다. 그것은 그녀의 결정이다.

_미혼모는 아이의 입양과 양육 포기를 선택했다.

_입양은 애정 어린 선택이다. 입양은 모두에게 이로운 일이다.

■ 사실

_대다수의 미혼모는 강요로 입양 서류에 서명하고 어떠한 합법적 보호도 받지 못했다. 따라서 입양 서류에 서명하는 것은 양육을 포기한 엄마의 '결정'이라고 볼 수 없다.

_어머니에게 두 가지 이상의 선택이 주어지지 않았다면 그것을 선택이라고 할 수 없다. 싱글맘에게 입양 이외의 다른 선택이 제시되는 일은 매우 드물다.

_입양은 절대 애정 어린 선택이 **절대** 아니다. 어머니와 입양아는 상당한 상실감에 괴로워한다. 입양된 아이가 아이(가족 관계에서 사라진 어머니의 손자)를 갖게 되면 이러한 상실감은 혼합되고 영속적인 것이 된다.

1940년대 초반까지 사회복지사들은 입양이 '어머니와 아이를 함께' 지키는 좋은 방법이라고 확신하고 있었다. 아이를 낳은 모든 여성이 자녀에게 좋은 어머니라는 생각을 거부하면서 사회복지사들은 아이를 입양시켜야 할 어머니와 그렇지 않은 어머니를 개별적으로 결정했다._메리언 모턴(Marian J. Morton), 『더 이상 죄가 아니다: 1855년부터 1990년까지 클리블랜드의 사회정책과 미혼모(And Sin No More: Policy And Unwed Mothers In Cleveland 1855 To 1990)』(1993)

몇몇 어머니는 병원에서 아직 진정제에 취해 있거나 몸조리를 할 때 그녀의 아이를 입양 보내는 것에 서명하라는 압력을 받았다. 몇몇은 그들이 임산부 시설을 떠나기 전에 서명했다. 입양기관들은 집으로 전화를 걸어 많은 어머니들을 끊임없이 압박했다. 입양 문제를 다루는 방법에서 왜 이렇게 많은 불일치가 있는지 아무도 모른다.

왜 어떤 어머니는 판사 앞에서 입양 서류에 서명하고 어떤 엄마는 그렇게 하지 않는지는 참으로 당혹스러운 문제이다. 판사가 입양 서류에 서명할지 여부를 물었을 때 어머니들이 흐느껴 울었다는 이야기를 많이 듣는다. 그러나 판사들은 어머니들이 마지못해 압박감을 갖고 서명한 것을 계속 인정했다.

양육을 포기한 대다수의 어머니는 입양 서류의 법적인 내용에 대한 어떠한 설명도 듣지 못한 채 그리고 자신의 시민권 및 법적 권리를 의논할 변호사도 없이 입양 서류에 서명하기를 강요받았다. 그들은 단지

연구자들은 십대 미혼모들이 어머니로서 심각한 경제적·심리적 어려움을 안고 있는 이유가 사회복지사의 업무가 아이를 포기하라고 압력을 가하는 것이라는 사실에 기인하다고 주장해왔다._카타리나 위거, 『입양, 정체성, 친척관계』

법적인 도움도 거의 받지 상태에서 심하게 세뇌당한 나이 어린 어머니는…사회복지사나 입양기관이 합법적으로 행동한다는 생각에 쉽게 속아 넘어갔다._제프 리카비 박사가 과거의 입양 관행에 대해 뉴사우스웨일스 의회의 사회문제조사상임위원회에 제출한 자료

점선 위에 서명하라는 사회복지사들의 지시를 받았을 뿐이었다. 많은 경우 그녀들은 혼자였다. 출산 과정에서처럼 도와주거나 지지해줄 부모도, 아이 아빠도, 친구도 없이 혼자였다.

그런데 (분명 황당한 일이지만) 황당하다기보다는 충격적인 것은 “어떻게 이처럼 일생 동안 심각하고 막대한 영향을 미치는 법적인 구속력을 지닌 문서에 미성년자가 서명할 수 있었을까”이다. 미국에서 미성년자가 단독으로 서명할 수 있고 그것이 법적 효력을 갖는 문서는 오직 이것뿐이다. 이 문서는 번복할 수도 취소할 수도 철회할 수도 없다. 이 문서는 화강암보다 더 견고하다. “왜 이 나라는 어머니와 자녀 사이에 존재하는 신성한 유대를 지지하고 보호하고 존중해주지는 못할망정 입양하려는 사람들의 편의에 맞게 교묘히 조작된 법을 그냥 놔두는가?” 이 문제는 책임 있는 답변을 요구한다.

아이를 입양 보낸 어머니들은 위험한 줄도 모르고 무슨 일을 벌인 순진한 사람들이며 자신이 가졌지만 절대 알지 못하는 법적 권리를 박탈당한 채 살아왔다.

■ 요약

_입양 서류에 서명한 어머니는 종종 병원이나 임산부 시설에 있는 동안 내내 서명하라는 압력을 받았다. 그들은 엄마로서의 권리를 행사

할 수 있는 상황에 있지 않았다.

_종종 입양기관은 어머니들이 자진해서 양육 포기 의사를 전달하도록 기다리지 않고 기관의 관계자가 직접 또는 전화로 그들을 압박했다.

_많은 경우 입양 서류의 서명은 어머니를 대변하는 변호사도 없이, 어떠한 서류 검토도 없이, 질문도 허락되지 않은 상태에서, 서류 복사본도 제공되지 않고 합법적 권리에 대한 설명도 없이 입양기관 안에서 진행되었으며, 판사들은 관여하지 않았다.

■ 연습

_눈을 감고 마음속에 있는 당신이었던 어린 소녀를 찾아보라. 당신이 아이를 입양으로 뺏긴 어머니라면, 성인으로서 그 그림 안으로 들어가 바로 당신인 그녀에게 말을 걸어봐라. 그녀의 감정이 어떤지 물어보라. 당신은 성인이 된 그녀이며 그녀를 도우러 왔다고 그녀에게 말해라. 그녀가 당신을 신뢰하려면 시간을 필요하다는 것을 잊지 마라. 그녀는 기분이 나아지려면 당신의 도움이 필요하다는 것을 알게 될 것이다. 그녀의 말에 귀 기울여라. 당신은 결국 그녀의 마음에서 우러나오는 응답을 듣게 될 것이다. 그녀와 애정 어린 관계를 형성하라.

■ 그 순간을 경험하기

_'내면의 아이'와 대화하는 것이 처음에는 이상하게 느껴질 것이다. 당신의 어린 자아가 예상치 못한 또는 마음에서 우러나오는 응답을 할 때 이런 대화가 가능하다는 것을 알게 될 것이다. 당신이 답을 만들어내지 마라, 그녀가 할 것이다. 당신의 어린 자아가 원하는 것을 해준다면, 그녀와 어른인 당신은 굉장한 치유를 경험할 것이다.

제5장

집으로 돌아오다

집으로 돌아온 후 아이를 입양 보낸 어머니들은 그들을 외면한 사회에서 어떻게 다시 살아갔을까? 몇 달 동안 추방되었던 일과 출산이라는 경이로운 경험은 그녀들을 완전히 바꿔놓았다. 그녀들은 더 이상 소녀가 아니었다. 그녀들은 아이에게 인정받지 못하고 사회적으로 승인받지 못했다 할지라도 어머니였다. 그녀들은 대부분 집으로 돌아온 사실을 불편하고 비현실적인 것으로 느꼈다.

■ 근거 없는 믿음

_어머니는 입양 보낸 아이에게 관심을 두지 않으며, 곧 잊는다.

_아이를 입양 보내 '포기'한 일은 미혼모의 재정적·감정적 문제를 해결해준다. 고통은 사라질 것이고 그들은 그 일을 극복해낼 것이다.

_그들의 아이는 자신에게 더 나은 삶을 제공한 어머니에게 고마워할 것이다.

■ 사실

_어머니는 평생 동안 아이에게 관심을 가지며, 죄책감, 걱정, 슬픔으로 인해 그들은 살아가면서 커다란 어려움을 겪는다.

_아이를 입양으로 인해 포기한 경험은 어머니의 인생에 심각한 감정적·심리적·정신적 고통과 스트레스를 남긴다. 입양은 어떤 문제도 해결해주지 않는다. 단지 해결할 수 없는 문제만 만들 뿐이다. 고통은 절대 사라지지 않는다.

_입양 자녀는 항상 친어머니의 상실감을 경험할 것이다. 어머니를 잃었다는 상실감은 의식될 수도 있고 잠재적일 수 있지만 언제나 느껴지고 깊은 슬픔으로

남는다. 아이에게 최선의 삶은 어머니와 함께하는 것이다.

인정받지 못했지만 어머니로서의 증거—새어나오는 모유, 임신선, 아이를 안을 수 없는 공허한 팔 등 아이를 잊을 수 없게 하는 것들—는 남아 있었다. 거울은 십대다웠던 외모가 어떻게 변했는지를 보여주었다. 슬픔과 상실감으로 인해 감정적으로 위태로운 상태에 있던 몇몇 어머니들은 똑같이 입양으로 잃어버릴 둘째아이를 임신함으로써 같은 '죄'를 다시 저질렀다.

의미 없는 날들이 흘러갔다. 그들은 더 이상 사회나 가정에 어울리는 존재가 아니었다. 불편한 침묵만 흘렀다. 그들이 지냈던 곳에 대해 아무도 말하지 않았고, 부모는 아무 일도 없었다는 듯 행동했다. 그들의 부재 그리고 귀가는 형제자매의 생활에 잔물결도 일으키지 않았다. 그들의 친구들은 대부분 고등학교를 졸업했고 이미 대학에 진학했거나 취직했고 또는 얼마 전에 결혼했다.

어떤 어머니가 분노에 가득 차서—그러나 분노가 가득한지를 의식하지는 못했다—말한다. "나는 침실 문을 잠그고 방 안에서 몇 시간이나 음악을 들었고 분노에 가득 차서 롤링스톤스의 〈검게 칠해(Paint It Black)〉 같은 노래를 불렀다. 나는 슬픔과 분노와 싸우며 계속 노래를 불렀다.

아이를 입양 보내는 것이 어머니와 아이에게 더 좋은 일인가? 대부분 경우에는 그렇지 않다…심리학자와 사회복지사들은 어떤 물질적 이득도 어머니의 상실을 대신할 수 없음을 알게 되었다. 그들은 입양된 가정의 풍족함보다 가난한 가정에서 어머니의 사랑을 받으며 사는 것이 더 좋다고 말한다._플로렌스에 있는 크리텐턴 병원(Crittenton Hospital)의 책자(1956년경)

그러나 우리는 인류가 수백 년 동안 본능적으로 이해한 것을 이제는 안다. 그것은 어떤 상처, 위해, 부끄럼은 결코 슬픔으로 극복할 수 없다는 것이다. 죽음 또는 양육 포기로 아이를 잃는 것은 가장 견디기 힘든 일이다._클라리사 핀콜라 에스테스, 『늑대와 함께 달리는 여성들: 여성의 야성성에 관한 신화와 이야기』

나는 '그토록 도움이 필요했을 때 가족과 친구들은 어디에 있었나'라는 물음에 답을 찾을 수 없었다. 나는 사이먼과 가펑클이 부르는 〈거친 강물 위의 다리가 되어(Bridge Over Troubled Water)〉의 마음을 파고드는 가사에 나를 묻었다. 그러나 노래와는 달리 아무도 나를 위로해주러 오지 않았다."

낙인찍힌 어머니들은 삶을 꾸려가기 위해 노력했다. 그들은 일을 구했고, 몇몇은 결혼했으며 몇몇은 둘째아이를 낳았다. 삶은 평범하게 보였다. 그러나 혼자 있을 때 그들은 잃어버린 아이를 생각하며 울었고 침실 벽을 향해 절규했으며 베개는 눈물로 흠뻑 젖었다. 그러는 동안 그들은 어떤 아이도 상실한 그 아이를 대신할 수 없다는 것을 깨달았다.

몇몇 어머니는 새로운 삶이 시작되기를 바라며 빨리 결혼했다. 완전히 새로운 출발. 몇몇은 언어적·물리적 폭력을 행사하는 거친 남편을 만났는데, 남편은 그녀에게 남은 마지막 자존심까지 잃게 만들었다.

왜 추방된 어머니 중 몇몇은 결혼을 주저할까? 아이의 아버지에게 참혹하게 버려졌던 상황이 모든 남자에 대해 깊고 지속되는 불신을 야기한 것일까?

■ 요약

_사회복지사들은 어머니에게 아이를 포기하면 이전과 같은 삶으로 돌아 갈 수 있다고 약속했다. 그러나 아이를 낳고 양육을 포기한 후 정상적인 삶으로 돌아갈 수 없는 어머니는 없다.

_어머니는 아이의 출생 순간을 영원히 잊지 못한다. 어머니는 아이가 태어난 순간의 기억과 아이에 대한 사랑을 평생 가슴에 간직한다.

_사회와 가족은 그녀의 출산 경험을 무시했다. 그녀가 남은 인생을 침묵 속에서 살도록 함구령을 내렸다. 그녀가 자신의 경험을 말하는 것이 금지되었다.

_상실한 것—아이—에 대해 점점 커지는 인식은 어머니를 깊고 오래 지속되는 슬픔과 분노와 죄책감 속으로 밀어 넣었다.

_낮은 자아 존중감, 걱정, 어수선한 마음 등은 많은 어머니들을 강간이나 폭력적인 관계에 취약하게 만들었다.

_분노와 불신은 많은 어머니들에게 남성, 모성, 결혼 등을 거부하게 만들었다.

■ 연습

_눈을 감고 당신이 아이를 잃었을 때의 내면적 아이를 찾아서 그녀의 공간으로 들어가라. 기분이 어떤지 물어라. 그녀가 대답을 않으면 그녀에게 슬픈지 물어라. 그녀에게 슬픈 건 당연한 것이고 아마도 화도 날 거라고 말해라. 그녀의 얼굴을 살펴봐라. 그녀에게 안아줄까 물어보고 좋다고 하면 안아주라. 그녀에게 사랑한다고 말해라. 이제 그녀는 당신을 이 세상 누구보다 신뢰할 것이며 당신은 그녀를 절대 떠나지 않을 것이다(당신은 평생 동안 그녀와 함께 있을 것이기에 그녀를 떠날

수 없다). 그녀에게 그것은 그녀의 선택이 아니었음을, 어떠한 선택도 없었음을 말해라. 그녀가 때때로 자신의 잘못이라고 느끼겠지만 그것은 그녀의 잘못이 아니었다. 당신은 그것이 그녀의 잘못이 아니었음을 안다. 그녀를 다시 안아주어라. 당신이 떠날 준비가 되었을 때 그녀에게 다른 일로 가야 한다고, 그러나 24시간 동안 항상 대기하고 있다고 그녀에게 응답할 것이라고 말해라. 다시 안아주고 사랑해라고 말해주고 현실로 돌아오라.

■ 그 순간을 경험하기

_당신은 아마 지금 슬플 것이다. 당신의 슬픔은 입양에 관련된 대부분의 사람들이 겪는 상실감이다. 당신의 감정을 존중하고 당신이 그 감정을 느끼고 있음을 이해해라. 왜냐면 당신에겐 필요한 것이며 당연한 일이기 때문이다. 자신이 우는 아이처럼 행동한다고 생각하거나 자신에게 미안함을 느낄 때 또는 당신이 울음에 약하다고 느낀다면 오직 강한 사람만이 기꺼이 상실의 고통을 그대로 느낀다고 생각해라. 그리고 슬픈 일에 슬픔을 느끼는 것은 자신에게 미안한 일이 아니다. 지금은 당신 자신을 슬프도록 내버려둘 때이다. 불안전함 또는 무언가 나쁜 일이 일어날 것 같은 걱정이 든다면 "아무 일도 일어나지 않았어. 그렇게 느낄 뿐이야(주변을 돌아보고 아무 일 없음을 보라). 방금 확인했잖아. 괜찮아"라고 내면의 아이가 마음속으로 크게 외치도록 해라.

제6장

후유증

아이를 입양 보낸 후의 경험은 독특하지만, 어머니들은 굉장히 비슷한 사후 대처방안을 가지고 있었다. 아이를 입양 보낸 상실감이 이어지는 몇 주 동안 어머니들은 가정에서 굉장히 무겁고 불편한 침묵을 감지했다. 매일 아침 침실에서 나오는 것은 그들의 상실을 또 한 번 인식하게 되는 엄청난 일이었다. 어머니들은 조심스럽게, 눈을 내리깔고 자신의 고행을 거짓으로 받아들이면서, 관심을 받는 것을 두려워하며, 더 이상의 격변을 피하려고 노력하면서 생활했다. 그들은 질책을 받고 있다고 느껴졌으며 가족으로부터 멀어지려고 했다. 그들은 곧 사회로부터 멀리 떨어져 있다는 느낌을 갖게 될 것이다.

....

■ 근거 없는 믿음

_어머니는 아이를 포기한 것과 관련된 감정적인 문제를 갖고 있지 않다. 어떠한 괴로움도 시간이 지나면 사라진다.

_어머니는 포기한 아이에 대해 생각하지 않는다.

_둘째아이의 탄생은 입양 보낸 아이의 빈자리를 채울 것이다.

_아이를 입양 보낸 어머니는 다른 어머니들과 같은 일반적인 모성이 없다.

_양육을 포기한 어머니는 죄책감을 느끼지 않는다.

_입양으로 아이를 잃은 어머니는 다른 누구보다도 치료가 필요 없다.

■ 사실

_어머니는 가혹하고 평생 계속되는 손상으로 고통 받고, 아이를 입양 보낸 것

과 직접 관련된 많은 감정적·신체적인 질병을 갖고 있다.

_아이를 입양 보낸 어머니는 그 아이를 항상 생각한다. 아이를 절대 잊지 못한다.

_둘째아이는 절대로 입양 보낸 아이를 절대로 대신할 수 없다.

_입양산업은 입양 보낸 어머니에 대해 아이에게 '관심 없고' 아이를 '버리는' 어머니라는 그릇된 이미지를 제시했다.

_입양으로 아이를 상실한 어머니는 항상 압박감에 시달리며, 그들의 아이들을 지킬 수 있는 도움이나 자원을 제공받지 못했다. 그들은 엄청난 죄책감과 무기력감 그리고 극도의 상실과 비애를 느낀다.

_인생에서 가장 신성한 유대의 상실은 가장 극심한 외상의 하나이며 평생은 아니더라도 장기간의 치료를 필요로 할 것이다.

멍한 상태

처음 5년쯤 추방당한 어머니들은 억눌렸고 정신을 놓았으며, 마음의 문을 닫고 신경을 끈 채로 지냈다. 몇몇은 극도의 고통을 무디게 하기 위해 약을 먹었고, 그들의 감정에 음식물을 꾸역꾸역 채워 넣었다.

슬픔에서 살아남기 위해서 몇몇은 술에 의존했다. 대마초, 퀘일루드, 하시시, 스피드, LSD, 메스칼린 등은 상대적으로 값싸고 광범위하게 사용할 수 있는 대중적인 마약이었다. 고통으로부터 벗어나거나 고통을 가라앉히려는 많은 어머니들이 이들 마약에 중독되었다.

어떤 어머니들은 마음과 가슴의 빈자리를 채워줄 여러 상대를 찾아 성관계를 맺으며 애정을 갈구했다. 부모에게 존중받지 못하고, 남자친구도 떠나버리고, 사회로부터 비난이 쏟아지자 그들은 스스로를 전혀 사랑스럽지 않다고 여겼다.

…우리가 인터뷰했던 어머니들은 양육을 포기한 바로 직후에 뚜렷이 드러나는 병세를 보이기도 했다. 몇몇은 왜 그러는지도 모르고 자해나 특이한 생활방식에 빠진 자신을 발견했다. 자신을 지지하는 집단에서 무분별한 성적 행동뿐만 아니라 약물과 알코올 남용을 드러내는 것은 굴복에 뒤따르는 흔한 일이었다._주디스 게디만(Judith S. Gediman) & 린다 브라운(Linda P. Brown), 『출생의 끈(Birthbond)』 (1991)

경험이 없고 산만하고 감정적으로 격한 상태에서 그들은 가슴 부분에 네온사인처럼 번쩍이는 '피해자'라는 글자를 새긴 티셔츠를 입고 다녔는지도 모른다. 폭력적인 남성들이 그들을 쉽고 빠르게 찾아냈다. 많은 여성이 강간당하고 그 후에 아이를 포기했다는 사실은 결코 놀랄만한 일이 아니었다. 혼미하고 기진맥진해진 그들은 쉬운 먹잇감이었다.

자존감도 전혀 없는 상태에서 어머니들은 스스로를 어떻게 감정적 또는 신체적으로 보호해야 하는지 몰랐다. 결국 그들은 계속적으로 폭력적인 남성들의 손쉬운 먹잇감이 되었다. 그들은 폭력적인 남편을 만난 후에 죽느냐 사느냐의 생존 문제에 사로잡혔다. 많은 어머니들이 건전한 관계를 선택하지 않았다. 아이를 입양 보낸 직후 결혼한 어머니는 둘째를 낳고 폭력적인 결혼에서 살아남기 위해 고군분투해야 했다.

몇몇 어머니들은 감정적·신체적으로 자신의 가족과 사회로부터 떨어져 나왔다. 그렇게 한 어머니들은 대학에 진학하거나 결혼하거나 또는 새로운 일을 하며 점점 더 먼 곳으로 옮겨 감으로써 말 그대로 관계를 끊어버렸다.

해결할 수 없는 비통함

추방된 어머니가 겪은 가장 극심한 심적 고통은 자신의 부모에게 감정적으로 그리고 신체적으로 거부당한 느낌을 넘어서는, 자신의 아이를 잃은 비통함이었다. 그녀의 심장과 가슴에 아이는 죽어 있었다. 그러나 그녀는 어떠한 해결책도 찾을 수 없었고 마무리할 수도 없었다. 그녀의 아이는 분명 저기 세상 어딘가에 살아 존재하기 때문이었다. 아이를 죽음으로 잃은 어머니에게 하는 것과 같은 그런 합당한 위로도 없었다. 추방된 어머니들은 '비(非)어머니'로 모호하게 비춰졌다. 그녀의 상실, 그녀가 겪고 있는 엄청난 비애와 고통을 그 누구도 이해할 수 없었다. 본질적으로 그녀의 아이는 입양에 의해 죽었다.

어머니의 마음에 맺힌 한(恨) 또는 권리를 박탈당한 비통함은 실제로 사회에서 인정된 슬픔이 아니다. 입양으로 아이를 잃은 어머니를 그 누구도 위로하려 하지 않았으며 측정할 수 없는 통탄할 만한 상실을 겪은 슬픈 어머니로서 합당하게 대우받지도 못했다. 그들은 눈에 보이지 않는 존재였으며, 그들의 비탄과 상실 역시 눈에 보이지 않았다. 일반적인 슬픔은 인식·수용되고 인증되었지만, 그들의 비통함은 아니었다.

그들은 입양으로 아이를 상실한 어머니로서 인식되지 못했기 때문에 그들의 비애는 진정으로 인식되지 못했다. 그들이 자신의 경험은 물론, 더더욱 잃어버린 아이ㅡ죽지 않은 아이, 실제로 존재했고 여전히 존재하고 있는 아이ㅡ에 대해서 말하는 것이 허용되지 않았다. 그들은 자식과 사별하지 않았다. 그들은 자연적인 이유가 아니라 인간이 만든 제도인 입양으로 아이들을 상실했다. 그들은 자신의 아이를 자신에 속한 것으로 경험할 수 없었기 때문에 그 아이는 어머니 마음속에서 환영이나 꿈과 환영을 애도하기는 어렵다. 그녀는 상실의 고통을 경험할 기회조차 없다.…그녀는 자신의 고통을 억압하고 부정해야만 한다.…아이가 그녀의 삶에서 멀리 떨어진 부적절한 곳에 있다면 어떻게 그녀가 아이 없이 새로운 환경에 적응할 수 있을까? 그녀의 상실을 입증할 그 무엇도 없다. 사회는 그녀를 위해 애도할 이유를 전혀 찾지 못한다.…얼마나 많은지 알 수 없지만…어머니들은 자신의 슬픔이 절대 끝나지 않을 것임을 느낀다._나탈리 트롤랜드(Nathalie Troland), 「박탈된 슬픔과 생모(Disenfranchised Grief And The Birth Mother)」, *AAC Newsletter*, Spring/Summer 2000)

영혼 같은 존재가 되었다.

추방된 어머니들은 자신의 아이―결코 죽지 않은 자신의 아이―를 위해 장례식을 치를 수 없었다. 그 아이는 더 이상 그의 아이가 아니었기에 어머니들은 아이를 목욕시킬 수도 없었다. 어머니가 다른 사람에게 아이의 존재를 알리는 것마저 허락되지 않았다. 아무도 그 아이들의 존재를 몰랐다. 그들에게는 아이가 태어났을 때 또는 죽었을 때 사회에서 일반적으로 행하는 예식이나 의식이 허락되지 않았다. 어머니는 침묵을 강요받았고 사회는 그들이 애도 받을 이유가 없다고 말했기 때문에 그 어디에도 그 어머니의 경험에 대한 검증이나 확인은 존재하지 않았다. 결국 사회복지사나 사회는 자신의 아이를 '포기'한 어머니들은 일반적인 어머니와 같은 감정을 가지고 있지 않다고 믿어버렸다. 이러한 관점은 소위 '미혼모 전문가'인 사회복지사에 의해 사회에 전달되는데, 많은 사회복지사들은 입양으로 아이를 포기한 어머니는 비정상적이고 모성애가 결여된 사람들이라고 말했다.

아이는 실제로 죽지 않았지만 그의 어머니에게는 살아 있는 것처럼 느껴지지 않는다. 권리를 박탈당한 어머니는 갈등하는 감정, 모순 또는 어떻게 미혼모를 도울 수 있을까는 심각하고 중요한 문제이다. 미혼모는 아주 약한 위치에 있다. 한편으로는 사회의 비난에, 다른 한편으로는 그의 아이를 원하는 사람들의 부도덕한 착취 또는 선의의 실수에 무방비로 노출되어 있다._레온틴 영, 『사생아』

잘못된 인지와 혼란을 수습하려는 노력조차 실행할 수 없었다. 대신에, 불법적인 어머니로서 이도 저도 아닌 상태에서 살도록 강요하는, 매우 부자연스럽고 건강하지 못한 대처방식을 받아들여야 했다. 실제적 존재로서 허락되지 않는 아이들을 어떻게 어머니가 애도할 수 있단 말인가? 그러나 아이는 실제로 존재했다. 어머니는 아이에게 생명을 주기 위해 온 힘을 다했고, 몇몇은 안아보았고 몇몇은 젖을 먹였다. 많은 어머니들은 그녀의 손으로 직접 아이를 사회복지사 또는 '더 가치 있는' 사람—입양을 기다리는 결혼한 부부—에게 넘겨주라는 말을 들었다.

아이를 입양 보낸 어머니는 무엇을 하든지 또는 하지 않든지 이미 실패자로 결정되었다. 그녀는 아이를 임신하고 출산하고 양육을 포기(그녀가 아이를 잘 키울 수 없다고 말한 사회복지사를 믿었다)하고 애도하고 침묵으로 일관했다(그렇게 하라는 지시를 받았다)는 이유로 벌 받았으며, 그 후에는 자신의 죄—아이를 낳았다는 죄—를 감추려고 거짓말했다는 이유로 벌 받았다. 그리고 오늘날 추방된 어머니는 자신의 경험을 솔직하게 말하고 자신의 아이를 찾아 나서고 자신이 아이의 어머니가 될 자격이 충분히 있었음을 인식하고 있다는 이유로 벌 받고 있다.

자녀를 상실한 어머니의 분노와 슬픔은 시간이 지나도 줄어들지 않고 실제로는 더 커졌다. 그들이 경험한 슬픔은 완전히 특별했다. 그들의 슬픔은 사회적으로 용납되거나 인정되거나 지지받지 못했다. 그들에게는 감정을 표현하는 것이 허락되지 않았으며, 자신의 감정이 다른 사람들을 불편하게 한다는 것을 알게 되면서 모든 사람으로부터 소외되어 있음을 느꼈다. 그들은 가족 또는 사회 안에서 자신을 지지해주는 믿음직한 지원군을 갖지 못했다. 그들의 아픔과 분노와 상실 그리고 슬픔은 주목받지도 못했다. 결국 그들은 자기 내부에서 일어나는 감정을 바라보았다. 그들은 어디에도 맞지 않았다. 그들은 다른 사람, 다른 여성, 다른 어머니와는 같지 않았다. 실제로 그들은 침묵을 용인하고 지지하는 사회에 복종하지 않을 수 없었다. 그들이 자신의 삶에서 더 많은 어려움을 감내하면 할수록 비통함은 점점 만성적인 것이 되었다.

계속되는 상실감

추방된 어머니들은 종종 계속되는 상실감을 경험하면서 극도의 비통함에 시달린다. 한 어머니는 다음과 같은 그녀의 감정을 이야기했다. "왜 내가 이렇게 오랫동안 깊은 슬픔에 잠겨 있는지 알 수 없었어요. 비슷한 상황에서 다른 사람들과는 전혀 다른 느낌을 갖게 되요. 예를 들어 운전하면서 어떤 다람쥐도 내 차 앞으로 뛰어들지 않도록 항상 몇 블록 앞을 조심스럽게 살펴요. 분명히 누구도 고의로든 사고로든 동물이 죽거나 다치는 것을 원하지는 않을 테지만, 왜 내가 그렇게 할지도 모르겠다는 극도의 불안과 두려움을 가지고 있는지 모르겠어요. 나는 애완용 앵무새가 이상한 사고로 머리에 상처를 입었을 때를 기억해요. 앵무새가 주방 바닥에 누워 죽어가고 있었을 때 나는 흐느껴 울었어요. 눈물로 앞을 볼 수 없을 정도였는데 그 눈물에 잠겨 앵무새가 죽을 수도 있겠다 싶을 정도로 많이 울었어요. 나는 눈물을 쏟으며 콧물을 뚝

> 외상 후 스트레스 현상, 깊은 후회와 분노는 종종 더 어려운 일을 대할 때 스스로를 무기력하게 만든다. 생각과 느낌은 거슬리고 집착은 강박적이다._제프 리카비 박사가 과거의 입양 관행에 대해 뉴사우스웨일스 의회의 사회문제조사상임위원회에 제출한 자료

뚝 흘리며 아주 고통스럽게 날카로운 비명을 지르며 무릎을 꿇고 '내 새끼, 내 새끼!'라고 울부짖었어요. 며칠이 지나고, 아니 30년이 더 지난 후에야 나는 그 이유를 알게 되었죠."

계속되는 상실에 대한 트라우마는 어머니를 감정적으로 근본적인 상실감, 근원적인 트라우마, 아이를 입양 보낸 상실감에 따른 원천적인 슬픔으로 돌아가게 만들 수 있다. 계속되는 상실감은 원천적인 상실감이 본능적으로 감정과 신체가 과도하게 재연하는 것이다. 계속되는 상실감은 과거를 다시 상기시키고 추방된 어머니의 정신에 다시 상처를 입힐 수 있다.

완전함을 통한 검증

몇몇 어머니는 5년 이내에 결혼했다. 결혼한 어머니들은 간절하게 인정받고자 원했고 몇몇은 자신이 지킬 수 있는 아이를 낳았다. 아이의 출산은 그 아이도 잃을 것만 같은 불안과 비합리적인 두려움을 불러일으킬 수 있다. 어떤 어머니들은 잠시라도 아이가 시선에서 벗어나지 않기를 바라면서 자신과 함께 아이를 놓아두라고 고집했다. 이와 같은 불필요한 과도한 경계심은 종종 진정으로 느껴지는 욕구였다. 이러한 과

추방된 어머니의 대부분은 신뢰의 감각이 산산이 부서져 있다. 그들을 그렇게 만든 건 전문가들과 그의 가족이었다. 그들은 스스로를 와해된 상실로부터 지키는 것을 가장 중요하게 생각했다. 그들은 다른 사람들과 거리를 두며 스스로를 분리했고, 많은 경우 다음 아이를 잃는 것 역시 재난일 것이기에 다음 아이와 가까워지지 못했다._제프 리카비 박사가 과거의 입양 관행에 대해 뉴사우스웨일스 의회의 사회문제조사상임위원회에 제출한 자료

도한 경계심은 다양한 극단적인 투쟁-도주 반응*과 과보호적인 반응 ―어머니가 살아가면서 그리고 아이가 유년기에 이러한 반응을 여러 차례 겪게 될 것이다―의 시작이 될 수 있다.

반대로, 어떤 어머니들은 아이를 출산하고 나서 그 아이와 유대감을 형성할 수 없었다. 왜 그랬을까? 잃어버린 아이에 대한 충성심이었을까? 죄책감? 상실? 모성애적 화해? 아니면 비도덕적인 모성에 대한 대가? 소유가 금지 당했던 첫째 아이에게 온 마음을 다했던 어머니들은 다시 그렇게 감정적으로 취약해지는 것을 덜 기꺼워할까? 이전과 비슷하게 쓰라린 감정적 상실을 경험할까봐 두려워하는 마음이 매우 컸을 것이다.

상당수 어머니들은 결혼을 하지도 더 이상 아이를 갖지도 않았다. 그것은 종종 의도된 결정이었다. 그들의 두려움이 얼마나 컸으면 다른 아이마저 잃을 것 같다는 불안감에 그들을 떨게 했을까? 그것은 궁극적으로 스스로에 대한 체찍질이었을까? 극도의 죄의식과 상실 때문이었

---

* 투쟁-도주 반응(fight or flight responses)은 갑작스런 자극에 투쟁할 것인가 도주할 것인가 결정하는 본능적 반응이다.

소녀와 그 부모와의…상호 작용은 매우 복잡하다.…사회복지상담원은 분명히…결단력 있고 단호하고 흔들림이 없는 사람임이다.…"이 일을 겪어나갈 동안 옆에서 도움을 주겠다'라는 말은 이루어지지 않을 것이다. 사회복지상담원에게 기대할 수 있는 것은 정확히 그녀가 기대했지만 부모에게서 얻지 못한 것, 즉 단호하게 '안 돼!' 하는 것이다. 부모는 딸의 임신에 심리적으로 관여하는 것이 필요하고 또한 그렇게 임신한 딸을 대해야 한다. 자신의 딸이 낳은 아이를 포기할 것이냐의 결정 과정에 관여하는 애증이 엇갈리는 어머니는 딸이 낳은 아이 입장에서 행동해야 한다._'청소년기의 미혼모(Out-Of-Wedlock Pregnancy In Adolescence)'를 주제로 열린 사회복지 전국회의(National Conference on Social Welfare) 자료집 『사례조사 보고서(Casework Papers)』(1960)

을까? 만약 의도된 결정이 아니었다면, 과연 마음은 다음 아이를 거부했다는 것에 벌을 주었을까? 이러한 고통과 황폐화는 어머니들에게 다른 아이의 추가적인 출산의 즐거움과 성취를 허락하지 않았을 것이다. 이것은 이차적(심리적) 불임의 일반적인 현상이었다.

많은 어머니들은, 임신한 자녀의 문제에서 벗어나도록 임산부 보호소가 도움을 주었을 때 재정적·도덕적인 구원을 받은 그들의 부모가 포함된 처벌적인 사회로부터 받은 깊은 외상의 심각한 결과와 치열하게 싸우고 있다. 부모는 임신한 딸을 그녀가 안전하다고 느끼는 가정에서 내몰았고 고의적으로 그 딸을 신체적으로나 감정적으로 위태롭게 하는 환경에서 살게 했다. 부모는 의식적으로 또는 무의식적으로 어린 어머니에게 심각한 감정적인 혼란을 겪게 만든 사회와 결탁했다.

너무나 당연하게도 이러한 어머니는 속에서 분노가 들끓었지만 그러한 마음이 드는 이유에 대한 이해가 부족했고, 또 분노가 누구를 향해야 하는 것인지조차 알지 못했다. 굉장히 많은 대립적인 감정에 의해

> …미혼모는 혼전 성관계를 가졌고…미혼 상태로 아이를 출산하면서 사회적인 금기를 깨트렸다.…어머니 역할을 수행할 미혼모의 능력은 낮게 평가되었다.…사회는 결혼제도 밖에 있는 어머니를 보호하지 않았고 기쁨을 억눌렀으며…가족 구성원은…그 청소년을 돌보고 구조하기보다는…그 경험으로부터 회복되기 위해 필요한 능력을 향상시키는 데 전혀 도움이 되지 못하는 방법으로 대처했다._'청소년기 미혼모의 사회문화적 요소(Sociocultural Factors In Adolescent Unmarried Motherhood)'를 주제로 열린 사회복지 전국회의 자료집 『사례조사 보고서』(1961)

야기된 이러한 혼란은 중요하고 압도적이었다. 그들을 사랑하는 것이 당연했던 그들의 부모가 과연 어떻게 그들을 그토록 위험하고 고통스럽고 심리적인 상처를 주는 곳에 살게 할 수 있었을까? 어떻게 부모가 임신한 딸을 어떤 보호도 받을 수 없는 두려움에 가득 찬 곳에 보낼 수 있었을까? 권리를 포기한 어머니들은 버림받았고 거부당했고 유기되었다.

불법적인 임신—어머니들은 임산부 시설이라는 새장에서 몇 달간 계속 갇혀 지냈고, 실제로 닥치기 전까지 무슨 일이 일어날지 모르는 채 출산했고, 자신의 아이를 키울 수 없을 만큼 무가치하고 죄를 지었다는 말을 들었다—을 되돌아보면서 어머니들은 이러한 경험들이 다가올 여러 가지 트라우마 가운데 하나라는 것을 깨달았다.

잘못된 신념이 그들에게 강요되었다. 그들은 생리학적으로는 자녀를 키울 준비가 되어 있지만 이러한 기본권을 거부당했다. 그들은 어머니가 아닌 척 해야만 했다. 진실을 억누르는 일은 무의식적으로 불안을 야기했고 무언가에 집중하는 일을 어렵게 만들었다. 거부는 그 과정에서 균열되고 산산이 부서져서 정도(正道)를 벗어난 인성을 발전시키는 원인으로 작용했다.

…이후의 임신은 잃어버린 첫째아이를 둘러싼 비탄과 고뇌에 다시 불을 붙인다. 외상 후 스트레스 현상, 그리고 종종 스스로가 아이를 지키기 위해 더 노력하지 못한 것에 대한 찌를 듯한 후회와 분노의 고통은 주요한 주제이다. 생각과 느낌은 거슬리고 집착은 강박적이다._뉴사우스웨일스 의회의 위원회에 제출한 리카비 박사의 조사 보고서

반란

무의식적이고 커져가는 폭발 직전의 풀리지 않을 분노는 많은 어머니들을 그들의 부모, 남성과 사회에, 그리고 성이나 기타 문제와 관련된 규칙에 저항하도록 부추기는 개인적인 변혁으로 몰아넣었다.

그들은 얇은 얼음 위를 걷고 있는 자신을, 보이지 않은 줄 위에 불안하게 서 있으나 결국 균형을 잃고 떨어질 자신을 발견했다. 많은 어머니들이 무슨 일이든 했다. 여전히 많은 어머니들이 아이들에 대해 탄원하는 편지를 입양기관에 쓰면서 도움의 손길을 요청했다.

몇 년이 지나자 무감각은 격노로 변했고 격노는 다시 반항과 자기학대로 이어졌다. 만약 그들이 결혼했고 다른 아이를 가졌다면 그들의 삶은 아이를 기르고 살아가는 데 쓰였을 것이다. 하지만 그들은 잊을 수가 없었다.

통제권의 결여

부모에 의해 낯선 사람과 함께 지내는 고용보호소에 보내진 많은 어머니들은 자신이 있는 곳이 어디인지 전혀 알지 못했다. 그런 시설에서 살았던 사람들은 속수무책으로 완전히 낯선 사람들에게 휘둘리는 느

미혼모가 쉽게 잃어버릴 수 있는 첫 번째 요소는 중요한 결정을 내릴 수 있는 결정권이다. 입양기관은…그녀가 무엇을 해야 하는지 말한다.…중요한 결정을 내릴 그녀의 권리에 대한 거부는 두드러지게 가혹한 암시를 함축하고 있을 수도 있다. 그것은 아이를 결혼생활의 고려 대상에서 제외시키고 그녀가 자기 삶의 주요 측면을 통제할 권리를 상실하는 것을 의미한다. 그녀는 그렇게 하지 않으면 어느 곳에도 설 수 없기 때문에 그러한 결정을 받아들여야만 한다. _로즈 번스타인, 『미혼모를 돕는 일』(1971)

낌을 가졌다. 통제권의 상실에 대한 두려움은 후에 몇몇 어머니들에게 생소한 장소를 혼자 운전하는 것에 대한 공포, 집에서 꼼짝 못하게 되는 공포, 또는 비행기를 타는 것에 대한 공포로 나타났다. 아이를 입양 보낸 이후 통제권을 앗아가는 어떤 것이든 불안을 불러올 수 있다.

많은 어머니들에게 통제권을 갖지 못했던 과거의 경험은 지금 모든 통제권을 반드시 가져야 한다는 것을 의미한다. 그들의 삶에서 모든 것은 엄격하게 관리되고 유지되어야 하는데, 그것이 불안이나 정신의 분열을 일으키기도 한다. 많은 어머니들은 통제권의 결여를 경험하고 어떻게 완벽한 아내와 어머니(아이를 과잉보호하는 어머니)가 되기 위해 노력했는지 알고 있다. 그들은 자기 부모와 사회에게 자신은 모든 것을 할 수 있고, 사회가 그들은 절대 될 수 없다고 믿었던 자격 있는 어머니와 존중받을 만한 아내가 될 수 있음을 보여주고 싶었다.

시간이 흘러 입양 보낸 아이들이 성장함에 따라 많은 어머니들은 아이나 아동에게 집중하게 된다. 혹시나 그녀의 아이가 있지 않을까 하면서 군중 속의 얼굴을 찾으려고 한다. 어떤 어머니들은 오히려 아이나 영아를 마주치는 것을 꺼렸다. 그것은 너무 고통스러웠고 폭발을 일으킬 수 있었다.

비참함과 상실—심리학적 죽음—에 대해 정신적으로 녹음된 소리를 계속 듣는 그들은 고통스러운 비현실의 장소, 이중성의 장소에서 살아가는 불확실상태에 삶을 영위했다. 그들은 잃어버린 아이의 어머니이지만 동시에 어머니가 아니었다. 기본적으로 어머니는 어리고 자격을 잃은 어머니와 존중받고 결혼한 어머니라는 두 부류로 분리되었다. 몇몇은 결혼하지 않았고, 몇몇은 절대 아이를 가지지 않았다. 과연 이것은 스스로에 대한 의식적인 또는 무의식적 처벌일까?

그러나 사회적으로 인정되는 결혼이라는 여정에도 어려움이 있었다. 아이 상실의 원인인 비공식적인 성을 경험함으로써 생긴 트라우마로 인해 많은 어머니들은 결혼생활에서 건강한 성을 즐기지 못할 것이라고 여기는 자신을 발견했다. 그들은 자신의 성이 더럽혀졌다고 생각했지만 그 연결고리를 이해하지 못했다. 그들은 자신의 모습에서 편안함을 느끼지 못했다.

꼬리표가 달려 있는 삶

무가치하고 무능한 어머니들이 입양이라는 방법으로 궁극적이고 이타적인 희생을 통해 자기 아이에 대한 사랑을 입증하는, 사회복지사가 '옳은 일'이라고 보장한 것은 그들을 승산이 없는 상황으로 몰아넣었다. 그들은 무감각하고 무자비하고 거부적인 비모(非母)로 여겨진다는 것을 알고 아연실색했다. 결국 사회는 "진짜 어머니라면 아이를 포기했겠어?"라고 말한다. 대부분의 사람들, 그리고 아이를 입양 보낸 어머니 자신마저 그렇게 믿는다. 이러한 여성들은 입양 보낸 아이에 대한 애정과 관심을 쏟을 자격이 없는 미덥지 못하고 무가치한 어머니로서 죄인

스스로 만들어낸 업무…직업적인 정체성은 사회복지사를 여성노동계급의 성을 병적이고 범죄적인 것으로 낙인찍는 새로운 성적 담론에 헌신하도록 유도했다. 미혼모와 사생아 문제를 객관적으로 연구한다고 주장하는 사회복지사들은 미혼모들을 더 공격적으로 그리고 과도하게 정밀 조사하면서 결국 정상적인 것과 일탈에 관련된 공적 성 담론을 구체화했다. _ 레지나 쿤젤, 『타락한 여성, 문제 있는 소녀』

처럼 남겨졌다.

그들은 되고자 했던 그런 여성은 절대 될 수 없었다. 입양이라는 경험을 겪었다는 것이 그것을 보증한다. 그런 점에서 여러 어린 여성들의 위치는 불안하고 불신을 갖고 있는 망가지고 추방된 어머니들—여러 가지 신체적·감정적 질환으로 고통 받고 있는 어머니들—이었다.

많은 어머니들은 몇 십 년 뒤 인터넷 메일링 리스트를 접하기 전까지는 얼마나 많은 사람이 이전의 경험으로 인해 비슷한 증상을 가지고 있는지 알지 못했다. 그들은 쉽게 산만해지고, 항상 심하게 우울한, 불안으로 고통 받고 있는 그리고 여러 가지 혐오증에 짓눌려 있는 자신을 발견했다. 전부는 아닐지라도 이런 증상의 대다수는 심각한 트라우마, 억압된 감정, 통제권의 결여 등에서 기인했다.

이러한 어머니들은 악몽, 불면, 불안, 분열성장애(의식이 충격으로 인해 황폐화되면 의식의 분열과 분리되었다는 느낌이 생긴다), 상황적 고통 장애(일상적인 우울 또는 불안을 동반하는 위기 행동) 등을 포함하는 외상 후 스트레스 증후군을 겪는다.

어머니들이 입양 보낸 아이와 두 번째로 대면할 때(재회 할 때) 감정이 자신의 몸으로부터 분리되는 느낌을 갖는 것은 결코 드문 현상이 아니다. 이런 유체 이탈 현상은 마치 소리가 메아리치고 감각이 둥둥 떠

다니는 진공 상태에 있는 듯한 느낌을 준다. 이러한 감각은 어머니들이 '그 상황에 있는 것이 아닌 것 같은' 느낌을 갖게 할 수 있으며 굉장히 불안하게 할 수 있다. 상황이 더욱 격렬해지면 마음은 과도한 스트레스를 받게 되고 사건 전체가 아니라 일어나고 있는 상황의 부분만 기록할 수 있게 된다.

■ 요약

_해소할 수 없는 비통함은 어머니를 음식물이나 술 또는 약물을 과대 섭취하게 만든다.

_어머니들은 종종 또 다른 입양을 초래할 수 있는 무분별한 성행위를 통해서 애정과 인정을 받으려 한다.

_낮은 자존감, 집중력 손실, 스스로의 직감에 대한 불신 등은 어머니들을 강간과 성폭력에 취약하게 한다.

_어머니가 입양으로 아이를 잃으면 그것은 아이가 죽은 것과 같은 감정을 불러일으키지만 실제로 그 아이가 죽은 것은 아니다. 이러한 상황은 상당한 갈등과 고통과 혼란을 가져온다.

_많은 어머니들은 자신의 순진함과 입양에 따른 억압된 상실에서 오는 취약함을 이용하는 사회복지사, 입양산업, 그들의 부모, 남성, 사회에 대해 분노나 배신감을 느낀다.

_강요된 침묵은 어머니들에게 여러 가지 신체적·정신적인 질환을 야기한다.

_자녀를 상실한 어머니는 다른 어머니들과 전혀 다르지 않다. 생명을 낳는 모든 사람은 어머니이다. '생(birth)'과 같은 전치사를 사용해 어머니 또는 아이를 묘사하는 것은 받아들여지기 어렵다.

■ 연습

_일기에 당신 삶에서 이 시기에 대해 회상할 수 있는 모든 것을 최대한 기억해서 적어라. 당신이 한 일, 느낌, 생각은 무엇이었나? 어떻게 당신과 부모가 떨어지게 되었나? 자세히 기억날 수도 있고 그렇지 않을 수도 있다. 상관없다. 눈을 감고 당신을 어리고 겁에 질린 임산부로 상상해보자. 이전처럼 그 장면으로 걸어 들어가 당신의 어린 자아에게 무엇을 느끼고 있는지 물어라. 그리고 마음에서 우러나오는 대답에 귀 기울여라. 당신의 어린 자아와 대화하도록 노력하고 그 대화를 일기에 적어라. 명심할 것은 그렇게 하기까지는 분명 시간이 걸린다는 점이다. 시작은 언제나 어렵지만 일단 한 번 당신이 그렇게 할 수 있게 되면 치유나 감정의 측면에서 상당한 보상을 얻을 수 있을 것이다.

■ 그 순간을 경험하기

_당신은 화가 나기 시작할 것이다. 화가 나는 것은 괜찮다. 그것은 단지 감정일 뿐이다. 화는 평범한 감정이다. 그 화를 가지고 어떻게 할 것인지가 중요하다. 당신은 어쩌면 머릿속에서 "나는 화를 끄집어내고 그것을 그림 그리고, 이야기 쓰고, 조깅하고, 청소하거나 설거지하는 데 쓰겠어"라고 말할 수도 있다. 그 빈칸을 채우는 것은 당신이다. '화를 전환하기'라고 부르는 이것은 당신 안에 쌓였던 화를 제거하는 데 굉장히 효과적인 방법이다. 당신은 그 화를 다른 어떤 동적인 행동으로 전환할 수도 있고 감정적으로 한결 나아지게 할 수 있다. 그리고 당신은 과거에 그랬던 것처럼 당신을 파괴시키지 않을 것이다. 화를 전환하기 위해서 화를 느낄 필요는 없다. 그것은 그냥 그렇게 있는 것임을 알아두자. 오히려 이것이 당신의 삶에 더 많은 에너지를 줄

수 있음을 발견할 것이다. 더 이상 자신의 감정에 매여 있지 않은 마음의 안락함을 상상할 수 있을까?

제7장

아이를 찾아서

주변의 경고에 따라 행동했던 어머니가 사회복지사와 입양산업이 사회의 승인과 함께 부과했던 의무적인 침묵의 요구를 거부하는 일은 많은 시간을 필요로 했다. 입양으로 아이를 잃은 것은 오래도록 가지고 지니고 갈 심각한 트라우마를 주는 사건이었고, 매일매일 실제적인 고통—어떤 고통은 날이 갈수록 더욱 강해졌다—에 맞서 싸워야 하는 삶의 시작이었다. 어머니들은 안개 속을 걷듯 자신의 감정을 탐험하기 이전에는 그리고 실제로 일어난 일을 깨닫기 위해 그들의 삶에서 고문과도 같은 고통의 시간으로 되돌아가고자 하는 욕구가 구체화되기 이전에는 아이를 입양 보낸 사건이 주는 영향력을 깨닫지 못했다. 어머니들은 실제로 벌어졌던 일과 그 이유에 대해 눈뜨기 시작했다. 일단 그 길로 들어서자 많은 어머니들은 입양과 다른 어머니들의 입양 보낸 경험에 대한 글을 집중적으로 읽었다. 그것은 더 많은 질문을 불러왔고 그들은 또다시 답을 찾기 위한 탐색에 나섰다. 애석하게도 그들은 아이를 잃은 일을 설명해줄 타당한 이유가 전혀 없음을 확실히 알게 되었고, 자신이 살면서 겪은 경험에 그 어떤 의미를 부여할 수 없음을 분명히 깨달았다.

....

■ 근거 없는 믿음

_어머니는 봉인된 출산 증명서와 입양 기록에 책임을 져야 한다.

_만약 어머니가 아이를 찾기로 결심했다면, 그녀는 정서적으로 불안정하고 불

공평한 상태이다.

_어머니가 아이를 찾음으로써 아이의 입양 환경에 문제를 일으킬 수 있다.

_입양은 아이에게 더 건강하고 안정적인 환경을 제공한다.

_어머니는 절대 아이를 찾아서는 안 된다. 그것은 아이에게 혼란을 주고 입양한 사람들을 화나게 하기 때문이다.

_어머니는 아이가 18세가 되기 전까지 아이를 찾으면 안 된다.

■ 사실

_어머니는 출산 증명서나 입양 기록의 봉인과 아무 관련이 없다. 원칙적으로는 어머니와 아이의 사적 정보를 보호하기 위해 정부만 입양 증명서와 기록을 봉인할 수 있다. 입양산업은 입양 기록을 봉인해서 어머니와 아이가 다시는 만나지 못하도록 한다.

_어머니가 아이를 찾고 지속적인 관계를 유지하고 싶어 하는 것은 정상적이고 건강한 일이다.

_어머니는 재회를 통해 아이를 해칠 생각이 전혀 없다. 어머니는 아이가 살아 있는지, 건강한지, 행복한지 알고 싶고 그러한 질문에 대답하고 의미 있는 관계를 위해 노력하고 싶은 강한 욕구를 가지고 있다.

_입양 관련 사회복지사는 입양 보낸 아이의 더 나은 삶을 거짓으로 약속한다. 아무도 입양된 아이의 보다 나은 삶을 보장하지 못한다. 실제로 통계에서는 위탁·입양된 아이에게 학대당할 위험이 존재함을 보여준다.

_어머니와 아이는 서로를 찾을 절대적 권리가 있다. 그것은 정상적이고 자연스러운 욕구이다. 그들은 죄의식, 입양 충성의 문제, 그리고 다른 압력으로부터 벗어나 자유로운 관계를 발전시킬 수 있도록 사생활을 가질 권한이 있다.

_어머니와 아이의 재회는 아이의 사춘기 이전이 적절하다.

많은 어머니들은 입양과 관련된 모든 글—특히 다른 입양모가 쓴 책이나 글—을 보이는 대로 읽기 시작한다. 다수는 그녀의 아이를 직접 찾아나서는 모험을 감행한다. 많은 어머니들은 입양에 관련한 글을 거의 읽을 수 없으며, 견딜 수 없는 고통을 느끼게 하는 그런 단어를 보거나 듣지 것조차 할 수 없다.

이 글은 그들에게 다른 사람들은 자녀를 찾았으며 그들 역시 할 수 있다는 용기를 북돋워준다. 어머니가 '아이를 찾겠다'—그것은 그들이 오랫동안 답을 얻기를 기다려온 커다란 욕구이다—는 결심하게 되면, 그 욕구는 계속되고 무시할 수 없을 정도로 커진다. 많은 어머니들은 반드시 찾는다. 그들은 활력을 얻고 희망을 품고 흥분한다. 또한 그들은 겁을 먹는다. 아이를 찾는 일과 관련해서 알려지지 않은 것이 무척 많다. 상당히 많은 것이 불확실하다! 그러나 그 탐험은 계속된다.

대부분의 어머니는 아이를 찾았을 때 황홀경에 빠진다. 물론 그와 반대되는 경우도 있다. 어머니가 입양된 아이를 찾았을 때 그것은 굉장히 기쁜 사건이다. 일반적으로 어머니와 아이는 최소한 정보와 사진을 교환하고자 한다. 물론 딸과 아들에게 유용한 가족력을 제공하는 어머니의 존재는 매우 중요하다. 비록 많은 재회가 밀물과 썰물처럼 반복적으로 변화하지만, 똑같은 사례는 없다. 일단 연락이 닿으면 허니문 기간이 시작된다. 재회에 대한 생각은 그들의 어머니다움을 회복하게 해주지만, 그들은 곧 씁쓸한 진실을 깨닫게 된다. 즉, 많은 입양아는 두 명의 어머니를 감당하기 힘들기에 단지 정보만을 원한다고 말하면서 물러선다. 입양아의 삶에는 추방된 어머니를 위한 자리가 없다.

이것은 분명 좌절할 만한 결정적인 사건이다. 어머니는 아이가 어떻게 나올지 생각지도 못했다. 이러한 아이의 밀어내기는 어머니를 비통하게 한다. 왜냐하면 어머니는 오랫동안 아이를 위해 그리고 아이와 만나기를 기다리며 기도해왔기 때문이다. 어머니는 첫 장소에서 아이를 알고자 하는 욕구는 굉장히 널리 퍼져 있다.…그리고 세월이 지나도 절대 없어지지 않는다.…아이에 대한 정보를 얻으려는 솟아나는 욕구는 흔히 아이를 찾고자 하는 욕구를 동반한다._주디스 게디만 & 린다 브라운, 『출생의 끈』

입양 보내지 않으려고 했으며, 이제 재회의 자리에서 아이를 다시 잃어버릴까봐 두려워한다. 이러한 두려움은 종종 정당화된다. 어머니는 아이의 상실에 한 번 슬퍼했고, 찾은 후 그 어떤 이유에서건 아이가 어머니를 거부할 때 감정적으로 마치 아이가 한 번 더 죽은 것 같이 느낀다. 어머니는 "이 고통이 사라지기나 할까"라며 얼마나 많이 애원했는가?

재회에서 굉장히 많은 감정을 경험하는데, 대부분의 감정은 예상조차 되지 않는 것들이다. 어머니는 방심한 상태에서 과거의 장면을 눈앞에 떠올리며 그것에 의해 이미 약해진 현실 파악능력이 위협을 받는다. 몇 십 년 전에 묻어두었던 감정·생각·기억이 표면으로 분출된다. 잘 안 보이는 면을 대비할 수 없었고 제대로 준비하지 못했다. 도와달라는 그들의 요청에 응답할 수 없다. 아이러니하게도 어머니의 '그 당시' 감정과 상실에 대해 도와줄 사람은 아무도 없었고 지금도 그러하다.

어머니는 자신이 아주 오래전에 슬픔에 직면한 적이 없었던 겁먹은 어린 어머니로 되돌아가는 퇴행 상태에 있음을 알게 된다. 그 어린 어머니는 마음속에서 모성의 '집'이라는 이미지를 보고 대화의 조각들을 기억해낸다. 과거 조각들이 떠오르기 시작한다. 이러한 기억들은 어머니를 기진맥진하게 만든다. 그녀는 자신이 미쳐가는 것 같다고 느낀다. 감각은 온통 팽팽하게 긴장된 그녀는 그저 발밑의 땅이 갈라져 우울과 두려움의 나락으로 빠져들기만 바란다. 슬프지만, 이것이 바로 아이와

…일단 과거가 밝혀지면 오래된 상처가 드러나지만 그들이 억눌렀던 비통함은 수그러들지 않는다. 다시 한 번 사랑하는 사람과 부모—생물학적 사실이 그들을 인간 이하의 무언가로 만드는 것 같다—에게 거부당한 충격이 발생한다. 그리고 다시 한 번 가족과 사회 속의 '일상적 나'에서 반드시 감춰지고 추방되어야 하는 '오염된 나'로 변화하는 갑작스런 트라우마가 발생한다._베티 진 리프턴(Betty Jean Lifton), 『상실과 회복: 입양 경험(Lost & Found: The Adoption Experience)』(1979)

재회하는 어머니—그녀의 감정과 아이를 잃은 비통함을 절대 입 밖으로 내지 못하게 저지당했던, 어리고 정신적 외상을 입은 어머니—의 일반적인 모습이다. 강요된 입양이었기에, 그녀의 실제 생각과 느낌을 감추고 묻어두는 것이 의무였기에 어머니는 아이와의 재회에서 감정적으로 무너졌던 것이다.

어머니들은 자신이 어떻게 하면 평상적인 감정을 유지할 수 있는지 궁금해 한다. 왜 사람들은 하룻밤 사이에 조각나고 부서져버린 자신을 보지 못하는지 의아해 한다. 아이를 찾았다는 소식을 듣는 순간 어머니는 아주 잠깐 흥분으로 들뜬다. 그러나 곧 자포자기한다. 그들은 자신이 한 일을 다른 사람이 알게 될까봐 두려워한다. 사람들은 뭐라고 할까? 나의 또 다른 아이들이 내가 한 일을 알게 되면 뭐라고 할까? 어떻게 이 사실을 알릴까? 남편에게는 어떻게 말할까?

처음으로 화가 밖으로 치밀어 오른다. 그것은 굉장히 강하고 순수해서 자신의 삶을 찢어놓을 만한 폭발을 가져올지도 모른다고 느낀다. 그들의 분노는 부모, 사회, 남자친구, 사회복지사, 입양산업 등 모두를 그리고 모든 것을 향한다. 그 분노는 정당하다.

입양 경험이 있는 어머니들은 이들의 지지와 도움과 안내 그리고 긍

…아이를 원하는 수요의 증가 추세에 따라 미혼모는 원활한 입양에 필요한 아이를 안정적으로 확보하는 (인간의 목적에 따른) 번식 기계…_레온틴 영, 사회복지사 전국회의(National Conference for Social Workers in Cleveland, Ohio, 1953)에서의 발표 내용

정적인 판단에 의존했다. 그러나 모두 거짓이었다. 그러한 역할을 하기로 되어 있었던 전문가들은 어머니들을 좌절시켰고 갈기갈기 찢어놨으며 모든 신뢰를 파괴했다. 이것은 어머니들이 남성에게, 정부에게, 모든 공직자에게, 심지어 자신의 부모의 사랑에 가지고 있었던 신뢰를 완전히 파괴했다. 이들은 어머니들에게서 아이를 빼앗아 완전히 낯선 사람에게 주었다! 어머니들은 배신당했다.

더욱이 어머니들은 자신이 입양 보낸 아이가 전문가와 잘 알려진 기관에 의해 선정된 완벽한 가정의 완벽한 부모 밑에서 완벽한 삶을 누리지 않는다는 것과 자신이 줄 수 없었던 것을 입양 부모도 줄 수 없었다는 것을 알게 되었다. 실제로 몇몇 어머니들은 입양 보낸 아이가 바로 입양이라는 그 행위로 인해 사랑받지 못하고 조롱당하며 업신여김을 받고 감정적으로 극심한 고통을 받는다는 것을 발견했다. 또한 아이들이 신체적·언어적 또는 성적으로 학대당해왔음을 알게 된다. 이것은 엄청난 충격이다! 절대 용서할 수 없는 일이었다. 그것은 어머니들에게 약속했던 것이 절대 아니었다.

어머니가 아이를 간절히 기르고 싶어 하는데도 입양으로 아이를 어머니에게서 빼앗는 것은 상당히 옳지 못하다. 그러나 입양으로 아이를 빼앗아간 이들이 아이에게 상처를 준다는 사실은 생각하기도 싫지만 그러한 일은 종종 벌어진다. 이런 상황에 대해 격노한 어머니의 감정은

위기의 여성은 죄의식을 느끼고 자기를 비하하는 경향이 있다. 만약 다른 사람의 태도, 특히 기관의 적극적인 행위자인 사람들의 태도가 그녀의 자존감과 이미지를 깎아내린다면…스스로를 비하하게 되며, 자신의 이미지를…스스로 비난하게 된다. 자신의 가치가 낮게 평가된 사람의 뚜렷한 특징 중 하나는… 선택과 의사결정에 장애가 있다는 점이다._로즈 번스타인,『미혼모를 돕는 일』

분출할 방법이 없다. 과연 누구에게 분노해야 할까? 어머니는 증기 배출구가 없는 압력밥솥에 갇혀 있는 것과 같다. 어머니는 "어떻게 내 아이를 그렇게 키울 수 있어? 어떻게 내 아이에게 그럴 수가 (그런 말을 할 수가) 있어?"라고 생각한다. 그렇지만 어머니는 이러한 정보, 무섭고 충격적인 발견, 그리고 그것에 대한 자연스러운 반응을 참으라는 압력을 받는다. 어머니는 의지할 곳은 아무데도 없다.

자신의 자녀를 찾았을 때 어머니는 종종 아이가 자신에 대해 거짓을 배워왔다는 것을 알게 된다. 그들은 자신의 자녀들에게 어머니를 경계하라고 가르친다. 아이는 주변 사람들에게 "조심해. 그 사람이 너에게 뭘 원하는지 알 수 없어." 또는 "그 사람에게 아무것도 말하지 마. 어쩌면 마약 중독자일 수도 있고 알코올 중독자이거나 어쩌면 매춘부일 수도 있어"라는 식의 말을 들었다. 그러나 어머니에게는 항상 아이의 행복이 최우선이다. 어머니는 아이와의 만남에서 아이에게 해가 되는 어떠한 일도 하지 않았음을 해명한다. 그리고 그런 일이 없을 것임을 확실하게 약속한다. 어머니들은 이미 충분히 할 만큼 해왔지만 그들을 고통스럽게 하는 교묘한 조작과 자신의 취약성 때문에 입양 과정과 절차를 멈출 수 없었다. 어머니에게 어떠한 통제권도 없었지만 아이를 찾아 나설 정도까지는 죄책감을 극복했다. 어머니들은 재회에서 발전시킨

임시적인 관계에 어떠한 해도 끼칠 수 없고 그러지도 않을 것이다. 그들은 계란 껍데기 위를 끊임없이 걷고 있는 것처럼 느낀다.

소수의 어머니들은 잃어버린 아이의 삶으로 영구히 포함되는 행운을 거머쥔다. 이것은 어떠한 이유든 그녀의 자녀 역시 그녀를 절대 잊지 않고 만나기를 고대해왔기 때문이다. 아이들 중 몇몇은 입양한 부모에 의해 길러지는 것을 매우 불편하게 느끼기기도 한다.

어떤 어머니들은 매우 불안정한 재회에 매달려 힘겹게 지낸다. 감정의 기복이 매우 극심하다. 몇몇은 분노를 이겨내야 하고, 아이의 포기와 거부의 감정을 견뎌야 한다. 어머니가 할 수 있는 것은 거의 없다. 어떤 입양아는 다양한 이유—그중 많은 것이 타당하다—로 어머니를 탓한다. 그러나 어머니가 그런 문제를 일으키지 않았다! 어머니가 고의적으로 아이가 겪고 있는 고통을 준 것이 아니다. 이것이 바로 피해자가 죄의 책임을 떠맡는 고전적인 예이다.

출생증명서와 입양기관 문서

아이와 만나는 동안 어머니는 아이의 출생증명서 사본을 요구하게 된다. 어머니는 과거에 일어났던 일을 아는 것이 얼마나 중요한지를 깨닫는다. 그것은 입양기관에서 자신과 관련된 사안에 대해 대답을 듣기 위해 공백을 채우려면 필요한 일이다. 시간이 지날수록 어머니의 요구는 거부되거나 응답을 전혀 받지 못한다.

태어날 때 그 아이는 법적으로 어머니에게 속한다. 그렇다면 왜 입양기관(특히 정부의 지원을 받는 기관)은 이러한 문서를 어머니가 가지고 있는 것을 허락하지 않는가? 거기에는 아이를 입양한 부부의 이름도 주

입양 분야는 입양아에게 무엇이 최선인가에 대한 추구만으로 발전하지 않았다. 그보다는 입양을 원하는 무자녀 부부의 증가, 사회복지사의 전문직 추구 등과 같은 다양한 외부적 요소에 의해 발전하는 경향을 띤다._카타리나 위거, 『입양, 정체성, 친척관계』

소도 전화번호도 없으며, 그 부부를 확인할 만한 아무런 정보도 없다.

입양을 보낼 당시에 어머니는 너무 어렸고 출생증명서의 사본을 가지고 있어야 할 법적 권리가 있다는 것을 이해하기에 세상 물정을 몰랐다. 이러한 기관들이 어머니를 계속 무시하고 어린애 취급하는 것은 굉장히 무례한 일이다. 그것은 어머니가 겪고 있는 학대와 피해를 지속시키고, 어머니를 의도적으로 사회에서 하찮은 존재로 만드는 것이다. 오늘날의 개선된 상황에서도 그리고 입양기관이 입양으로 아이를 잃은 어머니에게 세심해졌고 좀 더 개방적이라는 평가를 받은 후에도 추방된 어머니들은 이렇게 외친다. "왜 출생증명서 사본을 달라는 요청을 거부하나요?"

계속해서 거부당하더라도 어머니는 입양 관련 서류의 사본을 가지고 있어야 한다는 것은 중요하다. 결론은 오직 하나이다. 입양 관련 서류에는 만약 어머니가 알게 된다면 입양기관에 부정적인 영향력을 미치게 될 모순적이고 부정확하고 거짓되고 또는 해로운 정보들만 들어 있다.

유전적 이끌림

매우 중요하지만 실제로 거의 알려지지 않은 재회의 양상 중 하나는

…입양의 순간, 거짓이 이야기된다.…올바른 정보를 받는 사람이 있고, 거짓 정보를 받는 사람이 있다.…어째서 어떤 부모는 참된 정보를 얻는 축복을 받고 어떤 부모는 그렇지 못한지 이유도 없고 맥락도 없다.…그러한 속임수를 정당화할 방법도 없다.… 가장 건설적인 방법은 과거의 잘못된 인식으로 인한 잘못과 그에 수반되는 잘못을 인정하고 사실을 말하는 것이다._패트리샤 도너(Patricia Martinez Dorner), 『입양 연구: 전문직 종사자를 위한 윤리적 안내서(Adoption Search: An Ethical Guide for Practitioners)』, Catholic Charities searching handbook(1997)

바로 유전적 이끌림이다. 이 현상은 짐작하는 것보다 또는 알고 있는 것보다 훨씬 더 빈번하게 일어난다. 이것은 상당한 죄책감과 부끄러움을 불러일으킬 수 있는 두려운 여행이 될 수도 있다. 만약 유전적 이끌림이 인식되지 못하거나 이해되지 못한다면, 또는 잠재적으로 피해를 입히는 감정을 해결하기 위해 재빠르게 행동하지 않는다면, 이것은 재회의 순간을 파괴할 수도 있다.

유전적 이끌림은 이전에 갈라졌었지만 새롭게 재결합한 가족구성원 사이의 다양한 조합—예를 들어 어머니와 아들, 아버지와 딸, 동성 또는 이성의 쌍둥이 —에서 발생할 수 있다. 몇몇 입양 공동체의 사람들은 왜 이처럼 설득력 있고 압도적인 그러나 지극히 정상적인 감정들이 재회에서 발생할 수 있는지에 대해 구체적인 이유들을 제시한다. 그들에 의하면, 유전적 이끌림은 ①비슷한 유전자적 구성으로 외모나 성격 또는 관심사나 행동에서 유사점을 가진 사람들, ②압도적이고 역동적인 자기애를 불러일으키는 거울 속의 나와 같은 사람들, 그리고 친숙하고 친밀하며 거부할 수 없을 정도로 영혼이 묶여 있는 사람들, ③자신의 가족(가족은 인간 집단의 독특한 본질이다) 냄새를 기억하는 잠재의식, 강력

어머니와 아들, 아버지와 딸 사이에서 경험되며, 조금 먼 친척들 사이에서도 경험된다. 그러나 유사한 외모의 성별이 다른 형제·자매 사이에서 흔하게 발생한다. 이것은 감정이 전기에 감전된 듯한 강력한 형태를 띠며 상대방으로부터 멀리 갈 수 없도록 하고 그들 삶의 모든 것이 함께 속해 있는 듯한 근본적인 감각이다. 그러한 이끌림은 그 감정이 다른 사람들과 공유하기에 너무 위협적이기 때문에 효과적인 의사소통을 방해할 수 있는 거부의 감정과 함께 기저에 깔려 있는 수치심과 죄책감을 불러일으킨다._『세계 문제와 인간 잠재력에 관한 백과사전(Encyclopedia of World Problems and Human Potential)』 중 '유전적 이끌림(genetic attraction)'

하고 근본적인 친밀한 알아봄(매혹적이며 꼼짝 못하게 만들 수 있다) 등을 일깨우는 냄새(향)의 동일성을 가진 사람들 사이의 이끌림이다.

입양에 의해 분리된 가족구성원은 생물학적으로 연관되어 있을지라도 서로 함께한 역사를 가지고 있지 않다. 결과적으로 그들 사이에는 문화적 한계 또는 테두리가 없다. 그들은 (최소한 처음에) 정신적으로 알아보지 못하며 서로를 '어머니' 또는 '아들'로 규정하지 않는다. 이러한 문화적 제약이 없기 때문에 이끌림은 굉장히 매력적일 수 있다.

전체를 아우르는 감정적·영적인 유대에 영향을 받지 않은 재결합한 가족구성원들은 '유전적 이끌림'이라는 용어의 부정확함에 대해 이야기 한다. 하지만 이러한 자기장적 이끌림을 경험한 사람들은 그들이 느끼는 친밀한 결속을 제대로 설명할 수 없다고 말한다.

■ 요약

_어머니는 잃어버린 모성(어머니 자격)의 진실에 대해 지각하고 그 답을 찾기 시작한다.

_재회는 종종 예상치 못한 어머니와 아이의 퇴행과 결합된 감정들의 롤러코스터가 되기도 한다.
_재회한 어머니는 자신의 아이가 입양 환경 속에서 학대당함을 알게 될 때 충격을 받는다.
_입양아가 가지고 있는 오해—무자비한 어머니에 의해 버림받았다—는 어머니에 대해 분노와 화를 품도록 한다.
_입양기관이 출생증명서와 입양 기록을 어머니들에게 주는 것을 보류하거나 꺼려하는 것은 어머니를 굉장히 화나게 하고 낙심시킨다.
_유전적인 이끌림을 경험한 사람들에게 그것은 불안정하고 혼란스러우며 두려울 수 있다.

■ 연습

_눈을 감고 아이를 입양 보낸 그 순간을 마음에 그려보라. 그 그림에 들어가서 당신이었던 어린 소녀 앞에 서라. 그리고 마음속에서 크게 "안녕, 난 널 다시 보려고 왔어"라고 외쳐라. 내면의 아이에게 당신이 그녀의 모든 날을 보살펴왔고, 설령 지금은 겁먹었을지라도 당신은 그녀를 꽤나 잘 지켜왔다고 상기시켜라. 그녀에게 사람들과 가까워지는 것이 괜찮다고 말하고, 그 말을 어떻게 느끼는지 물어봐라. 그리고 당신이 그렇게 말했을 때 어떻게 느꼈는지 물어보라. 그녀에게 그녀의 아이를 잃었을 때와 같은 일은 절대 다시 일어나지 않을 것이라고 다시 한 번 알려줘라. 더 많이 스스로 진솔한 감정을 느끼도록 하고 그것을 어른인 당신에게 말해달라고 이야기하라. 당신에게 말할수록 관계 맺기 안전한 사람을 선택하는 것이 더 쉬워질 것이라고 이야기하라.

■ 그 순간을 경험하기

_당신은 내면의 아이와 나눈 대화로 인해 약간의 불안을 느낄 수도 있다. 당신은 어느 정도 무기력하거나 약해지는 것을 느낄 수도 있다. 이러한 감정은 결코 유쾌하지 않지만 당신을 해치지는 않을 것이다. 단지 당신을 불편하게 만들 뿐이다. 당신이 느끼는 감정은 그 어떤 것이든 진실로 올바르고 건강한 것이다. 따라서 당신의 치유를 위해서 불편한 감정을 견디는 방법을 알아야 한다. 당신 내면의 아이에게 포옹하는 모습을 상상해보는 건 어떨까? 그리고 "사랑해"라고 말하며 안심하고 안전하다고 알려주어라. "네가 그렇게 느껴지지 않는다는 걸 알지만, 우리는 괜찮아"라고 말하라.

제8장
완벽한 기만

많은 어머니들은 진실을, 입양산업이 자연적 가족을 해체한 책임이 있다는 진실을 배우기 시작한다. 정부는 싱글맘을 위한 복지 예산을 마련하지 않았으므로 가족 해체에 일정 정도 책임이 있다. 어머니들은 또한 사회복지사들이 자신의 직업을 전문화하려는 노력의 일환으로 '미혼모'를 위한 그들만의 '치료'—몇 년 이상 사회복지사들의 욕구와 목적에 맞게 계속 내용을 바꾸었다—를 개발했음을 안다. 그러나 그 치료는 항상 똑같은 결과를 낳았다. 즉, 1950년대까지 또는 그 이전에는 대규모로 볼 수 없었던, 보호받지 못하는 어머니들에 의해 입양산업 관련 기관에 보내지는 강요된 입양이다.

■ 근거 없는 믿음

_그건 단지 그 시절의 입양 방식이었다.

_입양은 경이롭고 사랑스러운 일이다. 당신의 아이는 더 나은 삶을 누릴 자격이 있다. 당신은 아이를 기르기에 너무 어렸다.

_사회복지사들은 당신을 도우려고 했던 것이지 상처주려고 했던 것은 아니다. 그들은 사회에 도움이 되는 사람들이다.

■ 사실

_어머니와 아이의 분리는 어떤 시대에서도 절대 일어나서는 안 되는 일이었다. 어머니와 아이의 유대는 삶에서 가장 신성한 것이다. 어머니는 나이나 소득에 관계없이 **진짜** 어머니이며, 자신의 아이를 키울 권리가 있다. 어머니에게는

지지와 안내와 격려가 필요하지, 비난이나 추방이 필요한 것은 아니다.

_입양은 가족구성원을 의도적으로 갈라놓는 것이다. 이것은 가정폭력이다. 그리고 절대로 경이롭거나 사랑스러운 것이 아니다. 아이는 그의 삶을 자연으로부터 점지된 어머니와 함께 누릴 자격이 있다.

_사회복지사는 도움주지 않았다. 그들은 셀 수 없이 많은 어머니와 아이에게 깊은 상처를 주었다. 누구도 다른 사람의 삶에서 신의 역할을 해서는 안 된다.

어머니들은 사회복지사와 사회가 불임이지만 '가족'을 원하는 결혼한 부부에게 얼마나 많은 관심을 가지고 있는지 배우게 된다. 오늘날 사회복지사가 모든 법적인 보호뿐만 아니라 친어머니에게 주어진 권리를 무시하면서 취약한 어머니의 아이를 그러한 욕구와 소망을 해결하기 위해 사용했음이 분명히 드러나는 것을 보고 치밀어 오르는 분노를 참을 수 없다. 어머니의 요구와 권리는 그들의 나이나 결혼 여부 또는 소득과 상관없이 자신의 아이를 키우는 것이다.

다음과 같은 일들은 개인적 권리와 보호가 중요시되는 오늘날의 관점에서는 충격적이다. AP통신, 《리치몬드 타임스 - 디스패치》, 《로스앤젤레스 타임스》의 보도에 따르면, 1929년부터 1974년까지 30개의 주가 강요된 불임 수술을 허락했다. 이와 같이 여성의 임신권이 위태로웠던 시기에 6만 4,000명이 정신적 불완전하거나 도덕적·사회적 부적응, 또는 아이를 키울 수 없을 정도로 가난하다고 간주되었다. 그들은 우생학, 인간의 선택적 번식, 그리고 사회공학 프로그램에 의해 불임 시술을 받았다.

캘리포니아 주는 당사자의 동의를 받지 않은 불임 시술 2만 1,000건으로 1위에 올랐고, 버지니아 주가 약 8,000건으로 2위, 노스캐롤라이

> 일단 그곳에 들어가면, 그들은 스스로의 특별한 욕구에 맞는 서비스를 이용할 수 있는 지위가 약화된다. 그들은 선택할 권리가 없고 단지 수용해야만 하는 일괄되고 이미 결정된 서비스를 받는다. 아마 그곳에 있는 동안의 지위를 나타내는 가장 적절한 단어는 사회복지사와 그곳에 있는 사람들이 사용하는 '소녀(girl)'일 것이다. "얘야, 어른의 지위와 책임을 거부한다고 하렴. 그리고 복종하렴." _ 질 니콜슨, 『어머니와 아이의 집』

나 주가 7,600건으로 3위를 차지했다.《리치몬드 타임스 - 디스패치》는 "그 제도는 사회복지사에게 과도한 권력을 부과하고 여성을 불임으로 몰아넣었다. 이것은 효과적이지 못한 보호였다"고 보도했다.

캐리 버크라는 18살의 미혼모는 버지니아 주의 1924년 법에 의해 최초로 불임 수술을 받았다. 《로스앤젤레스 타임스》에 따르면 버크는 "정신적으로 장애가 있거나 비정상이어서가 아니라 혼인제도 밖에서 아이를 가졌고 도덕적으로 태만하다고 여겨졌기 때문에 불임 수술을 강요당했다."

입양 역사 속에서 더 많은 만행을 저질러진 후에 흥미로운 사실이 밝혀졌다. 결혼한 몇몇 부부의 불임은 제2차 세계대전의 직접적인 결과라는 것이다. 즉, 전쟁에서 돌아온 남성들은 성병 – 부부 모두에게 또는 어느 한 쪽에세 불임을 유발하는 성병 – 을 부인에게 옮겼다는 것이다. 또한 (다른 소녀들이 임신했음에도 불구하고) 아직 임신하지 않은 몇몇 소녀는 타고난 안전망 – 아직 찾아내지 못한 불임의 원인 – 을 지니고 있다는 지적은 흥미롭다. 그 소녀들은 성관계를 가지지 않음으로써 사회적 규율에 복종한 것은 아니었다. 따라서 입양 보낸 어머니의 유일한 '죄'는 들킨 것이다. 그 죄로 인해 어머니는 입양 보낸 아이에 대한 기억의 삭제를 강요당하는 처벌을 받았고 상실과 비탄이라는 종신형에 처해졌다.

> 사회복지사를 원치 않았던 신청자들은…다루기 어렵고 용납하기 어려운 존재였고…지역사회의 가시와 같은 존재였으며, 지역사회의 평화정신을 위협하는 존재(미혼모)였으며, 사회복지사의 적절한 책임하에 있어야 할 존재였다. 그들의 악탈(만행)로부터 지역사회를 보호하지 않는다면 도대체 사회복지사는 무엇을 위해 존재하는가? 만약 그들이 교정과 처벌을 하는 곳이 아니라면 어디서 있어야 한단 말인가? 그들은 보호를 제공하거나 권위적인 도움의 손길을 자처하는 권위적인 사회기관에 보내진다. 심리학적 수단을 사용하는 몇몇 전문가들과 사회복지사들은 내켜하지 않는 사람과 계속 상대해야 한다. 이와 같이 특이한 도전과 기회에 직면한 사회복지사들은 만약 그럴 수만 있다면, 내켜하지 않는 사람을 연관시킬 방안을 만들어내려고 한다._헬렌 해리스 펄먼(Helen Harris Perlman), 『사회복지 방법론, 문제해결과정(Social Casework, A Problem Solving Process)』(1957)

어머니는 (대부분이 갑작스럽게 끝나는) 고통스런 재회를 통해 여전히 숨어 있는 상태로 아이를 찾거나 몹시 괴로워하는 자신을 발견한다. 어머니는 입양 경험과 직접적으로 연관된 문제들의 싸움을 계속한다.

입양으로 아이를 상실한 많은 어머니들은 '입양 삼자(adoption triad)'라는 말을 싫어한다. 왜냐면 이것은 자신이나 자신의 아이를 뜻하는 것이 아니기 때문이다. 입양 삼자에서 셋은 동등하다. 그러나 입양에서는 입양하는 사람만이 중요하다. 입양하는 사람이야말로 입양에서 진정한 승자이며 아무것도 잃지 않는 유일한 사람이며(그의 불임은 입양으로 인한 것이 아니다), 오직 획득하는 자이다. '입양 삼자'에서 세 요소의 균형은 없다. 입양된 아이와 그의 추방된 어머니는 패자이며, 앞으로도 계속적으로 잃게 될 것이다.

선의 또는 악의

십대 또는 젊은이였던 입양모가 법적 사항들에 대해 (정보화 시대 이전에는) 무엇을 알고 있었을까? 변호사에게 요청할 생각이나 했을까? 아니다. 대부분은 그렇지 않았다. 사회복지사들이 사용했던 방법의 합법성에 대해 질문할 생각이나 했을까? 아니다 대부분은 그렇지 않았다. 어머니는 자신의 아이가 재정적으로 더 안정되고 결혼한 가정의 품으로 보내지는 동안 '아이 물류창고(임산부 시설)' 또는 미혼모 기관에서 '안내'하던 어른들을 맹목적으로 믿었다. 어머니는 어른과 공공기관을 믿으라고 배웠다. 어찌 사회복지사가 자신을 속일 거라고 의심했겠는가?

과거에 일어났던 일에 대한 의문이 계속되면서, 어머니는 자신이 법적 권한을 가지고 있는지를 궁금해 하며, 만약 그렇다면 자신이 할 수 있고 해야 할 것은 무엇인지 알고자 한다.

이제 많은 어머니들은 그 당시에 입양기관이 아니라 자신의 법적 이해를 대변할 변호사를 선임했었어야 했음을 안다. 입양 보내는 어머니에게 서명을 요구·장려·권유한 입양 문서의 초안을 작성하기 위해 어떤 변호사를 고용하느냐는 입양산업에 종사하는 사회복지사의 이익이

> 모든 입소자는…몇 주 안에 아이를 기를 것인지 아니면 입양 보낼 것인지를 결정하게 된다. 그러나 그 해결책 또는 감정적인 용어들이 실제로 무엇을 의미하는지 아주 희미하게 알고 있을 뿐이다. 그러나 그들은 입양에 관한 가장 기본적인 사실도 알지 못했고, 아이를 기르기로 결정한다면 도움을 받을 수 있는 시설에 대한 기본적인 정보도 없었다. _ 질 니콜슨, 『어머니와 아이의 집, 미혼모를 위한 시설 조사』

의무 불이행: …어떠한 법적인 또는 도덕적인 의무에 대한 위법이나 누락, 사무실이나 신탁고용의 의무인 정당하고 적절한 방법을 수행하는 데 실패하거나 방치하는 것.
충분한 정보의 고지에 의한 동의: 지적인 결정을 내리기에 충분할 정도의 사전 정보가 제공되고 난 후의 개인의 동의_『블랙 법률 사전(Black's Law Dictionary)』(Centennial Edition, 1891-1991)

걸린 문제(이해 충돌)였다. 변호사는 입양기관과 입양하는 사람의 이익과 권리를 보호하기 위해 고용되었다. 변호사가 입양 보내는 어머니를 대표하기 위해 또는 그의 권리와 이해를 보호하기 위해 고용된 것은 아니었다. 아무도 취약한 상태에 있는 어머니의 이해를 대변해주지 않았다.

또한 이제 많은 어머니들은 사회복지사들이 명시된 그들의 의무—아이를 키울 수 있는 방법에 대한 정보를 알려줘야 한다는 의무—를 수행하지 않았다는 것을 안다. 그것은 아동부양세대보조(AFDC)를 신청할 수 있는 권리, 아이의 양육지원을 대해 아버지를 고소할 권리, 어머니가 아이를 스스로 기르는 것이 가능할 때까지 임시보호기관에 맡길 수 있는 권리, 그리고 입양 동의서에 서명하기 이전 또는 이후라도 법률로 정한 기간 이내에 입양을 철회하고 아이를 되돌려 받을 수 있는 권리 등이다. 대부분 경우 이러한 권리 또는 선택은 입양모에게 설명되지 않는다. 이것은 악의이며, 사회와 정부의 실무자로서의 책임에 따라 신뢰를 받고 있는 사회복지사의 직무 태만이다.

많은 어머니가 아이를 출산한 직후 또는 얼마 후에 변호사를 선임하는 절차 없이 입양 동의서에 서명하라고 지시를 받았다. 대부분은 서류를 읽지 못했고 무슨 내용인지 듣지 못했으며, 궁금한 점이 있는지조차 질문 받지 않는다. 변호되지 못한 개인의 법적 이해를 보호할 수 있는

불성실 또는 악의: 선의(good faith)의 반대말로 일반적으로 사실상의 사기 행위를 구성. 다른 사람을 현혹하거나 속이도록 고안된 것. 어떤 의무의 이행이나 계약의 충족 조건을 부인하거나 거절하는 것. 의도하지 않았으나 실수로 야기된 것이 아니라 이익의 추구나 사악한 동기에 기초한 것. 불성실은 잘못된 판단이나 부주의라기보다는 의도를 가지고 있는 잘못된 행위로서 정직하지 못한 목적에 기초한 도덕적 타락.…교활한 계획과 나쁜 의도를 가지고 행동하는 정신을 긍정하는 것._『블랙 법률 사전』

관련법은 무엇일까? 미국변호사협회의 직업표준규정 '4.3 변호되지 못한 사람과의 관련'의 내용은 다음과 같다. "변호사는 어떤 사람의 이해가 고객의 이해와 충돌할 합당한 가능성을 가지고 있다는 것을 알고 있거나 알았다면, 그 조언이 변호사를 보호하기 위한 것이 아닌 이상 변호되지 못한 사람에게 법적 조언을 줄 수 없다."

여기에 비추어 보면, 입양으로 아이를 상실한 어머니의 법적인 권리는 완전히 무시되고 심각하게 훼손되었음이 명백한 듯하다.

설득적 강요

교화와 강압적인 설득에 의한 세뇌는 전시에 주로 사용되던 심리학적 방법이다. 오늘날에는 이런 방법이 일반적으로 광신적 집단에 의해 사용되지만, 여러 가지 이유로 인구의 특정 집단에 영향을 미치거나 그들을 통제하기 위해 사용되어왔다.

임산부 시설을 이용한 어머니의 경험—이러한 경험은 반드시 고찰되고 규명되어야 한다—에서 중요한 부분은 '강요'이다. 아이의 입양에서 강요가 얼마나 중대한 역할을 했는지 분명히 해야 한다. 심리학자이며

강요: 응하기를 강제하는 것, 강요된 복종이나 굴복.…자유의지가 거부할 것을 수행하기 위해 한 부분이 다른 부분에 종속되어 강제되는 것과 같이…실제적이고 직접적인 힘으로 강제하는 것._『블랙 법률 사전』

이해 충돌: 변호사 또는 공무원으로서 재정적 또는 개인적 의무가 이해관계에 저촉되어 공정하게 의무를 수행하기 어려운 상황._www.leclaw.com/def/c095.htm

사고개조 분야의 존경받는 전문가인 마가렛 타이어 싱어(Margaret Thayer Singer)와 리처드 오셰(Richard Ofshe)에 따르면, 임산부 시설에 감금되어 있는 동안 어머니는 6가지 조건, 즉 ①사람들이 모르도록 숨음, ②시간과 환경의 통제, ③무기력함 조장, ④그가 지닌 이전의 정체성을 나타내는 행동을 금지하는 보상과 처벌, ⑤그 집단의 신념과 행동양식을 고취하기 위한 보상과 처벌, ⑥반응(피드백)을 허용하지 않는 논리와 권위의 사용 등에 노출되어 있었다.

또한 '설득적 강요'를 반드시 고려해야 한다. "무엇이 강요를 구성하는가라는 주제는 모든 법적 정의에 공통 주제이다.…강요란 피해자의 의지가 전복, 압도, 제압, 파괴 또는 중립화되거나 없어져버리는 것을 의미한다.…또한 강요적인 설득이 담긴 주장, 세뇌 또는 생각의 개조와 관련되어 있다. 어떠한 방법으로든 누군가의 의지를 압도하거나 파괴하거나 없애버린다면, 그 의지는 단순히 압도당하는 것이 아니라 그것을 행하는 사람에 의해 지배된다. 따라서 피해자는 강요의 수행자, 도구 확장된 의지가 된다."*

이것이 입양으로 아이를 상실한 어머니에게 일어났던 일일까? 어머

* Herbert Finagrett, "Coercion, Coercive Persuasion, and the Law" 참조.

어머니와 아이 사이의 유대는 본디 신성하다. 그것은 신체적이고 정신적이고 영적이다. 그것은 굉장히 탄력적이고 유연하다. 그 유대는 자연스레 멀리 확장될 수 있다. 이러한 확장에 어떤 인공적이거나 치명적인 상처가 남겨지면 어머니와 아이 모두는 심각한 정신적 외상을 받는다._필리스 체슬러(Phyllis Chesler), 『재판 중인 어머니: 아이와 양육권을 위한 전쟁(Mothers on Trial: The Battle For Children And Custody)』(1986)

니는 조종·기만·세뇌당하거나 강요되었을까? 입양산업은 사회복지사를 통해 다양한 방법으로 어머니의 의지를 억눌렀다. 즉, 어머니를 그의 가족으로부터 분리(이로써 그녀가 가질 수 있었던 모든 형태의 도움이 제거되었다)해냈고, 허드렛일을 시켰고, 잘못된 이름을 강제로 부여했고, 아이의 양육이 가치 없다고 이야기했고, 아이의 양육을 선택하면 자신과 아이의 삶을 평생 망치는 것이라는 느낌을 강하게 들게 만들었다. 이 모든 것이 어머니의 의지를 무너뜨리기 위한 것이 진정 아니었을까? 그 해답은 흥미롭다.

선택권도, 살 곳도, 그 어떤 도움도 없이 어머니는 '머리에 총을 겨눈 상태'에서 아이를 포기했다. 피나그렛(Herbert Finagrett)은 "머리에 총을 겨눈 상황은 한 치의 의심도 없이 전형적으로 피해자에게 심리적인 혼란 또는 정신적인 외상을 안겨준다.…강요에 의해 피해자가 실질적인 선택권, 자유로운 선택권 또는 공정한 선택권을 가질 수 없다는 말에서 강요의 의미를 찾을 수 있다"고 말했다.

입양 보내기로 한 많은 어머니가 어렸고 검증되지 않았다. 모성을 깨닫기 위해서는 어머니 상태의 경험이 허용되어야만 한다. 그러나 이러한 권리가 부정되었다. 어떻게 그 당시에 어머니가 아이의 상실이 가져오는 심대한 영향을 완전히 인식할 수 있었겠는가?

피나그렛은 "전반적으로 법률적 영역에서는 강요가 해당 피해자를 찢어놓고…무능력하게 만든다는 것으로 정의되는 경향이 있다.…결국 이것은 "그 피해자가 얼마나 심각하게 잘못되었거나 무능력해졌는가"라는 실질적인 질문이다. 입양으로 아이를 상실한 어머니가 자동적으로 정신적·신체적 무능력, 완전한 무능력에 빠지지는 않았을 것이다. 어머니에게는 아이를 기르려고 시도할 권리조차 주어지지 않았다. 따라서 어머니는 이렇게 물어야만 한다. "나와 내 아이에게 얼마나 심각한 잘못이 저질러졌단 말인가?"

전 세계에서 그리고 모든 삶을 통틀어 신과 자연을 관통하는 가장 신성한 유대는 어머니와 아이의 유대이다. 입양으로 아이를 잃고 어머니를 잃는다는 것은 가장 큰 정신적 외상을 남기고, 가장 심각하게 잘못된 일이며, 인간이 상상할 수 있는 가장 슬픈 상실이다.

■ 요약

_입양산업은 경제적으로 더 안정적인 불임인 사람을 더욱 대접하고 취약한 싱글맘과 그 아이의 요구와 권리는 무시한다.

_1970년대까지 몇몇 어머니는 비자발적으로 불임 수술을 받았다. 몇몇은 아이를 입양 보내지 않을 경우 감옥에 보내지거나 또는 부자격자로 취급받았다.

_전례 없이 새롭게 등장한 많은 수의 취약한 어머니들이 제2차 세계대전과 로 대 웨이드 판례(Roe v. Wade, 410 U.S. 113, 1973년)* 사이에 아

* 여성은 임신 후 6개월까지 임신중절을 선택할 헌법상의 권리를 가진다고 판결한 미 연방대법원의 판례. 이로 인해 낙태를 금지하거나 제한하는 모든 주와 연방의 법률들이 폐지되었다. — 옮긴이

이를 입양 보냈다.

_많은 어머니는 악의, 이해 충돌, 직무 불이행, 정보의 고지 결여에 의한 동의, 강요 그리고 생각 개조 등 방법으로 사회복지사가 자신의 법적 권리를 침해했다고 느낀다.

_취약한 어머니는 입양에 대한 압력이 들어오기 전에 자신의 모성을 경험하게끔 허락되지 않았다.

■ 연습

_눈을 감고 만약 당신이 지금 당신의 잃어버린 아이에게 말할 수 있는 상황을 상상해보라. 무엇을 물을 것인가? 무슨 말을 하고 싶고 어떻게 행동하고 싶은가? 그 아이에 대한 당신의 감정은 어떻겠는가? 당신에게 일어난 일들에 대해 어떻게 느끼는가? 그 아이를 향한 당신의 감정은 무엇인가? 분노? 애정? 원망? 그런 감정이 모두 모여 뒤섞여 있는가? 당신 아이와 당신의 여정에서 그때 일어났던 일에 대한 각기 다른 감정을 일기에 적어라. 그리고 이런 경험을 반복하고 그때마다 감정의 변화를 느껴보아라. 어느 날은 분노, 그다음 날은 슬픔, 또 그다음 날은 연민, 그리고 다시 분노…. 이 모든 감정은 지극히 평범한 것이다. 당신에게 일어난 일에 대해 당신이 느끼는 감정은 가장 혼란스러운 감정이다. 흔적을 계속 더듬고 감정을 분리해내는 것은 결국 당신 삶에서 다양한 방식으로 도움이 될 것이다.

■ 그 순간을 경험하기

_당신은 지금 아마 약간 혼란스러울 것이다. 아니면 깊은 두려움을 느낄 수도 있다. 만약 그렇다면 숨을 깊게 들이쉬고 '침착해'를 마음속

에서 크게 외쳐라. 당신이 현재 느끼는 감정은 아무 문제없다. 당신이 앞에서 연습하며 느낀 모든 감정을 기록하고, 당신이 막 끝마친 이 장의 내용과 연관지어보아라. 아마 지금까지 읽어온 것들이 당신을 감동시킨다는 것을 알아차릴 수 있을 것이다. 또한 당신이 읽은 것과 당신이 느끼는 감정을 연결 짓는 것이 어렵다는 것을 알아차릴 수 있을 것이다. 우리의 감정은 아무데서나 오지 않는다. 부디 그런 감정이 당신을 죽이지 않는다는 것을 알아두길 바란다. 그건 단지 감정일 뿐이다. 무서운가? 그렇다. 아픈가? 당연하다. 그러나 그렇게 느껴질지라도 절대 당신을 죽이지 않는다. 만약 여전히 두렵다면, 주변을 둘러보고 아무 일도 일어나지 않는다는 것을 확인하라. 그리고 마음속으로 "아무 일도 없어! 그렇게 느껴질 뿐이지, 괜찮아!"라고 외쳐라. 당신의 기분이 조금 나아질 때까지 몇 번이고 반복하라. 그리고 당신은 정말 괜찮다는 것을 깨달아라.

제9장
우리의 아이 그리고 우리

어머니와 새로 태어난 아이는 분리되지 않은 한 개체이며 근본적으로 살아 있는 하나의 존재이다. 여러 연구들은 아이의 세포가 수십 년 동안 어머니의 혈류에 남아 있음을 보여준다.

■ 근거 없는 믿음

_아이는 어머니와 떨어지는 것에 영향을 받지 않고 고통을 경험하지 않는다.

_아이가 어린 나이에 어머니와 떨어지면 어머니를 기억하지 못한다.

_어머니에게 아이를 그리워하지 않게 될 것이라고 이야기하면 어머니의 고통은 사라질 것이다.

■ 사실

_아이는 언제나 부모와의 헤어짐으로 인해 고통을 겪으며 이로 인한 고통, 혼란, 분노를 잊지 못한다.

_아이는 어머니와 깊고 온전한 관계를 갖고 있다.

_어머니는 언제나 자신의 아이를 그리워한다. 어머니는 언제나 자신의 가슴 한 부분이 상실되어 있음을 인식한다.

어머니와 자녀는 서로 떨어짐으로써 깊고 영적이며 근본적이고 사회적인 심각한 상처를 입는다. 어머니는 참을 수 없는 잃음에 대한 의식적인 기억을 간직하고 있다. 입양된 아이는 이런 트라우마에 대한 의식적인 기억은 없다. 그러나 아이는 말로 표현할 수 없는 상처가 있다.

입양을 심각하게 고려해야 하는 갑작스러운 임신은, 태어나지 않은 아이와의 연결도 없이 임신의 균형이 이루어지고 어머니의 의식에는 항상 계획된 헤어짐이 존재한다. 자신을 어머니의 한 부분이라고 지각하고 어머니를 전적으로 의지하는 태아 또는 아이한테는 이러한 사실은 매우 무서운 것이다. 그러나 이러한 심리적인 헤어짐이 태아에게 상처가 된다는 관념은 이중 맹검(double-blind)의 연구를 통해 밝혀지지 않았기에 지지되지 않는 이론으로 특성화되어 있다. 그러나 나는 아이를 입양 보냈건 직접 키웠건 간에 이 사실을 믿지 않는 어머니가 존재하는지 찾아보도록 당신에게 권한다._마시 와인먼 액세스(Marcy Wineman Axness), 『입양은 언제 시작되는가(When Does Adoption Begin)

그가 이러한 아픔을 기억할 수 있더라도 자신의 감정을 표현할 수 있는 단어가 없었을 뿐이다.

어머니에게는 이런 상황이 말할 수 없을 만큼 받아들이기 힘든 사실이다. 어머니는 이러한 거부할 수 없는 사실을 알면서 어떻게 극복하는가? 어머니는 자신이 아닌 다른 사람이 아이를 키우는 것이 아이에게 더 좋다고 생각했지만 사실은 전혀 그렇지 않았다. 결혼한 부부와 같이 아이를 키우기에 더 좋은 환경에 있는 사람, 또는 더 '건강'하고 더 물질적으로 풍부한 환경에 있는 사람에게 아이를 보내는 것은 사실 아이에게 정서적인 상처를 주는 것이다! 입양을 보내는 어머니가 아이에게 유일하게 해줄 수 있다고 여긴 일, 즉 자신의 감정과 소망을 배제하고, 아이의 복지를 자신보다 더 중요시 여기고, 아이를 고통과 아픔으로부터 벗어나게 해주려고 한 일은 사실상 아이에게 큰 고통을 준다. 어머니가 옳은 일이라고 한 일이 오히려 아이에게 혼란과 자아 의심, 그리고 자신은 사랑받지 못하고 원치 않았다는 평생 지속되는 신념을 심어주는 경우가 많다. 어머니로부터 떨어져서 양육되는 것은 아이에게 결

사생아를 낳은 여성은 비난을 받았고 아무도 그녀가 좋은 사람인지 아닌지 묻지 않았다.…우리는 어떠한 일이 일어났는지에만 홀려서 이런 일이 누구에게 그리고 어떻게 일어났는지에 대해서는 생각하지 못했다._카를 구스타브 융(Carl Gustav Jung), 『무의식의 심리학(Psychology of the Unconscious)』

코 좋은 일이 아니다.

아이를 입양 보낸 어머니는 알면서도 자신의 아이에게 상처준 것에 대한 죄의 책임은 없다. 죄의 책임을 물으려면 아이에게 상처 주려는 계획과 의도를 가지고 있어야 한다. 그러나 어머니는 그렇지 않다. 입양산업이 어머니와 아이를 착취했다. 어머니의 잘못이라면 무지했고, 권위에 순진하게 따르고, 자신도 아이를 키울 수 있다는 사실을 알지 못했고, 아이를 키울 수 있는 권리가 있다는 사실을 알지 못했다는 것이다. 어머니는 앞에서는 배려하는 척하고 실제로는 싱글맘에게 전쟁을 선언하는 사회복지사들과 맞서 싸울 수 없었다. 어머니는 강한 신념의 보장에 대해 아직 배우지 못했었다. 어머니는 가족의 보호와 지지를 받지 못했다. 어머니는 도살장에 끌려가는 양들과 같았다.

■ 요약

_어머니는 아이에 대한 의식적인 기억이 있으며 아이는 말로 표현할 수 없는 기억이 있다.

_어머니와 아이는 함께 있을 때가 가장 좋다. 아무도 그들의 관계를 바꿀 수 없으며 그렇게 하려고 시도해서도 안 된다.

_싱글맘은 입양산업에 직업과 생계가 달려 있는 사람들로부터 어마어

마한 압력을 받고 사실이 아닌 이야기를 듣는다. 입양은 매년 10억 달러 정도를 만들어낸다. 그 돈은 힘없는 어머니로부터 아이를 빼앗는 것을 돕는 시설(중개인), 변호사, 가정위탁, 지역과 종교단체의 입양기관들에게 지급된다. 관련 기관은 시간, 자금, 지원, 격려를 어머니가 아이를 보호하고 직접 키울 수 있도록 사용해야 한다.

_입양아는 자신이 버림받은 존재라고 잘못 생각하고 있다. 입양산업은 처음에 어머니에게 아이를 포기하라고 권유하며 착취했지만, 기관과 사회는 돌아서서 아이를 버렸다고 어머니를 비난한다. 이것은 '피해자에게 죄에 대해 비난하는 것'과 같다.

_어머니는 입양으로 자신의 아이를 잃은 것에 대한 잘못이 없다. 입양기관에 일하는 사람들이 그들의 가족을 파괴시켰으며 이에 대한 책임이 있다.

■ 연습

_임신했을 당시 당신이 선택할 수 있는 것이 있었는지 써보라. 몇 가지의 선택이 가능했는가? 입양 말고 다른 선택을 할 수 있었나? 만약 그렇다면, 그 선택을 왜 안 했는가? 그것에 대해 써보라! 그리고 쓴 것을 자세히 읽어보고 생각해보라. 정말로 그런 선택이 당신에게 있었나? 아니면 다른 요인이 더 컸었나? 롤 메이라는 정신과의사는 우리가 무언가를 결정할 때에는 자신의 나이, 생활환경, 성숙도, 그리고 지혜에 기반 해야 한다고 말한다. 우리가 결정할 그 당시 우리에게는 '전혀' 선택권이 없었다. 앞에 서술된 글들이 당신에게 정말 선택권이 없었다는 사실을 깨닫게 해주었나? 많은 어머니들은 그 당시에 경험한 절망감, 무서움, 배신 등을 인정하는 것보다 덜 아프기 때문에 자식을 잃

은 것에 대해 비난받고자 한다.

■ 그 순간을 경험하기

_당신은 임신했을 때 느꼈던 절망감, 무서움, 무력감을 다시 느끼고 있을 수 있다. 비록 이런 감정을 다시 느끼는 것은 무섭지만, 사실 이것은 매우 좋은 현상이다. 이전의 트라우마를 다시 경험함으로써만 다시 회복될 수 있기 때문이다. 다시 고통의 순간을 통과해야 하지만 이번에는 지지와 도움이 함께한다. 지금 자신 내면의 아이에게 다가가라. 그리고 그녀는 아주 훌륭한 여성이며, 절대 나쁘지 않고 가치가 있는 여성이라고 말하라. 당신이 그녀가 잘 지낼 수 있도록 어떤 일이라도 돕겠다고 말하라. 그리고 당신이 안고 싶은 만큼 그녀를 안아주어라. 그녀에게 잃어버린 아이에 대해 우는 것이 괜찮다고 말하라. 당신이 할 수 있는 한 오랫동안 그녀를 위로해주어라.

제10장

허비

어머니들이 아이에 대해 새로운 정보와 형편을 알게 되었을 때 그들은 어떤 자리로 내몰리는가? 그것은 불확실한 상태이다. 어머니들은 재회할 때 홀로 몸부림치고, 아파하고, 소리치고, 운다. 어머니가 아이를 찾거나 아이가 어머니를 찾아왔을 때 그들의 가족은 이전과 마찬가지로 지지해주지 않는다. 어머니들은 이런 가족의 태도에 충격을 받는다. 많은 어머니들은 "이봐요! 나를 위해 기뻐해줘야 하는 게 아닌가요? 당신의 조카/형제/자매/손자를 만나는 걸 기뻐해야 하는 게 아닌가요"라고 생각한다.

....

■ 근거 없는 믿음

_미혼모는 자신의 생각을 바꿀 수 있는 시간이 있다. 왜 자신의 아이를 키우지 않았나?

_지난 30년 동안 입양에는 많은 변화가 있었다.

_공개 입양이란 생물학적 어머니가 자신의 아이가 어디에 있는지 알고 아이와 관계를 지속적으로 유지할 수 있는 것이다.

_입양 삼자란 입양에 관여된 모든 당사자를 말하는 것이다.

■ 사실

_대부분의 어머니들은 자신의 아이를 다시 데리고 올 수 있는 기간에 대해 듣지 못했다.

_지난 30년 동안 입양에 아주 작은 변화가 있었다. 싱글맘은 아직도 재정적으

로 취약하고 입양산업은 여전히 강제성을 띠고 있다.

_입양 부모와 생물학적 어머니의 합의인 '공개 입양'에서는 생물학적 어머니가 합법적으로 시행할 수 있는 것이 없다. 입양 부모는 아무런 법적 문제가 없이 아무 때나 이들 간의 합의를 바꿀 수 있다. 입양기관은 생물학적 어머니가 자신이 원하면 언제든지 아이가 누구이고 어디에 있는지 알 수 있다고 믿게 만들어 입양을 더 많이 보낼 수 있도록 촉진시키기 위해 '공개 입양'이라는 것을 만들었다. 이러한 것을 입양기관의 '마케팅 도구'일 뿐이다.

_'입양 삼자'라는 것은 존재하지 않는다. 입양 삼자는 동일한 세 요소를 뜻하지만 어머니와 아이는 '평등'한 위치에 있지 않다. 입양 '거래'가 더 적합한 표현이다. 거래에는 네 명의 당사자가 존재한다. 두 명은 권력을 가지고 있고 두 명은 그렇지 못하다. 권력을 가지고 있는 두 명은 입양기관과 입양하는 사람이다. 그리고 권력을 갖고 있지 못하는 두 명은 생물학적 어머니와 아이이다.

대부분의 경우 아이와 다시 만난 어머니에 대해 가족이나 친척들보다 친구, 직장동료, 아는 사람들이 더욱 기뻐해준다. 여기에는 문제가 있다!

아이와 다시 만난 엄마는 몇 십 년 전 임신했다는 사실을 자신의 부모에게 알렸을 때와 마찬가지로 두려워하며, 아이를 다시 만난 사실을 말하기 두려워한다. 또한 이후에 새롭게 낳은 자녀들에게 새로운 형제자매가 있다는 사실을 알리기 두려워한다. 이러한 두려움은 상당한 정도이며 항상 그래왔듯이 어머니의 모든 일상생활에 영향을 미친다.

하루하루 지나고 감정과 두려움을 그럭저럭 이겨나가면서 어머니는 더욱 강해진다. 어머니는 더 이상 두려워하지 않고, 죄인처럼 행동하지 않으며, 부끄러운 어린 소녀가 아니라는 것을 깨닫게 된다. 어머니는 가족이 가장 도움을 많이 줄 것이라고 생각할 수 있지만…재회에 대해서 모든 가족 구성원이 이해하고 받아들이는 데에는 시간이 걸린다._미셸 맥콤(Michelle McColm), 『입양 재회(Adoption Reunions)』(1993)

이제 어른이 되었다. 어머니는 자신이 새로 찾은 아이에 관해 알 권리를 포함해 여러 권리가 있다는 사실을 알게 된다. 또한 자신이 더 이상 사회나 부모에게 좌우되지 않는다는 인식하게 된다. 그리고 자신의 아이와 관계를 발전시킬 수 있는 권리가 있다는 것을 이해하게 된다. 어머니는 '다르게 생각하는 누구라도 지옥에 보낼 거야'라고 생각한다.

많은 어머니는 이러한 사실을 깨달은 후 일반인에게 자신의 경험을 교육하려는 단계로 나아간다. 실제로 많은 어머니가 이러한 사실을 온 세상 사람들에게 알리기로 결정한다. 자신의 아이를 다시 찾고 난 다음 어머니는 막 아이를 출산한 사람처럼 느끼며, 모든 사람에게 자신의 아이가 둘 또는 세 명이 아니라 셋 또는 네 명이라고 말하려는 불같은 요구를 가지며 자신의 자녀 모두의 어머니가 된 것에 대해 자부심을 느낀다. 아이를 출산한 모든 어머니는 '생모'라고 따로 표현될 필요 없는 어머니이다.

어머니는 아이와 재회한 것을 이해하지 못하는 사람들과 관계를 유지하는 것이 더 이상 중요하지 않다는 것을 깨닫기 시작한다. 다시 찾은 행복감을 받아들이지 못하는 친구 또는 가족 구성원과 관계를 맺는 것이 더 이상 중요하지 않게 된다. 어머니는 오랫동안 받지 못했던 존중감을 요구하게 된다. 비록 자신과 아이에게 행해진 모든 것을 되돌릴 수는 없지만, 침묵과 거짓을 떨쳐버리고 완벽하진 않지만 정직하고 좀 더 자유롭고 충만한 새로운 삶을 향해 나아갈 수 있다는 것을 알고 있다.

아이를 낳는 것은 범죄가 아니다. 과거에도 아니었고 미래에도 절대 아니다. 사실은 이와는 정반대이다. 출산은 인생의 축복이다. 가족의 유산과 혈통에 사랑스럽고 환영받는 새로운 구성원이 생긴 것이기 때문이다. 그러나 어머니와 아이는 정반대를 경험했다. 그들은 가족으로부터 그 어떤 축하나 사랑을 받지 못했다. 오직 슬픔과 평생 지속되는 상실의 고통만 있었을 뿐이다.

입양은 입양아에게는 혈통의 말살이며, 베이비 스쿠프 시대는 어머니에게 가정의 말살이었다. 많은 사람들은 입양으로 아이를 잃는 것이 앞으로 태어날 손자, 증손자, 조카와 입양 보낸 어머니와 그녀의 자연적 가족을 무한정으로 잃었다는 사실을 이해하지 못한다.

큰 잘못이 저질러졌다. 그러나 분명히 어머니만의 잘못은 아니다. 입양기관에서 일하는 사회복지사, 국가와 주 정부, 창피해하는 부모, 복지비용을 줄이고자 하는 사회, 다시 말해서 어머니로부터 모성을 빼앗은 모든 사람이 도덕적·윤리적으로 잘못한 것이다. 그들은 사회로부터 인정받지 못한 모성에 대해 어머니를 벌했다. 그들은 체계적으로 아이를 자격 있는 어머니로부터 빼앗아 더 부유하고 사회 규칙에 순응적인 부부들에게 넘겨주었다. 어머니가 위기에 처했을 때 그들의 부모, 친구, 남자친구는 침묵을 지키며 등을 돌렸고 그들을 가장 필요로 했을 때 어머니를 신체적·정신적·정서적으로 무시해버리고 완전히 연약하고 무방비한 상태로 놓아두었다. 그들은 어머니의 마음이 상처받고 조종당하도록 내버려두었다. 이러한 사람들이 소녀가 유린당하는 것을 방치했던 것이다. 이에 따라 '불법적' 어머니의 부모는 사회적 지위와 존경을 유지할 수 있었고, 사회복지사들은 (유례없이 많은 수의) 아이를 모을 수 있었다. 그러고 나서 그 사람들은 더 이상 필요하지 않은 비(非) 어머니를 간단히 내던졌다.

어떤 사람들은 '공개 입양'이 현존하고 있는 입양 문제의 해결책이라고 말한다. 그러나 애석하게도 공개 입양은 힘을 잃은 순진하고 취약하며 절망적인 어머니를 좌절시키는 입양기관의 또 다른 책략이다. 아이를 입양 보낸 어머니는 공개 입양을 통해 맺은 합의를 법적으로 강제할 수 있는 길이 없다. 때로는 아이를 입양한 사람들은 입양 계약서에 적힌 합의를 존중하지 않으며 입양 보낸 어머니에게는 합의를 준수하도록 강제할 법적인 방법이 아예 없다. 사실상 아이를 입양한 사람은 원한다면 자신과 아이의 이름을 바꾸고 다른 나라로 갈 수도 있다. 또한 이전 약속한 시간에 맞추어 아이 사진을 보내지 않을 수도 있으며 아이를 만나지 못하게 할 수도 있다. 많은 어머니들은 이와 같이 매우 중요한 정보를 입양 계약서에 서명하기 전에 듣지 못한다. 의심 없이 입양 계약서에 서명한 어머니는 자신의 아이를 입양한 사람과 입양기관으로부터 다시 한 번 쉽게 버림받을 수 있다.

■ 요약

_어머니가 자신의 아이를 찾거나 찾았을 경우 가족, 친구, 동료의 반응은 불공평하게 부정적일 수 있다.

_몇 십 년 된, 표현되지 않은, 탐구되지 않았던 감정은 오랫동안 침묵을 지켜왔던 어머니를 무너뜨릴 수 있다.

_입양으로부터 영향을 받은 가족과 사회는 '입양은 가족폭력이며 대학살'이라는 진실을 배워야 한다.

_어머니는 자신의 목소리를 되찾고 있다. 입양산업의 잔인한 강요에

내몰렸던 자신을 존중해줄 것과 자신의 이야기를 주의 깊게 들어줄 것을 요구하고 있다.

_추방된 어머니는 입양으로 아이를 잃은 것에 대한 책임이 없다. 그 죄는 오로지 사회에, 무방비 상태의 어머니(딸)를 방치한 그 부모에게, 그리고 지나치게 탐욕적이고 권력에 굶주린 입양기관에 있다.

■ 연습

_아이의 입양 서류에 사인하면서 어떤 기분이었는지 적어보라. 기억할 수 있나? 어떤 감정을 느꼈나 또는 멍한 상태였는가? 마치 살인자가 사형장에 끌려가는 것처럼 스스로 신경을 꺼버렸나? 최근에 느끼고 있는 아픔, 분노, 슬픔에 대해 생각하라. 당신은 똑같은 감정을 이전에도 느꼈고 지금 받고 있는 도움 없이도 극복해냈음을 깨달아라. 당신은 강한 사람임을 인식하라. 진정으로 강한 사람만이 아이의 상실에서 살아남을 수 있다. 많은 여성이 살아남지 못한다. 그들은 조용히 자포자기의 삶을 살고 있으며 산다기보다는 그냥 존재하고 있다. 당신은 진실하게 살고, 인생의 모든 감정을 경험하고, 진정한 행복을 찾을 수 있는 그런 일을 하고 있다.

■ 그 순간을 경험하기

_당신은 처음 아이를 잃었을 때의 감정을 지금도 경험하고 있을 수 있다. 주변을 살펴보라. 두려울 게 없음을 확인하라. 그러한 감정을 다시 경험하는 것은 정상적인 일이다. 지금 만약 당신이 빈번한 불안감 또는 공황발작으로 고통 받고 있다면, 아마도 상실을 다시 경험할까봐 두려워서일 것이다. 트라우마 피해자—입양으로 아이를 잃은 어머니는

트라우마 피해자이다—는 다시 트라우마를 겪을까봐 두려워한다. 이러한 사실을 인식하고 당신 내면의 아이와 함께하면서 그녀에게 트라우마가 되풀이되지 않을 것임을 납득시킨다면, 당신은 장차 그리 많이 공황발작을 겪지 않게 될 것이다.

제11장
진실은 밝혀진다

어머니는 자신의 아이를 입양 보내도록 한 상황에 대해 이해해야 한다. 특히 1960년대에 일어난 베이비 스쿠프 시대에 대한 이해가 필요하다. 1940년대 중반까지만 해도 많은 임산부 시설에서 미혼모에게 안전과 도움을 제공했다. 이러한 도움의 손길은 미혼인 상태에서 임신한 여성을 남성에게 속고 버림을 받았다고 바라본 기독교인 여성들로부터 제공되었다. 이들은 곧 어머니가 될 여성들에게 안전하게 있을 곳, 음식, 의류, 육아를 제공하고 직업기술을 가르쳐 어머니가 자신의 아이를 지킬 수 있도록 도움을 주었다.

■ 근거 없는 믿음

_임산부 시설은 임신한 소녀들에게 편안하고 집 같은 환경을 제공했다.

_사회복지사는 어머니가 아이를 포기하지 않도록 지지한다. 또한 아이를 키우고 싶지 않은 어머니에게 입양 계획을 세울 수 있도록 도움을 제공한다.

_임신한 소녀는 자기 의지로 시설에 들어갔고 거주했다.

_미혼모는 자신의 아이를 포기하도록 압박을 받지 않았다.

_임신한 소녀는 낙인과 창피를 당하지 않기 위해서 시설에 입소했다.

■ 사실

_'임산부의 집'은 체벌의 장소였다. 그곳은 미혼모의 행동과 방문자를 제한하고, 전화와 편지를 검열했으며, 아이의 아버지와 연락하는 것을 금지했다.

_많은 사회복지사들은 그들의 의무ㅡ아이의 육아와 복지와 관련해 입양 이외의

선택에 대해 알려줘야 하는 의무―를 지키지 않았다. 아이를 입양 보낸 많은 어머니는 자신에게 입양 이외의 다른 선택권이 있었는지 알지 못했다. 입양과 관련된 일은 대부분 임산부 시설과 입양기관의 사회복지사가 진행했다.

_임신한 딸의 부모들은 교회나 사회복지시설로부터 자신의 '부정한' 딸을 임산부 시설로 보내도록 '안내'를 받았다. 자신의 가족과 친구들로부터 떨어져 낯선 곳에서 머문 것은 임신한 소녀들의 결정이 아니었다.

_많은 어머니들은 자신의 아이를 키울 수 있는 권리를 포기하도록 압박을 받았다. 입양 시장은 커졌고 특히 백인 아이의 수요는 매우 높았다. 많은 임신한 소녀에게 입양 이외의 다른 선택권이 제공되지 않았다.

_임산부 시설은 창피함과 굴욕의 장소였다. 그곳은 가족의 명예를 훼손시키지 않기 위해 보내지는 교정원이었다. 어머니는 모성을 인정받거나 경험하도록 허락되지 않았다.

버지니아 주 출신의 케이트 바렛(Kate Waller Barrett) 박사는 인도주의자의이며 미혼모와 그 아이의 권리를 위해 일했다. 그녀는 취약한 여성의 어려움을 인식하고 전국 플로렌스 크리텐턴 미션(National Florence Crittenton Mission)*을 공동으로 창립했다. 결혼해서 첫 아이를 낳은 지 몇 달 뒤 그녀의 인생을 변화시킨 사건이 일어났다.

"…[미혼모가] 자신의 슬픈 이야기를 나에게 털어놨어요.…그녀는 자신의 죄를 숨기기 위해 리치몬드로 왔고 그녀 아이는 불명예 속에서 태어났어요.…나는 행복한 어머니였고 명예로운 아내였어요.…나는 그녀에게 눈물을 보이지 않기 위해 얼굴을 돌리고 사랑스럽게 웃고 있

* 1883년 찰스 크리텐턴(Charles N. Crittenton)이 설립한 미혼모 등을 위한 시설. ―옮긴이

크리텐턴 미션의 사회복지사가 주의 깊게 쓴 기록은, 처음에 미혼모에게 스스로 아이를 양육하도록 도움을 주던 이 기관이 이제는 아이를 입양 보내도록 어떻게 커다란 심리적 압박을 가하는지 보여준다._메리언 모턴, 『더 이상 죄가 아니다: 1855년부터 1990년까지 클리블랜드의 사회정책과 미혼모』

는 아이의 얼굴을 바라보았어요.…아이는 어머니가 자신을 낳으면서 겪은 찢어지는 고통을 전혀 모르고 있었어요.…하나님의 눈에는 똑같은 두 명의 아이가 누워 있었어요.…그러나 세상의 눈으로는 그녀는 진정한 어머니가 될 수 없었어요. 그녀는 사회의 부당한 법으로 부정당한 어머니였어요.…내 안에서 피가 부글부글 끓어올랐어요.…"

여러 미혼모와의 만남은 바렛 박사에게 "하나님의 영광을 위해 일해야 한다"는 마음을 불러일으켰다.

왜 그리고 언제 상황이 변했을까? 여성이 어머니로서 아이를 키울 수 있도록 도움을 받았었는데 왜 1950년대와 1960년대에는 어머니에게 아이를 포기하라고 압박했을까?

입양의 역사를 보면, 임산부 시설은 전도와 재활을 위한 곳으로 시작되었다. 기독교인 여성들은 미혼모가 순진하고 나약하다고 믿었다. 그러나 또한 이 시기(1940년대 중반)에 사회복지사들은 미혼모 전문가로서 권위를 부여받고 그 지위를 공식화했다. 그들은 임산부 시설을 없어서는 안 될 중요한 기관으로 끈질기게 인식시켰다. 기독교 여성들은 싱글맘을 순진한 피해자로 여겼지만, 사회복지사들은 그들을 '임산부의 집'에 있어야만 하는 또는 치료가 필요한 성적으로 문란한 신경증 환자로 바라보았다.

"…1940년대 중반 레온틴 영은 미혼모를 정신적 장애가 있고 신경증에 걸린, 그녀의 어머니에게 선물(아이는 그녀에게서 떼어내야만 한다)을 넘겨주어야만 하는 사람으로 규정했다. 1953년 그녀는 클리블랜드에서 열린 사회복지사 전국 회의에서 논문을 발표하면서 미혼모에 대한 자신의 개념을 수정했다. 그녀는 "…아이를 원하는 수요의 증가 추세에 따라 미혼모는 원활한 입양에 필요한 아이를 안정적으로 확보하는 (인간의 목적에 따른) 번식 기계…"라고 말했다.

미혼모를 '불행한 자매'로 바라보고 어머니와 아이가 떨어지지 않게 도와주고자 했던 기독교인 여성들과, 미혼모를 처벌과 치료가 필요한 불량한 소녀로 간주했던 사회복지사들 사이에서 격렬한 논쟁이 벌어졌다. 불행하게도 더욱 강력한 힘을 갖게 된 사회복지사들이 임산부 시설에 대한 한층 강화된 통제력을 획득했고, 그들은 사회가 여성의 성을 어떻게 바라보고 이해해야 하는지에 대해 대중에게 질문을 던지고 답을 제공했다.

사회복지사 바버라 코스티건(Barbara Hansen Costigan)의 입양 보낸 미혼모에 대한 연구(1964)는 1960년대 임산부 시설에서 일했던 사회복지사의 활동과 사고방식을 조명하고 있다.

"미혼모의 정신적 장애에 대한 강조는 사회복지사를 아이의 입양 선호 방향으로 분명하게 이끌었다."

"사회복지사가 직업적 견지에서 미혼모 아이의 입양을 선호한다는 결론은 1950년대부터 최근까지의 문헌에 대한 비평에 의해 확인된다."

"전반적으로 사회복지사가 입양을 선호한다는 것은 최근의 설문조사를 통해서도 확인할 수 있다.…전국사회복지사협회에 이메일 주소가 등록된 시애틀에 거주하는 519명의 사회복지사가 이 설문조사에 응

단체 치료요법 중 사회복지사는 아비스에게 아이를 쳐다보되 먹이지는 말라고 권고했다고 한다. 힐드레스 박사는 아비스에게 물었다. "왜 그 사회복지사가 당신에게 그렇게 말했다고 생각하세요?" 아비스는 잠시 생각한 후 이렇게 말했다. "저도 정말 몰라요."…힐드레스 박사가 물었다. "당신의 사회복지사가 누구인가요?" 김은 플라이슈만 부인이라고 말했다. 힐드레스 박사는 아비스에게 다시 "왜 그런 조언을 사회복지사가 해 준 것 같냐"고 물었다. 아비스는 말했다. "아마 사회복지사는 내가 아이를 돌보기 시작하면 입양하려던 마음을 바꿀까봐 그랬던 것 같아요." 김은 덧붙여 이렇게 말했다. "그 사회복지사는 특별히 그 한 가지, 아이를 누구든 먹이는 것을 원하지 않았어요. 그 사회복지사는 여기 있는 모든 소녀가 아이를 기를 능력이 없다고 생각했을 거예요." 그 후 긴 침묵이 흘렀다._프루덴스 레인스(Prudence Mors Rains), 『미혼모가 되는 것, 사회학적 해석(Becoming An Unwed Mother, A Sociology Account)』(1971)

했다. 그들 중 대부분은 입양을 선호했으며 오직 7퍼센트만이 어머니가 아이를 직접 키워야 한다고 답했다. 이는 목사, 의사, 학교상담선생, 간호사들에 대한 설문조사에서 나타난 비율보다 낮은 수치였다."

"미혼모와 아이를 위한 단 하나의 해결책에 의문을 품고 다양한 대안적인 계획을 고려해야 한다. 사회복지사들은 그런 계획을 결정하고 실천해야만 한다고 믿는다."

"1940년대 초반부터 현재까지 많은 사회복지사들은 아이를 입양 보내는 것이 어머니와 아이 모두에게 더 나은 해결책이라는 견해를 가지고 있었다."

"출산을 3개월 앞둔 중요한 시기에 임산부의 집에 거주하는 것은 아이의 입양과 관련 있음이 밝혀졌다."

"임산부의 집 분위기는 입양을 촉진하는 역할을 하기도 한다."

"…사회복지사는 미혼모에게 아이를 입양 보내도록 영향을 미치는 경향이 있었다.”

“대부분의 사회복지사가 사회복지분야에 널리 퍼져 있는 믿음—‘입양을 보내는 것이 어머니와 아이 모두에게 최고의 해결책이다’—을 공유했다면 그것이 미혼모에게 상당한 정도로 전달되었을 것이다.”

미혼모에 관한 문헌을 검토해보면 사회복지사, 정신과의사, 일반 대중 사이에서 아이를 입양 보내는 것이 미혼모에게 ‘가장 좋은’ 해결책이라는 생각이 오랫동안 만연해왔음을 알 수 있다.

어머니와 아이가 겪은 가정의 말살을 이해하려면 입양으로 아이를 잃은 어머니는 마음의 소리에 귀를 기울어야 한다. 그는 자신이 낳은 모든 아이의 어머니이며 어머니가 될 자격이 있다. 어머니는 사회복지사나 입양산업으로부터 들은 것을 무시하고 자신을 행복하게 하는 것 그리고 자신의 삶에서 고통을 해결해주는 것을 선택해야 한다.

심리상담가·연설가·신학자이며, 여러 권의 자연치유 책을 쓴 존 브래드쇼(John Bradshaw)는 가족치료사인 버지니아 사티어(Virginia Satir)가 말한 ‘다섯 가지’의 자유, 즉 “이전의 또는 앞으로의 것보다 여기에 지금 무엇이 있는지 바라보고 들을 수 있는 자유, 어떤 것을 생각해야만 하는 것이 아니라 자신이 생각하는 것을 생각할 수 있는 자유, 어떤 감정을 느껴야만 하는 것이 아니라 자신이 느끼고 싶은 것을 느낄 수 있는 자유, 자신이 원하도록 되어 있는 것을 하는 것 아니라 자신이 욕구하는 것을 원하고 선택하는 자유, 엄격히 지켜야 할 또는 안전한 역할이 아니라 자아실현을 가능하게 하는 자유”를 인용했다.

브래드쇼는 “이러한 자유는 완전한 인정과 통합과 같은 것이다. 어마어마한 개인의 능력은 이러한 자유로부터 나온다. 한 개인의 모든 에너지는 자신의 욕구를 충족시키면서 세상에 대항하는 과정에서 자유롭게 쏟아져 나온다. 이것은 개인에게 완전한 자유를 허락한다. 이것은 온전하게 목적을 이루는 것이다"라고 말했다.

상실을 경험한 어머니가 이러한 사실을 받아들인다는 것은 몇 십 년 전에 빼앗긴 능력과 통제 같은 개인적 힘을 되찾는 것을 뜻한다. 이제 자신의 삶에 대해 스스로 결정을 내릴 수 있는 성숙한 어른이 되었음을 인정해야 할 시기이다. 아이를 입양으로 잃은 것에 대해 죄인이 아니라는 것을 스스로 이해하고 인정해야 할 시기이다. 어떤 '결정'을 하려면 최소한 두 가지 선택권이 있어야 한다. 그러나 어머니에게는 입양이라는 하나의 선택밖에 없었다.

아이를 입양 보낸 어머니들은 입양 서약에 서명한 죄인이 아니다. 그들은 순수하고 순진한 어린 소녀들이었다. 그들은 아이에게 최선은 자신이 이기적이지 않게 행동하는 것이라고, 자신의 욕구와 필요 또는 어머니로서의 감정과 권리를 고려해서는 안 되는 것이라고 믿도록 이끌렸다. 실제로 아이에게 가장 좋은 선택은 의지와 권리가 있는 어머니와 함께하는 것이다.

만약 어머니에게 죄가 있다면 순진하게도 속셈을 가진 '어른' 또는 기관을 믿었다는 것이다. 그들은 나약하고 젊은 어머니의 아이를 자신들이 더 낫고 더 가치 있다고 여기는 부모에게 제공하려는 속셈, 자신의 일자리와 수입을 유지하는 속셈, 싱글맘에게 돌아갈 복지 혜택을 없앰으로써 (입양을) 사회적으로 무마시키려는 속셈 등을 가지고 있었다.

충격적인 의문이 남는다. 예를 들어, 정부 및 교회 관련 기관들은 오랫동안 이러한 어머니의 아이를 돌보는 가정위탁 제공자들을 지원했다. 왜 그 지원금으로 어머니가 아이를 돌볼 수 있도록 사용하지 않았을까? 더 나아가, 몇 십 년 동안 직업을 갖고 일한 어머니의 대부분은 사회복지세를 냈다. 왜 어머니가 자신의 아이를 직접 키우기 위해서 가장 필요한 복지지원에 상담이나 실제적 지원이 이루어지지 않았을까? 마지막으로, '고용보호소'에 살았던 어머니, 즉 다른 사람의 아이를 돌볼 수 있다고 여겨진 성숙하고 책임감 있는 사람이 왜 자동적으로 자신의 아이를 키울 수 없는 존재로 여겨졌을까?

그토록 키우고 싶어 했던 아이에 대해 알고자 하는 어머니는 범죄자가 아니다. 자신의 아이를 키우는 것은 어머니의 권리였다. 지금 어머니는 자신의 아이와 다시 만날 수 있는 권리, 아이를 자유롭게 사랑할 수 있는 권리, 그리고 아이로부터 사랑받을 권리를 갖고 있다.

케이트 바렛 박사는 관용의 마음과 무한한 어머니의 지혜로 다음과 같이 말했다. "이 주제에 관한 글을 쓰면서 나는 결혼식에서 사용되는 문장을 인용하고자 한다. '하나님께서 정해놓으신 짝은 아무도 갈라놓을 수 없다.' 하나님은 인간의 모든 유대 중에서 가장 강하게 어머니와 자녀를 묶어놓으셨다."

■ 요약

_입양으로 아이를 포기한 과정은 명확하다. 어머니와 아이는 단지 지원의 부족이나 임금, 나이 등을 이유로 헤어진 것이지, 어머니가 아이를 원하지 않거나 무관심 또는 학대해서가 아니다.

_1950년대 이전에는 많은 어머니가 임산부 시설로부터 아이를 키우도록 권유 또는 지지를 받았다. 그러나 그 후로는 아이를 입양 보내도록 권유 또는 조정을 당했다.

_사회복지사들은 베이비 스쿠프 시대 이전과 그 당시에 아이를 키울 권리가 있는 어머니로부터 수많은 아이를 앗아간 것에 대해 주요하게

책임을 져야 한다.

■ 연습

_눈을 감고 아이를 잃은 당신 내면의 아이에게 돌아가라. 그녀에게 아이를 잃어야 될 이유가 없다고 말하라. 그녀에게 지금도 그리고 이전에도 언제나 그 아이의 어머니였다고 말하라. 그녀에게 '이전 어머니' 또는 '이전 자녀'라는 말은 없다고 말하라. 그녀에게 아이를 도둑맞았고 사기를 당한 것이라고 확실하게 말하라. 그녀는 이전에도 또한 지금도 좋은 여성이라고 확실하게 말하라. 그녀에게 미친 것은 아니지만 그전의 경험이 마치 미친 사람으로 몰았다고 말하라. 그녀를 안고 사랑한다고 말하라. 그녀의 한 손으로 반대편 손목을 가볍게 문지르게 하면서 그녀의 아이를 느낄 수 있다고 말하라. 그녀의 피부와 아이의 피부는 연결되어 있었다. 그녀에게 언제든지 아이의 피부를 느낄 수 있으며 그것은 위로가 될 수 있다고 말하라.

■ 그 순간을 경험하기

_당신은 상당한 혼란과 분노를 느낄 수 있다. 치유를 시작하면서 우리는 이전의 오래된 상처를 끄집어냈고 말끔히 씻어냈다. 이것은 언제나 힘든 과정이지만, 당신을 치유할 수 있는 유일한 방법이다. 지금 느끼는 고통은 비록 그렇게 느낄 수도 있지만 이전에 아이를 잃었을 때의 아픔과는 같지 않다. 살아남기 위해 그동안 억눌렸기 때문에 당신이 느꼈던 아주 오래전의 고통을 기억하지 못할 수도 있다. 그러나 당신 내면의 아이는 어떤 것을 극복했는지 알고 있다. 그 아이에게 이 과정도 극복할 수 있다고 상기시켜라. 이전에 내면의 아이는 아무런 도

움을 받지 않고 극복했지만 지금은 당신의 도움으로 극복할 것이다. 내면의 아이에게 당신에게 오고 싶은지 물어봐야 할 시간이다. 상상으로 당신이 살고 있는 곳에 내면의 아이를 위한 방을 만들어라. 내면의 아이가 안전함을 느끼는 장소, 당신이 필요할 때면 언제든지 당신이 곁에 있을 수 있는 그런 장소를. 단지 손을 잡는 것일지라도 그 아이와 함께 시간을 보내라. 당신은 내면의 아이에게 위로와 구원을 준다. 내면의 아이를 도움으로써 당신과 그 아이 모두 치유될 수 있다.

제2부

자아 되찾기

어머니에게 효과적인 치유를 제공하는 것과 관련한 문제, 주제 및 기술

대부분의 심리치료사는 아이를 입양 보낸 어머니의 구체적인 문제를 다루는 기술이 부족하다. 어머니는 종종 입양으로 아이를 잃었다는 말을 하지 않기 때문에 심리치료사는 입양과 관련된 영향을 놓치기 쉽다. 더 중요하게는, 아이를 입양 보낸 어머니의 인생 경험은 치료사들이 전문적으로 배운 것에 직접적으로 도전하고, 깊게 자리 잡은, 주로 무의식적으로 가지게 된 관념들을 공격한다. 아이를 입양 보낸 어머니의 실존적 경험은 입양을 보내지 않은 여성과는 완전히 다르기 때문에, 아이를 입양 보낸 어머니가 아닌 한 아이를 잃은 어머니와 연관 지을 수 있는 치료사의 경험이 부족하다. 마지막으로, 만약 치료사가 아이를 입양한 사람이라면 아이를 버리거나 입양을 보낸 파괴적인 영향에 대해 인정하지 않으려 하는 무의식적인 이해관계가 있을 수 있다.

이제부터 아이를 입양 보낸 어머니에게 효과적인 심리치료를 제공하는 것과 관련된 문제, 주제 및 기술을 논의할 것이다. 특히 어머니를 대하는 데 무엇이 다른지, 치료사가 빠질 수 있는 함정이 무엇인지, 그리고 어머니와 함께 작업하는 데 도움이 되는 특별한 기술에 대해 강조하고자 한다. 비록 제2부는 어머니를 전문적으로 치료하는 것에 초점을 두고 있지만, 어머니 자신에게도 유용한 정보가 수록되어 있다.

제12장은 치유를 위해 가장 성스러운 관계를 잃은 현실을 받아들여야 할 필요성을 다룬다. 제13~15장은 다양한 치유 방법 및 전략을 제공하고 있는데, 이것을 치료사뿐만 아니라 어머니에게도 전달하고자 했다. 제16장은 성인이 된 어머니가 입양으로 상실한 경험에 대해 통제권을 갖고 그동안 지속된 심리적 손상을 치유할 수 있는 방법을 제시한다. 잃은 아이를 찾고 다시 만나면서 경험하는 감정적 격변을 다루는 것에 초점을 두었다. 제16장의 몇 부분은 어머니에게 상담과 심리치료를 제공하는 사람들을 대상으로 하고 있다. 그러나 이 정보들은 편모가정의 구성원에게도 유용할 것이다. 마지막으로 제17장에서는 비공개 입양과 관련한 문제를 다루면서 공개 입양을 제안한다.

제12장

진실은 아프다

모든 어머니는 아이를 잃을 때 어마어마한 감정적 고통을 경험한다. 주변에 있는 사람들은 감정적인 비극을 다루는 데 도움을 주기보다는 입양이 최종 마무리되면 고통 또한 없어질 것이라 믿도록 인도한다. 일시적인 문제에 대한 영구적인 해결책인 입양은 소중한 아이를 잃은 어마어마한 상실감의 부정으로 말미암아 일을 더 꼬이게 만든다.

우리는 아이의 상실이라는 현실을 직시하고, 비극적인 상실을 경험한 모든 사람에게 감정적 트라우마(그것은 현재까지도 지속된다)와 관련된 도움을 상실의 경험 이후 가능한 빠른 시간 안에 제공해야 한다.

마찬가지로 겁에 질린 임신한 여성은 아이를 떠나보내는 것이 자신과 아이에게 평생 동안 영향을 줄 것이라는 사실을 알아야 한다. 어머니는 아이를 떠나보내는 것을 결정하기 이전에 어떤 영향이 따를지에 대해 그리고 만약 입양을 결정했다면 앞으로 있을 입양 관련 문제들을 건설적으로 다룰 방법에 대해 알고 있어야 한다.

■ 근거 없는 믿음

_입양으로 아이를 떠나보낸 어머니는 금방 아이를 잊고 자신의 삶을 산다.

_입양된 아이는 첫 가족을 잃은 아픔을 경험하지 않는다.

■ 사실

_아이는 자신을 입양 보낸 어머니를 절대로 잊지 못하며, 아이의 상실감은 해

결되지 않는다.

_아이는 어머니의 상실을 경험한다. 태어나자마다 헤어졌더라도 마찬가지이다.

아이를 방금 잃은 어머니에게 그에 합당한 슬픔을 느낄 수 있도록 하는 상담보다 좋은 것은 없다. 우리는 부모를 잃은 사람에게 슬퍼하지 말고 그를 금방 잊을 것이라고 말할 수 없다.

임신한 여성은 아이를 입양 보내는 것이 여러 가지 선택 중 하나라는 것을 알고 있어야 한다. 대부분 경우 아이를 입양 보내는 결정은 되돌릴 수 없다. 미국의 대다수 주에서 모두에게 좀 더 인간적으로 보이는 공개 입양에 대한 합의에서 입양 보내는 어머니가 법적으로 실행할 수 것은 없으며 공개 입양은 입양기관 또는 변호사에 의해 '판매도구'로 사용되고 있다.

입양으로 아이를 잃은 경험은 아이를 죽음으로 잃은 것보다 더 고통스럽다. 죽음에 의한 상실 역시 끔찍하지만 그것은 끝이 있고 슬픔을 표현할 수 있다. 그러나 아이를 입양 보낸 어머니는 위로받지 못하고 아이가 있었다는 것을 잊어야 할 뿐만 아니라 자신의 아이가 살아 있는지, 행복한지, 건강한지 영원히 알 수 없게 된다. 아이는 전쟁에 나가 생사불명이 된 사람처럼 영원히 사라지게 된다. 아이는 입양으로 사라지는 것이다. 마찬가지로 아이 또한 입양으로 인해 자신의 어머니를 상실할 때 죽음보다 더 아픈 경험을 겪게 된다.

당신은 입양으로 인해 아무런 영향을 받지 않았다고 이야기하는 많은 사람들을 만날 수 있다. 심지어 자신이 '포기되어' 기쁘다고 말하는 입양인도 있을 것이다. 그러나 이는 인간의 가장 큰 아픔을 부정하는 것이다. 어머니가 아이를 잃고서 심하게 상처를 받지 않는 것이 불가능

어머니가 불편함의 대상이 아니라는 것이 입양아인 나의 믿음이다. 우리가 불편하게 느끼는 대상은 우리가 가질 수 없었던 존경과 어머니를 잃음으로써 경험하는 고통과 슬픔이다. 우리의 불편함은 상실의 현실을 직면하는 것이고, 성장하면서 가지지 못한 진실, 그리고 포기되었다는 이유로 사랑받지 못하는 존재라고 믿는 것이다. 만약 끔찍한 헤어짐이 있었더라도, 진실을 알게 되거나, 7~8살 때 부모와 다시 만나거나, 우리의 감정을 불러일으키는 사진과 이야기와 선물이 있었더라면, 우리는 어머니를 멀리하지 않았을 것이다._57세의 여성 입양인

한 것처럼 아이가 어머니를 잃고서 심하게 상처받지 않는 것은 불가능하다. 당신은 아이를 입양 보낸 어머니에게서도 자신은 아이를 떠나보냄으로써 영향 받지 않았다고 이야기하는 사람들을 볼 것이다. 이것 또한 인간의 가장 큰 인간의 아픔을 부정하는 것이다. 어머니 또는 아이의 실제적인 상실이 이와 관련한 사람들과 아이를 자신 가족의 품에서 키우기 위한 모든 노력에 표시를 남기지 않는다는 것은 불가능해 보인다.

우리 사회는 입양을 서로에게 '윈-윈' 하는 만병통치약으로 보고 있다. 그러나 실제로 입양은 이와 관련한 사람들에게 커다란 상실로 시작된다. 어머니는 아이를 잃고, 조부모는 손자를 잃고, 아이는 어머니와 조부모를 잃고, 아이를 입양하는 부부는 자신의 유전적 아이를 잃는다. 아이를 입양 보내려고 생각하는 사람은 이러한 상실에 대해 사전에 충분히 고려해야 하며 입양과 관련된 사람들이 모두 행복할 것이라 생각해서는 안 된다.

만약 어머니가 가능한 모든 선택을 고려했음에도 자신의 가족 안에서 아이를 키울 수 없다면, 그리고 만약 이와 관련한 사람들이 입양이 실제로 무엇을 의미하는지 깨달게 되면 그들은 다른 방법을 찾는다. 만

죄책감은 눈을 가리는 손과 같고 심장에 꽂힌 칼과 같다. 거기에는 평화, 기쁨, 환희, 자부심이 있을 수 없다. 죄책감을 가지고서는 가짜인생이 있을 뿐이다. 가짜인생에서는 어른들이 기대하는 행동을 하고 아이 때 상상했던 무서움을 자신의 생각 속에 지니고 살아간다. _ 존 맥도널드(John D. MacDonald)

약 어머니가 자신의 가족 내에서 아이를 자신이 키울 수 있도록 돕는 방법을 찾지 못했다면, 합법적인 후견인 상태에서 아이를 맡길 수 있는 곳을 찾아야 한다. 이럴 경우 그녀는 아이와의 접촉을 잃지 않을 것이며, 아이를 정규적으로 만날 수 있고, 아이의 이름이 바뀌지 않으며, 밀봉된 기록 또한 없을 것이다. 입양이 정답이라고 믿게 하는 것은 모래 속에 머리를 묻는 것과 같다. 그리고 모래 속에 머리를 묻는다는 것은 뒤에서 차일 것이며 무언가 날라 오는 것을 보지 못한다는 의미이다.

이러한 학대(입양으로 아이를 포기하게 강요하는 것은 학대이다)의 피해자는 자신의 나약함, 희망 없음, 통제 결여라는 현실로부터 숨기 위해 종종 자신에게 이야기를 들려준다. 아이를 입양 보낸 어머니는 20, 30년, 심지어 40년이 지난 뒤에도 자신이 결정한 것이었으며, 아이를 키우고 싶었던 적이 없었고, 자신이 선택했고, 그것은 최선의 선택이었다고 이야기한다. 또한 데이트 중에 또는 낯선 사람에게 실제로 성폭행을 당했는데도 몇몇은 자신의 '불법' 임신을 변명하기 위해 성폭행을 당했다고 거짓으로 말해야 한다고 느꼈다.

이러한 '이야기'는 상실의 아픔을 최소화시킬 것이다. 아이를 입양 보낸 어머니는 일반적으로 상당한 죄책감과 함께 자신이 벌을 받아야 한다고 느낀다. 이러한 '이야기'는 끊임없는 벌로서 적용되는 동시에 어머니로 하여금 자신의 전반적인 통제 부족에서 오는 아픔을 피할 수 있게 한다. 이것은 성학대 피해자가 자신을 탓하고, 학대를 요구하고, 학대받기에 마땅하다고 생각하는 것과 같은 심리작용이다. 이러한 어머니는 자기 자신에게 거짓말을 하고 있다는 것을 의식하지 못한다. 아프고 무서운 진실은 억압되고 실제 사건을 기억할 수 있는 능력은 그들의 통제권 밖에 있다. 내면의 아이를 통한 작업은 이러한 진실을 '볼 수' 있도록 해주고 건강하게 치유될 수 있는 방법으로 다뤄질 수 있다.

■ 요약

_입양과 관련된 모든 사람은 매우 큰 상실을 경험한다.

_진실을 마주하는 것이 더욱 건강하다.

_임신한 여성은 자신과 아이 모두에게 미칠 입양의 극심하고 지속적인 결과에 대한 진실을 알아야만 한다. 이렇게 함으로써 자신에게 필요한 도움을 얻고 아이를 키울 수 있도록 준비할 수 있다. 자신이 절대로 아이를 키울 수 없는 극단적인 상황에서는 친인척 가정위탁 또는 후견인을 고려해봐야 한다.

_학대 피해자는 종종 학대에 대해 자신을 탓한다. 아이를 입양 보낸 어머니는 세월이 흐른 뒤에도 자신의 아이가 태어났을 때 느꼈던 무력함을 인정하려 하지 않을 것이다.

■ 연습

_만약 당신이 임신한 여성이라면, 아직 태어나지 않은 아이에 대한 당신의 감정을 써 내려가라.

_만약 당신이 임신한 여성이 아니라면, 임신한 상황을 상상해보고 당

신이라면 그 상황에서 어떤 감정을 느꼈을지 써 보자.

■ 그 순간을 경험하기

_당신은 혼란, 두려움, 슬픔 또는 이 모든 감정을 다 느낄지도 모르겠다. 누구나 그렇게 느낄 것이다. 모든 사람은 슬픈 일에 슬픔을 느낄 수 있어야 한다. 인간인 우리는 상실에 대해 슬퍼하고 울 수 있어야 한다. 그것이 애도의 방법이다. 운다는 것은 매우 고통스럽지만, 울음은 고통을 밖으로 끄집어낼 수 있다. 고통과 슬픔을 내면에 간직하는 것은 파괴적인 일이다. 고통과 슬픔을 끄집어내는 것은 당신의 치유를 돕는 유일한 방법이다. 일기를 쓸 좋은 시간이다. 당신의 모든 감정과 생각을 써 내려가라.

제13장

부상자 분류: 상처 입은 영혼의 치료

아이를 잃은 인간적 대참사에서 생존하려면 어머니는 감정을 닫아야 한다. 비디오 레코더의 정지 버튼을 누르는 것과 같이 자신의 삶을 멈춰야 한다. 겉으로는 어머니가 괜찮아 보일 수도 있다. 결국 사회는 입양으로 인한 상실을 인정하지 않는다. 어머니는 심지어 자신에게도 괜찮다고 거짓을 꾸민다. 그러나 그녀의 영혼은 상처를 입었다. 그녀의 영혼은 폭행당했다. 그녀는 어머니가 견딜 수 있는 가장 힘든 상실을 겪었다.

■ 근거 없는 믿음

_아이를 입양으로 잃어버린 어머니는 슬퍼하지 않는다.

_어머니는 입양으로 잃어버린 아이를 잊는다.

_아이를 입양으로 잃어버린 어머니는 상처를 받지 않는다.

■ 사실

_입양, 죽음 또는 유괴로 인해 아이를 잃은 모든 어머니는 슬픔에 젖는다.

_세상에 태어나게 한 어머니는 자신의 아이를 절대 잊을 수 없다.

_아이를 입양으로 잃어버린 어머니는 인간이 경험할 수 있는 가장 깊고 가장 힘든 정신적 상처 중 하나를 겪는다.

자신을 감정을 닫고 생존에 몸부림치는 아이를 입양 보낸 어머니는

어머니는 6~8년 동안 감각 없이 살다가 깨어나기 시작한다는 지적은 흥미롭다. 아마 이것은 자기 아이의 균열에 대한 반응일 수도 있다. 아이는 불행하게도 이러한 균열을 6~8살 때 무렵에 경험한다.

인격의 균열을 겪을 것이다. 얼마간의 위로, 약간의 연민, 상실에 대한 어느 정도의 인정 없이 한꺼번에 경험되는 다양한 감정은 사람이 견뎌내기에는 무척이나 힘들다. 그렇기 때문에 균열되었다. 어머니가 한번 균열을 경험하면 의식적인 수준에서는 자신이 지닌 상실의 깊이를 알 수 없게 된다. "별로 상관없었어." "어차피 아이를 키우고 싶은 마음이 없었어." "그 결정은 내가 한 거였어." 자신의 아픔을 달래기 위해 스스로 이런 말을 하기도 한다. 이 말들은 곧 진실이 되어버린다. 어머니는 잃어버린 아이에 대해 누구에게도 말할 수 없다. 어머니는 아이가 있었다는 모든 의식적인 자각을 (비정상적인 일이지만) 잃어버릴 수 있다. 그러나 매년 아이의 생일이 다가오면 어머니는 이상하게도 아프거나 우울해지지만, 이러한 증상의 원인을 알지 못할 수 있다. 이러한 정서적 상태는 몇 주 또는 몇 달간 지속될 수 있다. 어머니는 자신의 생각 속에서 잃어버린 아이를 끄집어내어 이와 관련된 문제가 있다고 생각하지 못할 수 있다. 다른 사람이 어머니에게 아이에 대해 잊을 것이라고 말했기 때문이다. 그러나 자신을 닫는 것은 어느 정도 불가피하다. 자신의 소중한 아이를 잃은 괴로운 감정을 안고 매일매일을 살아갈 수 없기 때문이다. 그녀는 항상 망각의 구렁에 빠진 상태로 지낼 것이며, 삶은 보류되고, 진짜 인생을 살지 못한다. 어머니는 아이가 살아 있는지 또는 죽었는지 알지 못하는 감정적 상태에 머물러 있지만 그런 상태의 감

태어나자마자 어머니와 헤어진 아이는 상호의존적이며 깊은 만족감을 주는 어머니-자녀 관계를 그리워한다. 어머니-자녀 관계는 생리적인 것과 심리적인 것이 합쳐지는 인격의 깊은 영역에 있는 뿌리이다. 이것은 생물학적 연속성의 한 부분이다.…분만 직후 떨어진 아이와 어머니의 관계가 다른 것으로 대체되거나 어떤 것으로 보상될 수 있는지 의문이다. 아이는 태어나자마자 어머니와 떨어짐으로써 정신적 충격을 경험한다._플로렌스 클로시어(Florence Clothier), 『입양된 아이의 심리학(The Psychology of the Adopted Child)』

정을 느끼지 못한다.

입양된 자신의 아이가 6~8살 정도 되었을 때, 몇몇 어머니는 아이의 고통을 느끼고 망각 상태에서 벗어나기도 한다(6~8살 무렵 입양아는 인격의 균열을 경험한다). 어머니는 무언가가 잘못되었다고 느끼고 숨겨둔 감정을 경험하기 시작한다.

또 다른 몇몇 어머니는 아이가 청소년이 되었을 때 망각 상태에서 벗어나기 시작한다. 또 다른 어머니는 불행하게도 평생 망각 상태에 머물러 있기도 한다. 입양아 역시 망각 상태에서 벗어나지 못하는 경우가 있다.

태어나자마자 엄마와 헤어진 아이와 마찬가지로 낳자마자 아이와 헤어진 어머니는 상호의존적이며 깊은 만족감을 주는 어머니-자녀 관계를 그리워한다. 어머니-자녀 관계는 생리적인 것과 심리적인 것이 합쳐지는 인격의 깊은 영역에 있는 뿌리이다. 이것은 생물학적 연속성의 한 부분이다. 분만 직후 바로 떨어진 어머니와 아이의 관계가 다른 것으로 대체되거나 어떤 것으로 보상될 수 있을지 의문이다. 어머니는 출산하자마자 아이와 떨어짐으로써 정신적 충격을 경험한다.

자신의 상처 난 영혼을 치료하기 위해서 어머니는 망각 상태에서 깨어나야 한다. 또한 아무도 홀로 감정적 상처를 치유할 수 없기 때문에 다른 사람의 도움을 받아야 한다. 거의 치명적인 상처는 다른 입양아나 어머니가 쓴 책을 읽으면서 치유될 수 있다. 치유는 지지모임에 참여하거나 비슷한 경험을 공유한 사람들과 함께하는 것과 관련을 가지며, 때로는 심도 있는 상담을 필요로 한다. 지지모임에 참여하는 것도 괜찮은 첫 번째 단계이다. 치유를 위해서 오래된 상처를 열어야 하고, 주변 사람 또는 경험을 공유한 사람들의 도움을 받아야 한다는 것을 명심해야 한다.

비록 불가능해보일지라도 치유는 가능하다. 치유는 쉬운 여정은 아니지만 도전할 만한 가치가 있다. 나는 우리가 완전히 고통에서 벗어날 수 있다고 생각하지 않는다. 그러나 우리는 고통을 두려워하지 않고, 자주 느끼지 않으며, 감당할 수 있는 상태까지 도달할 수 있다.

■ 요약

_아이를 입양 보낸 어머니는 가장 성스러운 관계의 상실을 경험했다.

_아이를 입양 보낸 어머니는 상실을 극복하기 위해서 망각 상태에 몇 년이나 머물러 있기도 한다.

_비록 어려워 보이지만, 아이를 입양 보낸 어머니는 치유될 수 있다.

■ 연습

_토네이도나 허리케인 같은 재해에서 살아남았지만, 당신 가족은 모두 죽고 당신이 걸치고 있는 옷 이외의 모든 소유물이 파괴되었다고 상상해보라. 어떨까? 어떻게 극복할 것인가? 무엇을 할 것인가? 당신은

가장 심각한 재해 또는 트라우마에서 살아남았고 치유받기 위해서는 도움이 필요하다. 곁에 있는 사람들은 당신의 상실을 인정하지 않을 수 있다. 당신의 상태를 마음에 간직한 채 앞의 질문에 답해보라.

■ 그 순간을 경험하기

_당신은 지금 매우 불안하거나 화가 났거나 매우 낙담해 있을 수 있다. 이 책은 낙담이 아니라 교육을 위한 것임을 이해하기 바란다. 이 책의 목적은 아이를 입양 보낸 어머니가 자신에게 어떤 일이 일어났는지 좀 더 제대로 이해할 수 있도록 한 것이다. 아이를 입양 보낸 어머니와 아이는 탄생의 축하 대신 비방을 받았다. 입양은 모든 사람에게 '가장 좋은 이익'을 주는 일로 여겨졌다. 사회와 입양산업은 입양을 어머니와 아이 모두에게 '가장 좋은 이익'이라고 거짓되게 그리고 이기적으로 간주했다. 그렇다. 당신의 상처 난 영혼을 치유하기 위해서는 많은 고통이 따른다. 그러나 이 책에 쓰여 있는 대로 따르면, 당신의 욕구가 충족되고 최종적으로는 더욱 행복해질 수 있다. 아이를 입양 보낸 어머니들은 괜찮지 않다. 입양은 그야말로 문명을 쇠락시키는 일이며, 입양으로 아이를 잃은 것에 대해 잔인하고 비정상적인 벌을 받아 마땅한 사람은 누구도 없다. 살인자와 마약 밀매자는 사면되기도 한다. 그러나 아이를 입양 보낸 어머니는 종신형을 받는다. 몇몇 치유 방법으로 당신에게 억울하게 부여된 종신형을 감형시킬 수 있다.

제14장
찾을 것인가 말 것인가

아이의 영혼은 자신을 입양 보낸 어머니의 집에 살고 있다. 어머니의 가족 구성원 모두가 아이가 존재한다는 현실을 인식하는 것이 중요하다. 아이의 존재를 부인하는 것은 아이를 입양 보낸 어머니 존재 자체를 부인하는 것이고, 아이에 대한 어머니의 감정을 부인하는 것이며, 어머니를 혼란스러운 마음상태에 놔두는 것이다. 자신의 진정한 감정이나 존재를 부인당하는 것은 누구에게나 잔인하고 모욕적인 일이다.

■ 근거 없는 믿음

_아이를 입양 보낸 어머니는 아이를 찾을 자격이 없다.

_만약 어머니가 아이를 찾게 된다면, 아이를 망치게 될 것이다.

_아이를 찾는 것이 가능한 최소 연령이 법으로 규정되어 있다.

■ 사실

_그가 누구든지 간에 사람이 사람을 찾지 못하게 금지하는 법은 없다.

_어머니가 입양 보낸 아이를 찾는 것은 그 아이가 바라는 선물을 주는 것이다.

_아이를 찾는 것과 관련된 최소 연령은 없다. 가능한 한 빨리 당신의 아이를 찾아라. 가급적이면 당신의 아이가 사춘기에 도달하기 전이면 더욱 좋다.

아이의 연령과 상관없이 (충분히 준비된 상태로) 재회가 성공적으로 이루어진다면 입양된 아이, 아이의 친가족, 입양 부모 모두에게 축복이다. 사람들은 입양된 아이 입장에서 어머니가 두 명인 것이 무척 혼란 입양아는 자신을 '구원한' 입양 부모에 대한 충성심과 자신을 낳은 친어머니에 대한 보이지 않는 충성심 사이에 갇혀 있다. 배은망덕해 보일 수 있지만 입양아는 입양 부모를 자신의 '친부모'로 받아들이는 것에 대해서 좋기도 하고 싫기도 하다. 그러나 실제로 입양아는 친어머니에 대한 진정한 마음을 표현할 수 없기 때문에 자신의 친어머니를 진정한 어머니로 받아들일 수 없다. 입양아가 친어머니와 입양 부모에 대해서 가지는 분열된 충성심은 자신의 문제를 어느 한쪽 부모와도 해결하지 못하게 한다._베티 진 리프턴, 『입양된 자아의 여행(Journey of the Adopted Self)』

스러울 것이라고 생각한다. 물론 그것은 혼란스러운 일이다. 그러나 입양아는 자신의 친어머니를 알지 못할 때 더욱 혼란스러워 한다. 이혼한 부부의 아이들도 보통 어머니가 두 명이지 않는가?

자신이 사랑받을 수 없다고 생각하는 위기에 처한 아이에게 확신을 줄 수 있는 최고의 사람은 바로 친어머니이다. 입양아에게 얼마나 값진 보물인가! 아주 초기에 친어머니와의 만남이 이루어진다면, **균열**은 미연에 방지될 것이고 입양아의 삶은 현저하게 달라질 것이다. 물론 만남이 신중하게 준비되어야 하고 이 분야에 대해 아주 잘 알고 있는 누군가의 충고와 상담이 필요하다. 또한 아이를 찾고자 고민하는 친어머니는 아이와 만나기 전에 아이를 이해하기 위해서 입양된 아이의 심리에 대해 쓴 글들을 읽어야 한다. 친어머니와 입양아의 모든 만남은 고통을 유발하기 마련이다. 만약 친어머니와 입양아가 잘 지내지 못하게 된다면 그들은 아주 괴로워진다. 그들이 잘 지내면 우리가 놓친 것을 볼 수 있게 된다. 균열의 시간 속에서 얼어붙었던 울화통은 풀어질 것이다. 이를 위해서는 아주 많은 준비가 필요하다.

재회는 역동적인 퇴행을 유발한다. 친어머니는 자신의 아이를 입양 친어머니가 입양아를 찾게 되면 그녀는 선물을 받게 된다. 대부분의 경우 꽤 오랫동안 입양아는 그 상황을 어떻게 풀어야 할지 모른다.

입양아가 친어머니를 거절하는 순간에 친어머니는 십중팔구 자신의 고통을 극복할 수 없다고 말한다.

보낼 수밖에 없었던 당시의 나이로 돌아간다. 입양아도 덩달아 더 어렸을 때로 퇴행한다. 태어난 지 이틀 된 갓난아이, 16살, 태어난 지 2주, 7살 등의 시기로. 이러한 변화는 순간적으로 발생할 수 있다. 만남은 개인의 삶에서 롤러코스터를 타는 것과 같다. 이것은 정상적이고 건강한 한 모습이다. 추방된 어머니와 입양아는 재회 없이는 이룰 수 없었던 방식으로 성숙하게 되고 치유된다. 성숙과 치유가 그러한 재회 없이 불가능하다는 뜻은 아니다. 그러나 어머니와 아이의 재회는 성숙과 치유를 용이하게 한다.

지지모임은 단지 아이를 잃어버릴 수밖에 없었던 추방된 어머니가 몸과 마음을 추스를 수 있도록 도울 수 있다. 그녀는 어머니로서의 참된 자각을 확고히 할 수 있고 자신의 삶과 생애 과정을 위로하고 다스릴 수 있게 된다.

아이를 찾고자 하는 어머니는 자신이 거부되지 않을 것이라는 사실을 이해하는 것이 중요하다. 만약 누군가 어머니는 만남을 원하지 않는다고 말한다면, 그것은 어머니가 자신의 고통에 직면할 수 없게 또는 직면하지 못하게 한다는 뜻이다. 입양 보낸 아이와의 만남을 준비하며 지지모임에 참석하는 사람은 그렇지 않은 사람보다 자신이 원하는 것을 얻을 수 있는 훨씬 더 좋은 기회를 갖는다.

추방된 어머니의 감정은 사회가 등한시한 감정이기 때문에 당사자는 자신의 감정에 대해 혼란스러워 한다. 그녀는 자신의 감정이 적절한지, 심지어는 자신의 감정이 정확이 무엇인지에 대해 의구심을 가진다. 이 감정적 상태는 수십 년간 지속되며 결국 이런 감정을 느낄 '권리'가 없다고 생각하게 되기까지 한다. 즉, 그녀는 느끼기를 중단하고, 나아가 자기 자신의 느낌을 신뢰할 수 없다고 생각하게 된다.

만남을 준비하는 어머니는 그렇지 않은 사람보다 훨씬 유효한 방식으로 자신의 아이와 소통할 수 있다. 불행하게도 지지모임에 나오지 않는 사람은 지지모임 참석자보다 훨씬 높은 빈도로 거절을 경험한다. 그러니, 준비하라! 아이를 찾으려는 어머니가 할 수 있는 것은 준비뿐이다. 지지모임에 참석하는 것은 아이를 찾는 과정에서 반드시 필요하며, 만남 이전, 만나는 동안, 그리고 만남 이후에도 참석하기를 강력하게 권유한다.

만남은 치유와 개인적 성장을 위한 기회의 문이라는 사실을 이해하는 것이 중요하다. 만남 자체로 치유와 성장이 이루어지는 것은 아니지만, 그 문은 치유와 성장을 향해 열려 있다. 치유와 자기 회복의 여정을 지속하기를 원하고 있는지를 결정하는 것은 다시 만나게 된 사람들의 몫이다.

■ 요약

_잃어버린 당신의 아이를 찾는 것은 선물이다.

_입양아는 자신의 친가족과 만날 필요가 있다.

_입양된 아이는 다시 만나기에 결코 어린 나이가 아니다. 특히 6~8세의 아이는 입양아로 자신을 인식하게 되면서 겪게 되는 분열된 감정

을 멈출 기회이다.

_지지모임에 참여하는 사람은 입양아와 아이를 버릴 수밖에 없었던 어머니의 감정에 대해 교육받고, 아이를 찾는 것에 앞서 거의 대부분 좋은 결과를 가져오는 재회에 관한 책을 읽는다.

■ 연습

_잃어버린 아이의 영혼에 대한 당신의 생각을 써 내려가라. 어떤 감정이 솟구치는가? 아이의 영혼에 대해 당신이 느끼는 것을 써 내려가라. 당신은 그 아이를 좋아하나 아니면 두려워하나? 그 아이가 자신의 삶에 당신을 들여보내기를 원하지 않을까봐 두려워하는가? 그 영혼은 현실의 사람이며 바로 당신의 아이임을 명심하라. 그 영혼에 대한 당신의 감정을 알아내는 방식은 그 아이에 대한 모든 것을 알아내는 방법이다. 만약 당신이 아이를 진실로 대하면 아이는 영혼인 채로 남아 있지 않을 것이다. 아이 찾기는 바로 이러한 현실을 더욱 확고하게 할 것이다. 만약 당신이 앞에서 제안한 대로 만남을 준비한다면, 당신의 아이 찾기는 성공할 것이다. 준비하지 않는 사람은 자신을 기만하는 것이다. 아이 찾기에 대한 긍정적 감정이든 부정적 감정이든 개의치 말고 당신의 감정 모두를 써 내려가라. 당신 내면의 아이를 안아주어라. 당신이 아이를 찾는 것에 대해 어떻게 생각하는지 내면의 아이에게 말해라. 그것에 대해 어떻게 느끼는지 내면의 아이에게 물어보라. 만약 아이를 찾기로 결정한다면 당신 스스로 준비할 것임을 아이에게 확신시켜라. 당신의 일기에 내면의 아이가 말한 것을 써 내려가라. 당신 내면의 아이가 한 말들을 반드시 명시하라.

■ 그 순간을 경험하기

_당신은 순간적으로 불안하게 느낄 수 있다. 입양과 관련된 이러한 감정이 이 세상에서 가장 강력하다는 것을 이해하라. 만약 입양에 대해서 말하는 법을 배우지 않았다면, 당신은 경험했던 감정과 관련해서 어려움을 겪게 될 것이다. 입양에 대해 말하면 할수록 당신은 그 주제에 대해서 감정의 동요를 덜 겪게 될 것이다. 주위를 둘러보고 당신이 물리적으로 안전하다는 것을 확인하라. 마음속으로 크게 외쳐보라. "이젠 아무 일도 일어나지 않아. 나는 그것이 어떤 느낌인지 알아. 내가 방금 확인했듯이 괜찮잖아. 긴장을 풀어." 어떤 어른에게도 입양 보낸 아이를 찾고 만나는 과정은 가장 용감하고 도전적이며 겁나는 일 중 하나이다. 당신이 겪게 되는 모든 감정과 교감하는 일은 당신을 안정되게 해줄 것이다. 당신이 하고 있는 것들과 교감하는 한 당신은 그 여정의 끝에 무엇이 있든지 그것에 대해 준비된 것이다.

제15장

정체성 다시 세우기

어머니에게 아이의 상실은 거대한 재난이다. 여성의 삶에서 가장 특별한 순간에 그녀는 자신의 아이를 키울 수도 없고 키울 자격도 없다는 말을 듣는다. 그녀는 완전히 모욕적으로 대우받고, 어머니가 아닌 기분이 들도록 경멸받는다. 신성한 모성은 그녀에게서 박탈되었다. 그리고 그녀가 어머니가 아니라는 것을 증명하기 위해 출생증명서가 봉인되었고* 입양한 사람들이 아이의 진정한 부모라는 새로운 출생증명서가 발행되었다.

추방된 어머니가 지닌 여성으로서의 그리고 어머니로서의 정체성은 분열되었다. 추방된 어머니의 치유 여정에서 핵심적인 부분은 여성·어머니로서의 정체성을 다시 세우는 것이다.

....

■ 근거 없는 믿음

_추방된 어머니는 입양으로 아이를 상실한 적이 없는 여성과 큰 차이가 없다.
_추방된 어머니는 유전적인 문제나 입양과 관련 없는 문제를 자기고 있다.
_추방된 어머니가 아이와 다시 만나려면, 아이가 어른이 될 때까지 기다려야만

---

* 미국의 많은 주들에서는 아동의 친생모가 누구인지 기록된 생물학적 출생증명서는 봉인되어 보관된다. 입양인 자신들조차 이 생물학적 출생증명서를 60세가 될 때까지 열람하지 못하도록 법제화되어 있는 주들도 있다. 최근에는 입양인이 좀 더 일찍 봉인된 출생증명서를 열어볼 수 있도록 하자는 입양인 권리 운동이 전개되고 있다. —옮긴이

한다.

■ 사실

_추방된 어머니는 존중받아야 할 자신만의 특별한 욕구가 있다.

_분만 후의 관계 상실은 매우 고통스럽고 혼란스러우며 정신적 외상을 남긴다.

_어머니와 자녀의 만남은 가급적이면 아이가 사춘기에 도달하기 전에 이루어지는 것이 좋다.

추방된 어머니가 정체성 회복을 위해 해야 하는 첫 단계는 이미 저질러진 일은 돌이킬 수 없음을 깨닫는 것이다. 앞서 이야기했듯이, 이전 부인과 이전 남편은 있지만 이전 어머니와 이전 자녀는 없다. 사회는 추방된 어머니에게 더 이상 어머니가 아니라고 말한다. 하지만 사회는 예전에도 잘못되었고 지금도 여전히 잘못되어 있다. 추방된 어머니인 당신은 자신의 아이를 기를 수 있고 기를 자격이 있다. 당신은 내면의 아이에게 계속 이렇게 말해야 한다. 실제로 그렇게 될 때까지.

리키 솔린저(Rickie Solinger)가 쓴 『일어나, 작은 수지야(Wake Up Little Susie)』는 사회가 당신을 어떻게 그리고 왜 유배 보냈는지 묘사하고 있다. 리키 솔린저가 왜 "당신은 그럴 수 없었다"라고 말했는지를 이해하면서 당신의 죄에 대해 알아보자. '제21장 내면의 아이 치유'는 이 과정에 도움을 줄 것이다. 당신은 충분히 벌을 받았다. 당신이 아이를 키울

어머니와 아이의 유대감(결속력)은 깊은 심리적·감정적인 결합의 형성물이며, 태아와 유아의 상태에 결정적인 역할을 한다. 다른 무엇보다도 유대감은 태아(와 유아)에게 안전과 보호를 제공한다. 아이와의 심리적 결속은 어머니로 하여금 임신 또는 그 이후의 과정을 충분히 숙고하도록 한다.

누군가 결정해야 할 때 그 결정은 본인이 지혜롭게, 성숙한 상태에서, 자기 삶의 경험에 기초해서, 자연적으로 이루어져야 한다. 바로 그때 그들은 바르게 선택한다._롤로 메이(Rollo May), 추방된 어머니의 아버지이자 실존주의적 심리치료사

수 있었고 키웠어야만 한다고 생각하는 것은 단지 자신에게 고통을 주는 방식으로 스스로 파괴적인 형벌을 내리는 것이다. 당신에게 일어났던 일을 진정으로 뒤돌아보라. 당신이 진정 선택권을 가졌던가? 당신은 절망적이고 취약한 상태에서 스스로를 보호할 수 있었던가?

당신이 정신적 외상을 진정으로 치유하기 위해 해야 할 것은, 아이를 키울 수 있었다고 생각하는 것은 아이를 정말 키울 수 있었는데 버렸다고 생각하는 것만큼이나 나쁘다는 것을 인식하는 것이다. 당신이 속죄하려고만 한다면, 아이를 버렸다는 것을 최소화하고자 한다면, 또는 그 반대로 현실로부터 숨는다면, 치유될 수 없다. 당신은 정신적으로 힘들었던 사건을 다시 한 번 경험할 필요가 있다. 그러나 『재능 있는 아이의 드라마(The Drama of the Gifted Child)』의 저자인 앨리스 밀러(Alice Miller)가 '깨달은 증인'이라고 언급한 사람들이 존재하는 이 시대에 당신과 동일한 일을 경험했거나 당신이 얻지 못한 것(예를 들어, 열정, 유효성, 위안의 말, 슬퍼할 기회)을 기꺼이 주려는 사람들이 있다. 그러고 나서, 오직 그러고 나서만 당신은 치유 과정을 시작할 수 있다. 치유 과정에서 집단 치료 또는 치유 모임이 필요하다. 치유는 홀로 이루어지지 않는다. 나는 입양으로 아이를 잃었을 때 느꼈던 고통과 슬픔을 당신의 삶에서 완전히 제거할 수 있다고 믿지 않는다. 그러나 고통과 슬픔을 느끼는 것을 두려워하지 않거나 간혹 또는 오랫동안 고통이나 슬픔을 느

자기도취증에 빠진 사람들…은 자신과 빈약한 연결 관계를 가질 뿐만 아니라 타인과의 연결고리도 약하다. 생애 초기에 결핍이 발생한 개인은 특히 그렇다. 이러한 경험으로 인해 타인을 불신하고, 얼마나 멀리 떨어져 있든지 관계없이 분리는 관계의 형성을 가로막는다는 두려움을 불러일으킨다._캐서린 애스퍼(Kathryn Asper), 『버려진 아이 안에서(The Abandoned Child Within)』d

끼지 않는 상태에 있을 수 있다. 당신은 자신의 삶에서 평화와 행복을 발견할 수 있을 것이다. 단지 존재하는 것이 아니라 진정으로 살 수 있을 것이다.

추방된 어머니는 신성한 호칭을 되찾을 권리가 있다. 당신은 어머니가 아니었던 적이 없었다. 어머니는 아이를 낳은 여성을 의미한다. 아이에게 어머니 역할을 하도록 허락받지 않았다는 사실이 당신의 품위를 떨어뜨리거나 덜 어머니답게 만들지는 않는다. 이것을 인식하는 것은 매우 중요하다. 사회는 어머니와 아이가 돌봄과 존중을 가장 필요로 할 때 극도로 절대로 용납할 수 없고 멸시하는 태도를 보임으로써 스스로 품위를 손상시켰다. 당신이 어머니 상태를 되찾을 때 회복의 노정에 있는 고통이라는 산 위에 오르는 건 쉬운 일이 될 것이다.

당신은 어깨를 펴고 당당하게 서 있을 가치가 있는 사람이다. 당신은 둘째가라면 서러울 정도의 공포에서 살아남은 사람이다. 부끄러워할 아무것도 없다. 사회가 부끄러워해야 한다. 당신은 아이가 출생한 이후로 어머니였다! 그 아이의 어머니!

■ 요약

_추방된 어머니는 어머니가 아니라고 선언했다. 사회는 잘못을 저질렀

고 변화할 수 없는 사실을 바꾸려고 애쓰고 있다. 아이를 이 세상에 데려온 여성은 그 아이의 어머니이고 어떠한 서류도 그 사실을 바꿀 수 없다.

_치유 과정의 일부로 추방된 어머니는 어머니로서의 지위를 회복할 필요가 있다.

_치유는 근원적인 정신적 외상을 다시 회상하는 것을 포함한다. 고통 없는 치유는 없다. 그러나 고통은 어쨌든 우리 안에 있고 치유를 통해 사라지게 될 것이다.

■ 연습

_눈을 감고 그때로 돌아가서 실제로 일어났던 일을 생각하라. 당신이 아이를 데리고 살 수 있었는지 생각해볼 수 있는 표를 다시 만들어라. 그 당시 누가 당신을 도와줄 수 있었나? 누가 당신과 아이에게 다가올 오래 지속될 개인적 재난에 대해 말해주었나? 이제, 당신의 아이를 마음속에 그려보라. 아이를 어루만지고 있다고, 아이를 안고 있다고 상상해보라. 아이에게 젖 주기를 원한다면 그렇게 상상해보라. 시각화하는 것은 고통스러울 수 있다. 그러나 그것이 치유일 수 있다. 당신의 모든 감정과 생각을 일기에 써넣어라. 그리고 큰소리로 외쳐라. "나는 언제나 잃어버린 내 아이의 어머니였고, 지금도 그렇다."

■ 그 순간을 경험하기

_스스로에게 "나는 어머니처럼 느껴지지 않아"라고 말하고 있을지도 모르겠다. 이런 말이 전혀 감정이 아님을 인식할 필요가 있다. 이것은 당신 내면의 아이가 오랫동안 간직한 생각이며, 그러한 생각은 바뀔

수 있다. 당신 내면의 아이에게 그녀는 언제나 그녀 아이의 어머니였다고 반복해서 말해라. 당신의 어른 자아가 이것을 논리적으로 보는 한 당신 내면의 아이에게 근본적인 진실을 말하는 것은 그녀가 가진 입양에 대한 생각을 변화시킬 것이다. 그러면 당신은 스스로를 더 좋게 느끼기 시작할 것이다.

제16장

삶에 대해 책임지기

추방된 어머니를 치료하는 일은 심리치료사에게 특별한 문제를 제기한다. 아이를 잃고 어머니 지위에서 내쳐진 경험이 있는 추방된 어머니와 그렇지 않은 어머니 사이의 차이점을 연구할 필요가 있다. 추방된 어머니를 치료할 때 치료자는 함정에 빠지지 않도록 특별히 조심해야 한다. 또한 신뢰를 쌓기 위해서 요구되는 특별한 기술을 개발할 필요가 있다. 어머니에게 다가갈 수 있게 도와주는 그리고 뒤엉킨 억눌린 감정의 타래를 풀도록 도와주는 특별한 기술과 치료적 이미지를 연구해야만 한다.

추방된 어머니를 치유로 이끌면서 치료사는 여러 가지 일―어머니의 유년기 기억, 파편과 그 결과의 연관관계, 진정한 삶을 살아가는 데 남은 문제, 그리고 자아 상태의 변화―을 다루어야 한다. 입양으로 아이를 잃어버린 어머니에 대한 치료는 학대받은 아이를 위한 치료와 유사성이 있다.

또한 치료자는 아이를 찾거나 재회의 과정에 있는 어머니를 위한 특별한 지식과 기술이 필요하다. 우리는 아이를 찾고자 하는 어머니를 준비시키고 돕는 방법, 어머니와 아이가 만날 때 예상되는 것, 그리고 아이와의 재회 후 새로운 관계를 만들고자 하는 어머니에게 도움이 되는 심층적 정보를 제공할 것이다.

아이의 생일, 결혼, 친구의 임신 또는 출산, 사랑했던 사람의 죽음과 같은 사건은 추방된 어머니에게 입양과 관련된 감정적 갈등이 다시 솟아오르게 만든다. 입양에 관련된 고통, 절망, 분노는 수년간 깊이 억눌려왔기 때문에 이러한 감정은 대개 접근하기 어렵고 잠재적으로 압도당해 있다. 그러므로 대부분의 추방된 어머니는 자신의 감정을 분석하고 다루는 데 결과적으로 심리치료나 지지집단 같은 도움을 필요로 한다. 그러나 추방된 어머니는 다양한 방법으로 혼자서 치유 과정을 시작할 수 있다. 우리는 추방된 어머니가 아이의 상실과 관련한 부작용을 최소화시키고 치유 과정을 시작할 수 있는 단계에 초점을 맞출 것이다.

어떤 문제를 다루든지 첫 단계는 문제가 있음을 인식하는 것이다. 많은 추방된 어머니의 경우 이런 가능성을 고려하는 것 자체가 아주 어렵다. 입양에 관한 생각 자체만으로 극심하게 고통스럽고 혼란스러운 감정이 솟아오르며, 그중 몇몇 감정은 어머니에게 '미친 것 같은' 또는 '아주 이상한' 것으로 여겨진다. 일반적으로 익숙한 입양에 관한 신화, 입양인의 경험, 입양아를 찾는 것의 불법성 또는 허무 등은 상실에 집착하는 것은 무가치하고, 따라서 추방된 어머니가 평지풍파를 일으키지 않도록 의욕을 꺾는 의미로 전달된다. 이러한 감정과 신화는 추방된 어머니가 자신의 삶에 아이 상실이 가져온 충격을 검토하기 전에 다루어 져야 한다. 추방된 어머니는 '미쳤다'는 느낌을 갖기 쉽다. 추방된 어머니는 다른 사람에게는 말할 수 없을 정도로 아주 이상한 느낌이 드는 자신과 자신의 경험을 생각하면서 삶의 대부분을 살아 왔을지도 모른다.

자신이 낳은 아이와 함께하지 않은 삶은 정신분열증적인 느낌을 들게 한다. 당신이 '미친' 상황에 놓여 있지만 아무도 그것을 인정하지 않는다면, 당신이 미쳤다고 느끼는 경향이 있다. 추방된 어머니는 '정신나갔다'고 손가락질 당할까봐 다른 사람에게 느끼는 대로 말하는 것을 두려워한다. 지지모임에의 참여, 독서, 타인에게 말하기 등을 통해 추방된 어머니는 '자신은 혼자가 아니고 자신의 생각이 같은 경험을 가진 사람에게 오히려 일반적인 것으로 이상하지 않다'는 것을 이해하는데 도움을 받을 것이다.

책은 가장 다가가기 쉽고 덜 위협적인 방안을 제시한다. 책에서 제시된 방안으로 추방된 어머니, 그녀의 가족 그리고 원조 전문가들은 어머니의 삶에 입양이 미치는 영향을 찾기 시작한다. 어머니들이 치유 과정을 시작할 때 부록 E의 추천도서를 읽도록 강력하게 추천한다. 책은 어머니의 경험에 대한 정보뿐만 아니라 입양아의 경험에 대한 통찰을 제공하는 수단이기도 하다.

■ 근거 없는 믿음

_추방된 어머니의 치료에 특별한 지식이 필요하지 않다.

_추방된 어머니는 다른 사람 이상의 치료 욕구가 없다.

_추방된 어머니가 치료를 필요로 한다면, 그녀가 정신적으로 문제가 있기 때문일 것이다.

■ 사실

_추방된 어머니를 제대로 치료하려면 특별한 지식이 요구된다.

_심각한 외상 때문에 고통 받은 사람은 일반적으로 치료가 필요하다.

_추방된 어머니는 아이를 잃으면서 심각한 외상을 경험했으므로 상담을 필요로 할 것이다. 그러나 상담의 필요성이 정신적으로 문제가 있음을 의미하지는 않는다.

추방된 어머니가 치료받고자 하는 이유는 무엇인가? 일반적으로 이전에 언급된 계기 중 하나가 우연히 발생해서이다. 추방된 어머니는 치료자에게 이렇게 말할지도 모르겠다. "잃어버린 아이가 나에게 영향을 미치고 있다는 생각이 들어요. 그러나 어떻게 해야 할지 모르겠어요." 또는 "다른 아이가 있어요. 그래서 나는 영향을 받지 않아야만 해요." 추방된 어머니는 아이를 잃는 것이 그녀의 삶에서 어떤 의미인지 생각조차 하지 못했을 수 있다. 그녀가 삶 구석구석에서 아이 상실의 효과가 영향을 미치고 있다는 것을 깨달으려면 일정한 시간이 걸린다.

치료자 임무 중 하나는 추방된 어머니가 왜 **지금** 치료받아야 하는지를 명확히 하는 것이다. 그녀는 의식하지 못할 수 있지만, 만약 그녀가 그 이유를 이해할 수 있다면, 즉 그녀가 도움을 구하도록 촉발한 감정과 생각을 이해할 수 있다면 그녀는 자기 상실과의 관련성을 좀 더 명확하게 될 것이다. 추방된 어머니는 그러한 문제를 피하고 싶어 할지도 모른다.

전문가는 미혼모가 아이 상실의 경험을 상담거리로 제시하지 못하거나 또는 완전히 폭로하지 못할 수 있다고 생각해야 한다. 자신의 경험을 모두 이야기하고 나서 그녀는 최선을 다해 그 사실을 부인하려 들지도 모른다. 그녀는 아이 상실의 경험에 대한 이야기를 최대한 회피할지도 모른다. 그녀는 살아오면서 아이를 상실한 경험을 발설하지 못했으며 아이 상실과 관련된 감정을 명확하게 느끼지 못했음을 명심해라.

일반적인 현상은 두려움에 대한 공포이다. 감정을 인식하는 것을 두려워하는데도 불구하고 그러한 감정을 느끼도록 허락받게 되면, 사람들은 어느 정도까지는 자신이 피하고자 노력하는 바로 그 감정을 경험하게 된다. 따라서 그들은 자신의 두려움을 무서워할 것이다. 두려움에 대한 공포는 다른 사람뿐만 아니라 추방된 어머니도 가지고 있는 매우 보편적인 감정이지만 그들의 치유를 참으로 어렵게 만들 수 있다.

추방된 어머니는 많은 '상처'를 겪었기 때문에 이후 인생을 이끈 균열 무렵의 시기에 억눌렸을 것이다. 기억상실은 정신적 충격을 받은 이후 경험할 수 있는 일반적인 증상이다. 나는 추방된 어머니들과 일하면서 많은 어머니가 임신과 출산 그리고 입양 보내는 과정에 대한 기억을 상실한 채 살아왔다는 것을 알게 되었다. 또한 균열의 고통을 직접 상기시키는 모든 길이 차단된 듯이 보였다.

치료자는 추방된 어머니가 입양 사실을 밝힌 이후에 그녀의 젊은 시절을 기억할 수 없는 역기능적인 가족의 일원과 매우 비슷한 양상을 보이는 것을 인식해야 한다. 이때 치료자가 탐색해야 하는 몇 가지 영역이 있다.

- 그녀와 부모의 관계는 어떠했나? 추방된 어머니와 학대받았던 사람 다수는 자신의 부모를 이상적인 부모로 기억하거나 별로 나쁘지 않게 말한다는 점에 유의해야 한다. 왜냐하면 그렇게 하는 것이 당시에 느꼈던 나약함, 절망감, 무력감으로부터 자신을 보호하는 방법이기 때문이다.
- 추방된 어머니는 어떤 방식으로 친밀한 관계를 경험했나?
- 추방된 어머니는 입양에 대해 스스로를 비난하는가?
- 그녀는 자신이 결함이 많았고 약했기 때문에 아이를 입양 보낼 수밖에 없었다고 믿는가?
- 그녀는 이후 다시 아이를 출산했는가? 다시 아이를 가지기 위해 노력했나? 또는 다시는 아이를 가질 수 없다고 생각했는가?
- 추방된 어머니는 여성과 어머니로서 긍정적인 자아정체감을 가지고 있는가?

추방된 어머니는 살아남기 위해서 자신의 진정한 감정을 억눌러왔기 때문에 이러한 감정에 대해 진정한 답을 내릴 수 없을지도 모른다. 그녀가 자신이 출산한 아이를 대내외적으론 존재하지 않는다고 생각했어야 했다는 점, 어떤 방식으로든 입양에 대해 되새겨보고 말할 수 없었다는 점을 잊지 말아야 한다. 그녀의 몸과 무의식은 입양에 대해 기억하고 있다. 입양과 관련된 풀 수 없는 깊은 슬픔은 추방된 어머니 치유에서 가장 먼저 초점을 두어야 할 부분이다.

아이의 실제 죽음보다 아이를 대내외적으로 없는 존재로 취급해야 하는 심리학적 죽음은 어머니를 더 힘들게 한다. 추방된 어머니는 자기 아이가 어딘가에 있다는 것을 알고 있지만, 건강하게 지내고 있는지, 행복한지, 슬픈지, 죽었는지, 살았는지 알지 못한다. 전쟁 중에 실종자로 처리된 사람처럼 추방된 어머니에게 그녀의 아이는 실종된, 즉 입양으로 인해 실종된 존재(Missing in Adoption: MIA)이다. 거기엔 끝이 없다. 아이의 심리학적 죽음에 관한 어머니의 경험에서 정신분열증을 느낀다. 그녀에게 실제란 존재하지 않는다. 그녀가 아이를 잃어버린 것 때문에 통곡하는 것이 허용되지 않았고, 오히려 그 사실을 부인하라고만 강요했다. 아이의 상실을 치유하지 않는다면 그녀는 영원히 통곡의 첫 단계에 멈춰 있을 것이다.

추방된 어머니는 고통이 사라져버리기를 원한다. 그녀는 사랑하는 이의 죽음으로 인한 고통을 없애버릴 수 없지만, 상실로 인해 슬픔을 느낀다고 고통을 다루고 함께 사는 방법을 배워야 한다.

균열과 그 영향에 대처하기

균열과 사회 가족이나 사회 어느 쪽도 추방된 어머니가 자신의 감정을 깨닫게 되기를 원하지 않는다. 그래서 입양에는 어떠한 고통도 따르지 않고 모두를 위해 더 좋은 결과라는 입양에 관한 신화를 부정하지 못하도록 가르친다. 추방된 어머니는 아무도 그 감정을 깨닫게 되길 원하지 않기 때문에 아이 상실로 인한 슬픔을 마비시키도록 세뇌된다. 하지만 그 고통스러운 감정을 받아들이는 것이 자신의 치유에 도움이 된다.

뒤엉킨 커다란 감정 덩어리가 어머니의 가슴 한가운데에 박혀 있다. 이 혼란스럽고 고통스런 감정은 더욱더 뒤엉켜버리고 진정한 사람으로 기능하기 어렵게 만들어버린다.

이러한 감정은 너무 일상적이고 고통이나 분노와 슬픔 같은 낱낱의 감정으로 분리하기에는 너무나 엉켜 있기 때문에 어머니는 종종 공포에 휩싸이게 된다. 또한 이러한 감정을 다루는 것이 너무나도 어려워서 자신이 동시에 17개의 다른 감정을 경험하고 있는 것처럼 느낀다. 추방된 어머니는 아이를 잃어버린 후 말할 수 없는 괴리감과 불안 그리고 엄청난 분노를 지니고 살아왔다. 이런 감정과 상처는 어머니 가슴에 쌓이게 된다. 치료자는 어머니가 복합적인 감정에 휩싸일 때 그 안에서 분노와 두려움을 찾아야 한다.

분노와 슬픔 추방된 어머니는 아이의 상실로 인해 느끼는 분노와 슬픔을 일정 부분 받아들여야 한다. 다음과 같은 일은 모두 어머니를 극심한 분노와 슬픔에 빠뜨린다.

- 누군가가 사라졌다거나 어떤 것이 잘못되었다는 감정의 지속된다 (모두에게 중요한 누군가가 사라졌다. 가장 중요한 그녀의 아이가 사라졌다. 그것은 가장 일어나지 말았어야 할 일 중 하나이다).
- 비밀로 하라는 사회적 요구와 통곡하고 싶은 어머니 마음 사이에

나는 항상 무언가를 잃어버렸다고 생각해왔지만, 그것이 무엇인지는 몰랐어요. 공허함, 그러니까 주변의 누군가에게 설명하거나 말할 수 없는 비어 있는 느낌이었어요. 내가 느끼는 것을 누군가에게 말한다면 그들은 내가 미쳤다고 할 것이라고 생각했어요. 나는 내 영혼에 커다란 암흑을 지니고 살았어요. 지지모임 안에서 내가 느끼는 감정이 무엇인지 배우고 아이를 상실한 것에 대한 슬픔과 분노를 표현하면서 이 공허함을 이해하게 되었어요. 뭔가 부족하고 비어 있는 이 감정은 이제 사라졌어요. 나는 나를 치유했고 그런 감정이 존재했다는 사실도 잊고 있어요. 만약 지지모임에 속하지 않았더라면 이런 일을 해낼 수 없었을 거예요! 항상 낮게 깔려 있는 공허함, 외로움, 고통은 내 인생에서 경험한 최악의 감정 중 하나예요. 나는 영원히 이 감정을 날려버릴 수 있어서 행복해요._37세의 입양인 줄리

갈등이 생긴다.

- 길가다가 그 아이 또래의 얼굴을 볼 때 그들 중 하나가 자신의 아이일지도 모른다는 생각이 든다. 자신의 아이는 어디에 있는지, 살아 있는지 또는 고통 받고 눈물 흘리며 있는지 마음의 갈피를 잡을 수 없다.
- 누군가와 가까워지는 것은 미혼모에게 곧 불안이 닥칠 거란 생각이 들게 한다. 누군가와 친하게 되면 점점 위험하다는 생각이 든다. 왜냐하면 아이를 잃어야만 했던 자신의 경험에 비추어보면 그녀와 가장 가까웠던 사람은 궁극적으로 그녀를 가치 없는 사람으로 만들어버렸기 때문이다. 추방된 어머니는 아이의 상실을 경험하고 악순환에 빠지게 되는 경향이 있다. 누군가와 친밀한 관계가 되는 것을 피하면서 깊은 인간관계를 맺지 않거나, 관계를 맺는 것이 결국 절망만 준다고 생각하면서 기존 관계를 망가뜨린다.
- 아이 생일에 어머니는 정신분열증적 증상에 시달린다. 그녀는 끔

찍한 고통 속에 있고 슬퍼하고 외롭다. 그녀는 아이에 대해 생각하려고 하지만, 그것은 너무나 고통스럽다. 그녀는 아이에 대해 생각하지 않으려고 노력해도 아이를 상실한 고통과 배신감을 떨칠 수 없다. 그녀가 행복하지 않다고 말하면 사람들은 이렇게 말한다. "그것은 몇 년 전에 일어났던 과거일 뿐이야. 지금 너랑 무슨 상관이니?" 그녀는 딜레마에 빠지게 된다. 자신의 아이에 대해 생각하건 그렇지 않건 간에 평안을 찾지 못하고 고통 받는다. 자신의 아이를 입양 보내야 했기 때문에, 자신을 도와줄 어떤 정보도 알지 못했기 때문에, 또다시 무가치한 인간이 되고 그녀의 슬픔은 더 깊어진다.

• 새로 태어난 아이를 스치듯이 보는 것이나 친구로부터의 출산 통지 또는 아이와 놀고 있는 누군가를 보는 것만으로도 추방된 어머니는 화가 나고 절망감에 빠진다. 이와 같거나 유사한 일은 그녀에게 매우 강한 감정을 불러일으키고 누군가에게 부축될 만큼 진이 빠지거나 다른 사람을 내쳐버릴 정도가 된다.

추방된 어머니는 분노, 고통, 슬픔 또는 자식과 분리되는 것으로 인한 두려움을 깨닫지 못할 수도 있다. 왜냐하면 이러한 감정은 그녀를 뒤엉킨 커다란 감정 덩어리의 한가운데(분열의 감정)로 밀어 넣기 때문이다.

추방된 어머니는 가로등조차 가신을 거부하고 있다고 느낄 정도로 거부(거절)에 대한 강한 두려움을 가지고 있다. 거부당할까봐 두려운 감정은 너무 강하게 각인되어 있는데, 따지고 보면 그 이유가 분명하지 않다. 그녀는 전화를 끊고 나서 방금 통화한 사람과의 관계에 대해 생각해본다. 그녀는 무언가 잘못되었고 우정이 깨질지 모른다고 느끼곤

한다. 그녀는 다시 전화를 걸어 사과할 수도 있다. 또는 자신이 실수하지 않았고 우정이 지속될 거라는 확신을 얻기 위해 어떤 징표를 제시할지도 모른다.

진정한 삶을 살고자 할 때의 장애물

"만약 아이를 입양 보낸 때의 일과 감정을 깨닫지 못하고 살았다면 내가 실제로 존재한다는 것을 내가 느낄 수 있었을까요?" "내 자신의 느낌을 모른다면 어떻게 진정한 삶을 산다고 할 수 있나요?" "내가 실제로 느끼지 못한다면, 나의 삶은 꿈인가요?" 이것은 추방된 어머니가 자신에게 던지는 질문일지도 모른다. 그녀가 현재 자신에게 있는 어머니로서의 모습을 깨닫지 못한다면, 아이의 상실을 확인하고 아이 행방을 찾지 않고서는 진정한 삶을 살 수 없다. 그녀 계속해서 세상과 사회로부터 따돌려지고 있다고 느낀다. 추방되었다! 그녀가 균열의 감정으로부터 고립되어 있기 때문에 자신에게 솔직해질 수가 없다. 그녀는 자신을 끌고나가는 무언가를 알지 못하며, 기본적으로 진정 자신의 내면을 성찰하는 작업에 눈 감고 살아간다.

치료자나 지지모임의 중요한 임무 중 하나는 추방된 어머니가 그녀를 추동하는 감정, 자신과 아이와 세상에 대해 숨기는 감정과 소통하도록 하는 것이다. 숨기고 있었던 감정과 소통을 시작할 때 그녀는 진정으로 자신과 마주하게 된다. 또한 세상을 직시하고 더 이상 세상을 자신 삶의 외부자로 배제하지 않고 세상과 더불어 살아갈 수 있게 된다. 그러나 숨겨진 감정은 아주 강력하기 때문에 이것은 아주 어려운 작업이다. 이 과정은 주의 깊게 그리고 잠재적인 감정에 대한 두려움을 존중하면서 행해져야 한다.

추방된 어머니는 아이의 상실이라는 트라우마를 경험했기에 그들이 볼 수 없는 팽팽한 줄에 의지해 자신의 삶을 일구어왔다. 일반적으로 정신적 외상을 경험한 사람들처럼 그녀는 입양의 공포가 언젠가 다시 발생할 것처럼 느낀다. 결국 그녀는 부당하게 조종될 수 있고 입양은 다시 발생할 수 있다. 스스로를 보호하기 위해 그녀는 팽팽한 줄을 타듯 아슬아슬하게 살아간다. 하지만 어디에 발을 디뎌야 한단 말인가? 그녀는 자신이 최초의 재난을 유발했다고 생각하지만, 도대체 무엇이 그녀에게서 아이를 빼앗아갔단 말인가? 그녀는 스스로 자신의 잘못을 묻고 사람들에게 자신이 추방된 어머니라는 사실을 숨기는 방법을 찾는다. 그녀는 외부 노출을 극도로 꺼리는 방식으로 자신의 삶을 살아간다. 그녀는 매우 조심스럽게 항상 팽팽한 줄 위를 걷는 느낌으로 살아간다. 이렇게 사는 사람들은 항상 불안하고, 취약하며, 무언가 잘못될까봐 두려워한다. 추방된 어머니는 불안해지기 쉽고 항상 아프다. 제1장 끝에서 언급한 반(反)공황발작 확언을 스스로에게 말하도록 노력하면 그녀가 이런 어려움을 극복할지도 모른다.

이러한 딜레마를 벗어나는 방법은 어머니가 아이를 잃어버리는 일이 결코 또다시 일어나지 않는다는 사실을 이성적으로 점차 받아들이는 것이다. 그녀는 더 이상 자신의 아이를 입양 보낸 그때 그 나이가 아니며, 그때 아이는 더 이상 갓 태어난 아이가 아니다. 그녀는 아이를 잃도록 또다시 강요당하지 않을 것이다. 이러한 생각을 그녀가 논리적으로 받아들이게 되면(그것이 매번 쉽지는 않을 테지만), 내면의 아이는 고통스러운 삶의 방식을 변화시키는 데 일익을 담당할 것이다.

치유 과정의 몇 지점에서 추방된 어머니는 아이를 입양 보낸 그 나이로 돌아가는 데 저항한다. 또 한편으로 입양 당시의 아이와 내적으로 소통하면서 그녀의 몸과 마음은 자신이 억눌렸던 나이에 여전히 머물러 있다. 그녀는 젊은 여성처럼 행동하고 이야기의 내용도 젊은 여성의 이야기와 유사하다. 그녀의 목소리는 외모에 비해 훨씬 어리다. 이런 시간 동안에는 그녀가 더 이상 아이를 잃어버릴 만큼 자격이 없는 어머니가 아니며 그녀에게 입양과 유사한 재난은 다시 일어나지 않을 것이라는 것을 이해하도록 도움으로써 내면의 아이를 치유할 기회가 있다. 이러한 퇴행기 동안 행해지는 작업은 그녀가 자신의 정체성을 찾아가는 데 큰 가치가 있다.

미혼모와 성적·신체적 또는 감정적으로 학대받은 사람은 많은 심리적 유사점을 가지고 있다. 아이의 비극적인 상실 이후 어머니는 불안, 우울, 불면, 성생활의 문제를 불가피하게 경험하며 외상 후 스트레스 장애(Post Traumatic Stress Disorder: PTSD)를 겪는다. 간단히 말해서 비극에서 살아남은 사람은 모두 같다. 느닷없는 사건을 제외하면, 대부분의 생존자들은 극복해야 할 동일한 어려움에 처해 있다. 사랑받을 수 있다는 느낌이 부족하고, 위험에 처해 있다는 감정을 자주 느끼며, 불안을 통제하지 못하고, 관계에 어려움을 겪는다. 원인은 다르고 치유 과정도 다르다. 그러나 '증상'은 유사하다. 상처는 깊다는 사실을 반드시 명심하고 치유 과정에 어려움이 있음을 고려해야 한다. 모든 추방된 어머니는 방금 사고를 당해 지금 응급실에 있는 것처럼 치료해야 한다. 충격에 휩싸인 자동차사고의 피해자가 필요한 치료를 거절하는 것처럼 추방된 어머니는 종종 상처의 깊이는커녕 자신이 상처받았다는 사실도 인식하지 못한다. 추방된 어머니는 강력하고 끔찍한 감정을 경험할 수 있다는 사실을 받아들이면서 신중하게 치유의 여정에 접근할 필요가 있다. 만약 치유 과정이 그녀가 수용할 수 있을 정도로 천천히 이루어진다면 입양이라는 비극적인 경험 때문에 지금까지 힘들어 하는 상태를 변화시키기 위해 많은 것을 수행할 수 있을 것이다.

무서운 감정에 휩싸인 채 외부와 단절된 마음에 다가가는 몇 가지 방법이 있다.

어머니는 오렌지를 상상한다. 오렌지 안은 복잡하게 얽힌 감정, 아이와의 분리, 상실로 인해 받은 말할 수 없는 고통으로 가득 차 있다. 이 고통 덩어리의 모든 가닥은 단단히 엉켜서 오렌지 안에 안전하게 들어 있다. 오렌지 껍질은 치료사와 어머니의 동의하에서만 열 수 있는 커다란 자물쇠가 달린 작은 문이다. 문의 손잡이는 너무 커서 자물쇠가 벗겨지더라도 작은 손가락 압력만으로 그 문을 닫히게 할 수 있다. 치료사는 어머니의 감정이 아주 복잡하게 얽혀 있기 때문에 그녀의 감정을 온전히 이해하기는 어려울 것이라고 설명해준다. 어머니는 자물쇠를 제거하지만 손가락으로 문을 누르고 있는 경우도 있다. 어머니가 어떻게 느끼고 있는지 확인하라. 실 가닥은 힘이 없기 때문에 조심해서 조사해야 한다. 어머니는 감정의 타래를 풀어내고 그것을 살펴본다. 어머니는 그 실이 어떤 감정을 나타내는지 질문을 한다. 치료사는 어머니가 감정의 가닥들을 살피는 순간마다 그것을 설명한다. 점차 오렌지 안에 남겨진 감정의 힘이 줄어든다. 치료자는 어머니에게 너무 많은 것을 이끌어낼 필요는 없으며, 그녀가 다룰 수 없는 것은 경험하지 않을 것이라고 확신시킨다. 이것은 어머니가 자신의 감정을 다스리도록 돕는다.

다른 방법으로 어머니는 다양한 색깔의 고무공이 가득 찬 고무공 기계를 상상한다. 고무공 각각의 색깔은 다른 감정을 나타낸다. 고무공 기계는 한 번에 딱 한 개의 공만 나오도록 만들어졌다. 첫 번째 고무공을 탐색하는 동안 다른 공은 기계에서 빠져나올 수 없다. 어머니는 고무공을 오렌지 안에 있는 실로 생각하고 앞에서와 같은 과정으로 치료를 진행한다.

고무공이나 오렌지로 이루어진 치료 과정을 진행하는 것은 어머니가 자신의 진정한 감정을 깨닫더라도 자신이 해체되지 않을 것이라는 점을 이해할 수 있도록 돕는다. 어머니는 자신의 삶에 책임을 지면서 자신의 길을 잘 따라갈 것이고, 마침내 진정한 삶을 회복하게 될 것이다.

■ 요약

_사회로부터 추방된 경험과 아이를 잃어버린 경험은 어머니 삶의 모든 측면에 영향을 미칠 것이다.

_어머니가 자신의 감정을 깨닫고 왜 그토록 복잡한 감정일 수밖에 없는지 이해하도록 돕는다면 그녀는 마음의 문을 열게 된다. 이는 그녀의 경험이 그녀의 삶에 영향을 미치는 방식을 변화시킨다.

■ 연습

_눈을 감고 고무공 또는 복합적인 감정으로 얽혀 있는 감정의 공을 상상해보라. 무작위로 하나의 고무공을 미끄럼대에 떨어뜨리거나 감정의 실 한 가락을 집어라. 그 고무공이나 실 가닥은 어떤 감정을 표현하는가? 고무공 또는 실 가닥이 불러일으킨 감정이나 생각을 가능한 많이 일기장에 써 내려가라.

■ 그 순간을 경험하기

_당신은 지금 꽤나 불안감을 느낄지도 모른다. 고무공 또는 실 가닥을

끄집어내서 살펴보는 일은 매우 강력한 경험일 수 있다. 위협적일 수 있지만 그것은 단지 감정일 뿐이다. 주변을 둘러봐라. 아무 일도 일어나지 않은 것을 확인할 수 있다. 마음속으로 크게 외쳐라. "이젠 아무 일도 일어나지 않아. 나는 그것이 어떤 느낌인지 알아. 괜찮아." 깊게 호흡하고 마음속으로 "긴장을 풀어"라고 큰소리로 말해라. 기분이 조금 더 나아졌을 것이다. 감정은 아주 강하지만 당신은 진정으로 그 감정을 극복해왔다는 것을 명심해라. 감정은 당신을 해치지 않을 것이다. 당신은 지금 막 그것을 경험했다. 다음에 당신이 다시 그런 감정을 경험할 때 더 쉽고 덜 무서울 것이다.

제17장

아이가 비공개 입양 상태라면

만약 당신이 아이가 비공개 입양된 추방된 어머니라면, 나는 당신이 그 상태를 공개하라고 제안한다. 아무리 어리더라도 당신의 아이와 소통하는 것은 축복이다. 입양을 공개하고자 시도할 때 어려움이 따른다.

■ 근거 없는 믿음

_만약 입양이 비공개라면 공개될 수 없다.

_아이는 적어도 성장기 동안에는 친어머니와 연락할 필요가 없다.

_친가족과 규칙적으로 소통하는 것은 입양아와 입양 부모를 혼란스럽게 하고, 그들을 파멸시킬 것이다.

■ 사실

_만약 모든 당사자가 동의한다면 비공개 입양은 공개될 수 있다.

_입양된 모든 아이는 성장기 동안 그리고 성숙해서도 친가족과 관계를 유지할 필요가 있다.

_친가족과 규칙적으로 소통하는 것이 전혀 소통하지 않는 것보다 혼란을 덜하게 하고 살아가면서 입양아가 마주하는 여러 문제와 고통을 줄여줄 것이다.

입양을 공개하는 과정을 시작하면서 '부록 E 추천도서'에 실려 있는 입양 관련 서적을 읽어라. 맨 처음에 『원초적 상처(Primal Wound)』를 읽고, 그다음에 2000년에 출간된 이 책과 같은 제목의 『입양 치유』, 그리고 건강한 경계는 신체적·감정적·지적·영성적 내부의 경계이다. 이 경계는 한 개인이 각 부분으로 나눠진 인간이라는 귀중한 지식을 더욱 깊게 각인시킴으로써 자아정체감을 강화시킨다._로켈리 러너(Rokelle Lerner), 『안락한 지역에서 살아가면서(Living in the Comfort Zone)』

나서 『어떻게 입양을 공개할까(How to Open An Adoption)』를 읽도록 추천한다. 그러면 입양을 공개로 하는 심리학적 이유에 대해 전반적으로 이해할 수 있게 될 것이다. 또한 가능하면 당신의 지역에 있는 지지모임에 참석하기를 권한다. 당신은 아이를 잃은 과정에서 겪은 일들과 관련해서 엄청난 분노와 슬픔을 기억하고 있다. 당신이 공개 입양을 시도하기 전에 이러한 감정을 살펴보는 것은 중요하다.

당신이 입양 절차를 진행한 기관이나 직원에게 연락해보기를 제안한다. 그리고 그들에게 당신 아이를 기르는 입양 부모와 연락할 수 있는지 물어보라. 그들에게 입양을 공개하는 것에 대한 의견을 물어보라. 당신이 책에서 읽은 심리학적 이유를 인용할 필요가 있다. 당연히 저항에 부딪힐 것이다. 그것이 무엇일지라도 당신이 원한다는 공개 입양을 포기하지 마라. 당신의 아이는 당신과 소통하게 되면 훨씬 더 잘 지낼 것이다. 부모가 이혼한 후 아이들은 다른 한쪽 부모와도 연락하며 지낸다. 왜 입양은 달라야 하는가?

당신이 기관 또는 직원과 충돌한다 하더라도 아이의 나이에 상관하지 말고, 제14장과 제20장에서 논의한 대로 아이를 찾기 위해 노력하라. 당신은 입양 부모에게 연락해야 하고 공개 입양을 바라는 소망을 이야기하는 것을 기억하라. 그들은 당연히 놀랄 것이고 입양아를 잃어버리게 될지 모른다는 사실을 두려워하게 될 것이다. 그들에게 정기적인 만남의 장점에 대해 서술한 문헌을 읽도록 권해라. 그리고 읽어야 할 책을 그들에게 보내라. 입양 부모의 두려움에 세심하게 반응하는 것이 중요하다. 그것은 당신이 이제까지 행동한 것만큼 어려울 것이다. 그들은 당신에게 법적 조치를 취할 것이라고 위협할지도 모른다. 당신이 입양 부모에게 연락하는 것은 아무런 잘못이 없음을 잊지 마라. 만약 당신이 법적 조치에 대한 위협을 받는다면 그들과의 연락을 일단 멈추는 것도 중요하다. 나는 당신과 입양 부모 변호사의 의견을 조율해줄 당신 변호사를 만날 것을 강하게 권한다. 긍정적으로 생각하라. 긍정적으로 생각하는 것은 종종 긍정적인 결과를 낳는다.

■ 요약

_당신의 아이는 당신이 필요하다. 비공개 입양을 공개로 전환하는 것은 당신이 아이와 자신에게 줄 수 있는 선물이다.

_먼저 입양기관 직원 또는 변호사를 만나려고 노력하라. 만약 잘되지 않는다면, 입양조사단체 중 한 곳의 도움을 받으라.

■ 연습

_눈을 감고 팔로 당신 아이를 꼭 안고 있다고 상상하라. 일기에 당신 감정과 생각을 적어 내려가라.

■ 그 순간을 경험하기

_당신은 지금 깊은 고통, 분노, 좌절, 슬픔을 경험하고 있을지도 모른다. 그것이 아무리 고통스럽더라도 단지 감정이며, 그 감정은 과거로

부터 유래한 것이다. 그리고 감정은 방치하지 않는 것만으로도 잘 다룰 수 있다. 당신은 제1장에서 서술한 '불안 방지 효력을 지닌 확언'을 반복해서 외치길 원할지도 모른다.

제3부

도움받기

추방된 어머니는 보통의 어머니가 치유나 지원모임에 함께하는 것에 대해 압력을 느낀다. 반면에 입양으로 인한 후유증이 자아 발전에 심대한 분열을 미치기 때문에 친밀한 관계 형성과 진정한 삶을 꾸려나갈 능력에 관해서 추방된 어머니는 특별히 입양 문제에 관련된 지식이 있는 실력 있는 치료사에게 도움을 받을 수 있다. 그러나 여러 가지 이유로 이러한 치료사를 만나는 것은 어려운 일이다. 제18장과 제19장은 이러한 어려움에 대해 논의하며 올바른 치료사를 알아낼 수 있는 방법을 제시한다. 자녀를 찾고 지원하는 모임은 치유의 대안적인 방법을 제공한다. 제20장은 지원모임에 합류하는 이점을 논의하며 그러한 모임에서 무엇을 기대할 수 있는지 묘사한다.

제18장

올바른 치료사의 선택

불행하게도 많은 심리치료사들은 추방된 어머니가 직면한 문제를 해결할 기술이 없다. (입양에 관련된 대부분 사람뿐만 아니라) 추방된 어머니는 자신과 관련된 것이 입양의 문제가 아니라고 믿고 있으며 종종 자신이 추방된 어머니라는 것을 언급하지 않기 때문에 심리치료사들은 입양과 관련된 역학을 놓치기 쉽다.

좀 더 중요하게는 추방된 어머니의 체험은 치료사들이 그동안 전문적으로 배웠던 것에 직접적으로 도전한다는 점이다. 또한 어머니의 경험은 깊게 뿌리박힌, 종종 의식하지 못했던 다른 가정들을 깨뜨린다. 추방된 어머니의 경험은 보통 어머니나 치료사(그들이 입양으로 아이를 잃은 어머니이거나 입양 치유를 해본 적이 있는 경우가 아니라면)와는 전적으로 다르다. 따라서 치료사는 추방된 어머니가 겪은 경험과 자신의 경험을 거의 연결할 수 없다. 더욱 복잡한 것은, 만약 치료사가 입양 부모라면 아이를 입양 보냄으로써 어머니가 겪은 파괴적 영향과 심리적 변화를 무의식적으로 인정하지 않는 반응을 보일 수도 있다. 입양 부모인 치료사가 추방된 어머니의 고통을 인정하는 것은 자기가 입양해 기르는 아이에 대한 입양 결과를 이해하는 데도 필요하다.

따라서 치료사가 어떻게 입양 관련된 문제에 친숙해지거나 민감하게 다룰 수 있는지 제시하고자 한다. 비록 소수의 치료사만 이 분야에 전문성을 갖고 있지만 다른 분야의 경험, 이를테면 외상 후 스트레스

> 만약 치료사가 도움을 준다면 내놓고 자문하되 억지로 답할 생각은 하지 마라. 그러면 당신은 확신을 갖게 될 것이다.…무엇보다도 자신이 누구인지에 대해 당신 자신의 감각과 겪은 경험을 신뢰하라. 치유 과정은 바로 자신과 자신의 느낌과 현실을 신뢰하는 것을 배우는 것이다. _ 엘렌 바스(Ellen Bass) & 로라 데이비스(Laura Davis), 『치료할 수 있는 용기(The Courage to Heal)』

장애, 초기 모자 이별, 깊은 고뇌와 관련되어 작업한 경험이 있는 치료사들은, 입양 트라우마를 다루는 기술과 시각을 갖출 수 있을 것으로 보인다. 독자들은 입양을 문제로 고려하지 못하는 치료사를 찾아가는 우를 범하지 않기 바란다.

■ 근거 없는 믿음

_좋은 치료사라면 누구나 추방된 어머니에게 도움이 되는 적합한 치료를 제공할 수 있다.

_추방된 어머니에게는 치료가 필요하지 않으며, 만약 치료가 필요하다면 아이 입양과는 무관한 것이다.

■ 사실

_추방된 어머니를 효과적으로 치료하려면 입양 문제에 대한 특별한 이해가 필요하다.

_모든 추방된 어머니에게 상담이 필요할 것이다. 그녀가 잘못되어 상담이 필요한 것이 아니라 모자 이별의 후유증은 깊은데 그동안 은폐된 면이 많기 때문이다.

전문적 도움이 필요한 사람은 자신에게 알맞은 치료사를 선택하기 위해서 미리 면접할 권한이 있다. 고객은 치료사가 언제 어디서 학위를 받았는지, 주에서 허가를 받았는지, 어떤 훈련 과정을 받았고 보험이 되는지 등에 대해 알 권리가 있다. 잠재적 고객은 치료사가 입양과 관련한 개인적 경험이 있는지, 있다면 어떤 경험인지 또한 치료사가 전반적으로 입양 문제에 대해 얼마나 경험이 있는지에 대해 알 권리가 있다. 잠재적 고객은 치료사의 이력을 요구할 수 있고 입양과 관련해 어떤 문헌을 읽었는지 물어볼 수 있다. 만약 잠재적 치료사가 이러한 정보를 제공해주지 않는다면 고객은 다른 치료사를 찾을 수 있다.

치료사 중에는 입양과 관련된 경험이 전혀 없지만 깊은 관심을 가진 사람이 있을 수도 있다. 만약 당신이 이런 치료사와 대화하면서 마음이 편하다면 그 치료사는 입양 문제에 관한 경험은 없지만 당신에게 도움이 될 수 있다.

만약 적절한 치료사가 없다면 다음과 방법을 모색해 볼 수 있다. ①지역 정부기관의 사회서비스과에 치료사를 소개해달라고 도움을 요청하라. 잠재적 치료사에게 전화할 때 입양아를 자녀로 두고 있는지 문의하라. (훈련을 잘 받은 중립적인 치료사에게 치료받는 것이 최선임을 기억하라). ②지역 병원에 전화해 사회서비스 분야 외래 환자로 가능한지 물어보라. ③당신의 보험회사에 전화해 입양과 관련된 훈련을 받은 치료사를 소개해달라고 요청하라. ④입양 관련 단체에 가입해 지원모임에 도움을 요청하라.

■ 요약

_입양에 관련된 사람은 치료사에게 입양 관련 경험과 그 후유증을 말함으로써 도움을 받을 수 있을 것이다.

_입양으로 영향 받은 사람들은 입양 문제에 대해 특별한 이해가 있고 세심하게 접근하는 치료사가 효과적이며 필요하다.

_당신에게 적절한 치료사를 만나기 위해 잠재적 치료사를 면접하는 것은 당신의 권리이다.

제19장

치료사의 관점에서

만약 다른 증상이 나타나지 않는다면, 추방된 어머니는 외상 후 스트레스 장애를 가진 사람으로 치료되어야 한다. 어머니가 아이를 잃는다는 것은 엄청난 강도의 스트레스이기에 이와 같이 다루어져야 하는 것이다.

■ 근거 없는 믿음

_추방된 어머니를 치료하는 데 특별한 지식이 필요하지 않다. 그녀는 평범한 다른 사람들과 같다.

■ 사실

_추방된 어머니를 치료하기 위해서는 특별한 지식이 필요하다. 왜냐하면 그녀의 심리상태는 평범한 사람들과 다르기 때문이다.

추방된 어머니의 치료는 어떻게 다른가?

①치료사가 섬세하지 않으면 '입양'이라는 부분이 쟁점이라는 사실 또는 심지어 고객이 추방된 어머니라는 사실을 지나칠 수 있다.

②추방된 어머니는 고통스러운 과거를 갖고 어려운 삶을 살아왔던 다른 여성들과 유사한데, 그녀는 스스로 문제의 근원을 밝힐 수도 있고 그렇지 않을 수도 있다.

③추방된 어머니는 종종 "입양은 그리 중요한 문제가 아니에요"라

고 말하는데, 많은 치료사가 이를 그대로 받아들인다. 하지만 입양은 '문제'가 아닐 수 없으며, 꼭 다루어져야만 한다.

④추방된 어머니와 학대 경험이 있는 환자는 비슷한 경험을 공유한다. 비록 어머니가 일반적인 의미의 학대를 경험한 것은 아니지만, 그녀는 아이를 입양으로 잃어버리는 순간 학대를 경험했다. 그녀의 아이도 학대당했다. 어머니의 인생에서 자신이 낳은 아이를 키우는 것을 금지당하는 것보다 더 큰 학대가 있을까? 아이에게 자신을 낳아준 친어머니로부터 생을 거절당하는 것만큼 커다란 학대가 또 있을까? 아이를 잃은 경험과 그 뒤에 발생한 좌절은 굉장히 깊으므로 그녀는 학대를 경험하고 살아남은 '생존자'로 여겨져야 한다.

⑤추방된 어머니는 애도의 첫 번째 단계인 부정(부인)에 머물러 있도록 강요당한다. 아이는 죽었지만, 어머니는 애도를 허락받지 못하는 것이다. 종결이란 없다.

⑥추방된 어머니는 정신분열증 수준의 이중 구속(딜레마)을 경험한다. "아이는 죽었지만, 아이는 죽지 않았어." "난 아이를 낳았지만, 난 아이를 낳지 않았어." "난 아이의 어머니이지만, 어머니가 아니야." 아이의 생일은 행복한 기념일이지만 그녀에게는 슬픈 시간일 뿐이다.

⑦추방된 어머니의 감정은 특별하고 비현실적이라는 특성을 지닌다. 그 마음속에는 분명치 않은 커다란 뭉치의 감정들이 뒤얽혀 있기 때문에 아이를 잃은 어머니는 스스로의 감정을 분리시키는 데 커다란 어려움을 겪거나 또는 이러한 것을 몸으로 경험한다.

⑧추방된 어머니는 현실의 삶을 살아가는 데 특별한 어려움을 겪는다.

⑨추방된 어머니가 치료사를 믿거나 공감해줄 것을 기대하는 것은 굉장히 어려운 일이다. 치료사는 종종 그녀와 공감하지 않거나 공감하

기 원치 않는 부분을 가지고 있기 때문이다.

ⓐ추방된 어머니의 경험은 치료사들이 전문적으로 배워왔던 것—뿌리 깊게 박혀 있는 전제들과 같은 것—에 대해 심각한 도전이 되기도 한다. 만일 치료사가 이 책에 쓰여 있는 것을 믿고 싶어 하지 않는다면, 그는 스스로에게 '왜'라는 질문을 던질 필요가 있다. 아이를 잃은 많은 어머니들은 스스로 상처의 크기를 믿고 싶어 하지 않으며 입양과 관련된 대부분의 것들 역시 믿고 싶어 하지 않을 것이다.

ⓑ아이를 입양한 경험이 있는 치료사는 자신의 '불임'에 대한 스스로의 감정을 다루고 싶어 하지 않는다. 게다가 치료사는 고객에게 부모처럼 행동하는데, 이와 같은 감정전이는 고객을 아주 어렵게 한다. (치료사와 추방된 어머니로 대표되는 두 어머니 사이의 갈등은 상담실에서 치료사가 마음이 두 갈래로 나뉘어 확실히 결정하지 못하고 갈팡질팡 할 때 더욱 커진다.) 또한 치료사는 아이를 입양해 기르지 않으면서 강력한 역(逆)감정전이를 경험하는 등 아이를 잃은 어머니와 일하면서 복합적인 어려움을 겪게 된다.

⑩추방된 어머니의 실존에 대한 경험은 아이를 잃어본 경험이 없는 어머니와는 완전히 다르다. 그러므로 치료사는 종종 고객의 내면세계가 어떤지조차 상상할 수 없고 어떤 지식도 없는 경우도 있다.

⑪추방된 어머니가 된다는 것은 마치 화성에 사는 사람이 목성에 살기 위해 적응하고자 하는 것과 같다고 볼 수 있다. 재회는 전형적으로 아이를 잃은 어머니의 초현실적인 특성을 보여준다. 재회 이후의 단계에서 어머니의 자아 상태는 시계의 초침보다 더 빨리 변한다. 아이를 잃은 어머니의 퇴행 상태는 치료사가 따라잡기 힘들 정도로 더욱 빠르게 변할지도 모른다.

⑫만일 입양된 아이와 그 어머니 사이에서 재회가 고려되는 경우에 치료사는 일반적으로 그 '아이'를 만나는 것을 통해 상담을 진행해나갈지도 모른다. 치료사의 훈련 과정이나 어머니의 인생 경험 속에서 그 둘 모두 이러한 사건에 대해 준비해본 적이 없다. 특히 아이를 잃은 어머니가 쓴 입양에 대한 문헌을 읽는 것은 이 일을 하는 치료사에게는 필수적인 부분이다. 치료사는 또한 입양아들이 쓴 글을 읽어야 한다. 이를 통해 치료사는 아이를 잃은 어머니의 재회를 보다 성공적으로 이끌어갈 수 있을 뿐 아니라 입양된 아이에게 무슨 일이 있을 때 어떤 감정을 느끼고 반응할 것인지를 이해할 수 있도록 도울 수 있다.

⑬치료사는 아이를 잃은 어머니가 재회 과정에서 어느 정도 수준의 매듭을 짓는 것이 가장 최선인지 그 개념을 받아들여야만 한다.

⑭치료사는 가능하다면 지지모임을 찾을 수 있도록 어머니를 도와야 한다. 아이를 잃은 많은 어머니들은 의도적으로 아이를 잃은 다른 어머니와 이야기해본 경험이 없고, 그렇게 하는 것을 극도로 무서워하는 경향이 있다. 지지모임 환경은 그 자체만으로도 상당한 치료 효과가 있다.

⑮치료사는 정말로 이 일을 이해하고 시작하기 위해 지지모임에 적극적으로 참석하고 입양과 관련된 글을 많이 읽고 입양 관련 컨퍼런스에 갈지 모르지만, 무엇보다 입양에 의해 영향을 받은 어머니와의 경험이 상당히 중요하다.

⑯가장 치료 효과가 높은 것 중 하나는 목소리를 높여 밖으로 표출하는 것이다. 말하도록 하는 것은 아이를 잃은 어머니에게 희망과 힘과 목적을 준다.

■ 요약

_입양과 연관된 일을 경험하는 것은 굉장히 평범하지 않은 일이다. 이 일을 하고자 하는 치료사라면 입양 때문에 상처받은 어머니를 돕는 시도를 하기 전에 여기서 제시하고 있는 엄청난 양의 '숙제'를 먼저 해결해야 한다.

제20장

지지모임 찾기

추방된 어머니는 입양에 대해 가지고 있는 감정들을 억누르느라 삶을 소비해왔다. 그녀는 자신이 겪었던 경험을 그 누구에게도, 특히 같은 경험을 한 여성과 결코 이야기하지 않는다. 지지모임을 통해 문제를 나누는 알코올 중독자나 다른 그룹처럼 입양 지지모임은, 보통 어머니나 전문적으로 훈련받은 치료사도 할 수 없는, 아이를 잃은 어머니가 자기들끼리 서로의 느낌을 공유할 수 있는 기회를 제공한다. (지지모임의 특징에 대해 알기 원하면 이 책의 전반부에 있는 '환영사'를 참조하라.)

많은 지지모임은 '입양'에 의해 영향 받은 모든 사람에게 열려 있다. 입양아들과의 교류 기회(이것은 처음에는 언짢을 수 있다)는 '아이를 잃은' 어머니가 자기 아이의 행동과 아이를 넘겨주는 기분을 이해하는 데 매우 귀중하다. 물론 아이를 잃은 어머니뿐만 아니라 입양에 의해 영향을 받은 모든 사람이 비슷한 경험을 가진 사람들로 구성된 지지모임으로부터 커다란 도움을 받을 수 있다.

지지모임을 찾는 것은 입양 관련 문제를 다룰 때 근본적으로 도움이 된다. 지지모임의 도움은 잃어버렸거나 원래 가족이었던 사람을 찾는 데 필요하며, 실행하기 어려운 계획을 지원해주고 가족을 찾고 다시 재결합하는 과정에서 일어나는 감정을 가라앉히는 데 도움을 준다.

입양아 찾기와 그것을 지지하는 집단은 미국 전역에 급격히 퍼져나갔고, 작은 규모의 단체도 많이 생겼다. 이번 장은 이러한 지지집단에 참여하는 것의 이점과 경험을 이야기하게 될 것이다.

■ 근거 없는 믿음

_지지모임에 참여하는 사람은 모두 약한 사람들이다.

_지지모임은 치료와 같다.

_지지모임은 클럽과 같다.

_지지모임은 시간낭비이다.

■ 사실

_오직 강한 사람들만 지지모임에 참여한다.

_지지모임은 긴장을 완화시켜주지만 그것을 치료라고 볼 수는 없다.

대부분의 입양 지지모임은 가정에 근원을 두고 있다. 그래서 전화번호부에 이들의 명부가 없다. 이 책의 부록 E에 나와 있는 웹사이트 '입양 교차로(Adoption Crossroads)'에 들어가 보라. 지역의 자선단체인 '재회의 길(United Way)'이나 정보교환 단체(Self-Help Clearing House 등)에 연락하라. 그리고 그 지역에 있는 어떤 집단을 알고 있는지를 물어라. 동네에 있는 도서관은 지역의 지지모임을 연결해줄 수 있으며 지역 신문에도 가끔 리스트가 나오니 참고하길 바란다.

인터넷으로 이러한 지지모임을 찾는 것도 효과적이다. 인터넷을 통한 대화 그룹도 도움이 될 수 있지만, 그것 자체로 얼굴을 직접 보며 만나는 지지모임을 대체할 수는 없다.

지지모임은 치료의 대용물이 아니며 치료는 지지모임의 필요를 배제하지 않는다. 치료와 지지모임에 동시에 모두 참여하는 것은 상승효과를 가져오며, 두 가지를 함께하는 것이 한 가지를 하는 경우보다 더욱 강력한 긍정적 효과를 가져올 수 있다. 지지모임은 비슷한 경험을 좋은 지지모임은 안전하고 괜찮은 공간에서 각 회원의 가치를 존중해주는 시설을 갖추어야 한다.…당신은 받아들였다고 느낀 상태에서 자신의 경험과 느낌을 정직하게 이야기할 수 있어야 한다.…초점은 각 회원의 개인적이고 독특한 치유 여정에 맞추어져야 한다._ 엘렌 바스 & 로라 데이비스 『치료할 수 있는 용기』

해왔던 누군가와 그리고 같은 경험을 해보지 못한 사람들이 할 수 없는 방식으로 감정이입을 할 수 있는 사람들과 함께 있을 수 있는 기회를 제공한다.

지지모임은 거대한 변화와 회복의 기회를 제공한다. 만일 당신이 지속적으로 지지모임 가운데 안전한 자리를 갖게 되면 고통, 분노, 슬픔 등을 표현할 수 있게 된다. 이로 인해 당신은 덜 불안하고 덜 우울하며, 인생이 당신에게 안기고 있는 어려움을 보다 잘 다룰 수 있게 될 것이다. 당신의 숨겨진 감정을 밖으로 표현함으로써 얻을 수 있는 이익은 감춰진 수많은 혜택 중 하나이다.

당신이 한동안 지지모임에서 활동한 이후에도 우울증을 느낀다면, 당신이 할 수 있는 몇 가지 선택이 있다. 당신은 우울함과 절망적인 상태 안에 머물도록 선택할 수 있다. 당신은 우울하지 않을 것을 선택할 수 있다. 당신의 잠재의식을 향해 마음속에서 "나는 우울하게 있는 것을 거절해!" 라고 말하는 것은 종종 효과가 있다. 세 번째 선택은, 우울 안에 있지만 그것을 즐기는 것이다. 가장 좋아하는 오래된 스웨터나 가운을 입고, 가장 좋아하는 읽을 만한 책, 볼 만한 영화나 음악을 고른다. 당신 스스로를 특별 대접할 수도 있다. 당신 자신을 (그리고 당신 내면의 아이를) 우울했던 아이가 대우받기 원했던 바로 그 방식으로 대접해라.

어머니로서의 자기 자신을 시도해봐라. 당신은 분명 그것을 맘에 들어할 것이다!

■ 요약

_지지모임은 당신이 자아 발견을 하는 데 가장 중요한 부분이다.

_지지모임과 치료는 서로 강화하는 특징이 있으며, 하나만 행하는 것보다 더욱 빠르게 당신의 회복과 치유를 도울 것이다.

■ 연습

_지지모임에 나가는 것을 상상하도록 노력하라. 어떤 느낌이 드는가? 당신의 느낌을 일기에 기록하라.

■ 그 순간을 경험하기

_당신은 두려워할 수 있으며, 심지어 이런 모임에 나가는 것에 대해 극도로 겁에 질릴 수 있다. 대다수 사람도 처음엔 겁을 먹는다. 이 모임의 모든 사람이 같은 입장에 있다는 사실을 잊지 마라. 모든 사람이 비슷한 경험을 가지고 있다. 실제로 지지모임이 세상에서 가장 안전한 장소로 여겨지게 될 수 있다. 이곳은 어쩌면 당신이 처음으로 이해받을 수 있는 공간일 수 있다.

제4부

회복을 향한 도전

추방된 어머니들은 대부분 아이를 잃은 후에 고통이나 분노, 슬픔이나 상실 같은 감정을 이야기하지 못한다. 입양에 대해 이야기하는 것과 관련한 금기는 때때로 비언어적이거나 간접적인 경우가 있다. 그런 경우가 있었다면 당신은 입양 언어를 알지 못하기 때문에 자신의 경험을 표현하는 법은 모른다. 이러한 균열을 치유하는 첫 번째 단계는 당신이 경험했던 감정과 생각을 설명할 수 있는 언어를 개발하는 것이다. 입양에 관한 느낌을 이야기하는 것이 아니라 아이를 상실한 느낌을 이야기하는 것이다.

추방된 어머니가 자신이 겪은 경험에 대해 어떤 감정도 인식하지 않는 일은 매우 흔하다. 무감각하게 되는 것은 고통을 피하기 위한 하나의 방법이다. 아이를 잃고 난 직후에 이와 같은 방법은 어머니를 도울 수 있지만, 성인이라면 자신의 감정을 실질적인 삶에서 진정으로 느낄 필요가 있다. 만일 자신의 감정을 두려워한다면, 이러한 감정이 자신을 죽이지 않도록 하는 방법을 배울 필요가 있다. 우리는 자신의 감정에 의해 정복당하지 않을 것이다. 처음에는 두렵게 느낄 수 있지만, 시간이 지날수록 진정한 느낌 때문에 죽지 않을 것이라는 것을 배운다. 분노하고 그것을 표현하는 것도 괜찮다는 것을 배울 필요가 있다. 슬프고 그것을 표현하는 것도 괜찮다.

인식하든 못하든 우리는 입양을 통해 세상을 본다. 우리가 자신의 아동 같은 내면을 인정한다면, 그 창문을 볼 수 있고 열 시간도 있을 것이다. 그러면 그 상처가 마치 있지 않은 것처럼 꾸준히 애쓰며 일하기를 시도하는 것보다, 그 피해를 치료하는 데 더 적은 응급약이 필요할 것이다._봅 앤더슨(Bob Anderson)과 로다 터커(Rhonda Tucker), 『왕래가 드문 다리(The Bridge Less Traveled)』

우는 것은 약한 것이 아니고 용기가 필요한 것이다. 스스로 울도록 놓아둔다면, 앞으로 영원히 울지 않을 것이고 고통으로 인해 다시는 마음이 부서지지 않을 것이다.

너무나 지독한 복통으로 의사에게 갔다고 한 번 상상해보자. (당신은 그 고통이 치명적이어서 두려워한다. 단지 당신이 그렇게 느끼기 때문에.) 의사가 이렇게 말한다. "긴장을 푸세요. 이건 그저 소화불량일 뿐이니 소화제를 드시면 됩니다." 통증 자체는 변하지 않았지만, 당신은 고통을 훨씬 덜 느낄 것이다. 원인을 알게 되어 덜 두려워졌기 때문이다. 즉, 이것은 감정으로부터 오는 두려움이다. 앞서 배웠듯이 당신이 느끼고 있는 실체와 그 원인은 당신이 경험하는 방법에 따라 감정이 변하기도 하고 고통이 줄어들기도 한다. 결국 당신의 느낌이 두려워하는 것을 실제로 멈출 수 있고, 당신의 세계에 대한 인식을 바꿀 수 있다. 상상해보라! 당신이 원한다면 당신이 가지고 있는 감정을 두려워하지 않게 된다는 것을!

몇몇 추방된 어머니는 어떤 감정을 느끼지만, 무엇을 느끼는지 설명하지 못한다. 천천히 내면의 자아를 유심히 관찰할 필요가 있다. 지지모임은 이런 변화에서 최고의 역할을 담당한다. 당신은 이러한 감정을 위해 다른 언어를 시험해볼 필요가 있으며 이것이 맞는지 확인해야 한다. 어쩌면 시간이 좀 걸릴지도 모를 일이다. 당신은 분노 슬픔 같은 감정이 잘못되었다거나, '좋지 않음' 또는 '그래서는 안 되는'이란 믿음을 가지고 있을 수 있다는 것을 명심하라. '감정' 자체는 옳다거나 나쁘다는 식으로 판단되어서는 안 된다. 당신은 감정 자체를 확인하고 그것을 터놓고 이야기할 필요가 있다.

상상해보자. 당신은 의사를 찾아가고 의사가 당신에게 왜 왔느냐고 이야기한다.

당신이 다쳤다고 하니, 의사는 어디를 다쳤느냐고 묻고, 당신은 모른다고 말한다. 또는 당신이 위가 아프다고 하면 의사가 자세히 고통을 설명해보라고 하지만, 당신은 그럴 수 없다고 말한다. 의사가 큰 도움이 될 수 없을지 모른다. 왜냐하면 신체적 고통을 이야기하는 데 필요한 어휘가 당신에게 부족하기 때문이다.

당신이 감정을 터놓고 이야기할 때 그것이 처음으로 진짜가 된다. 감정이 진짜가 될 때 당신은 왜 그것을 느꼈고 무엇을 느꼈는지 이해할 수 있게 된다. 그렇게 되면 당신에게 영향을 미쳤던 경험을 바꿀 수 있게 된다.

진짜 치유는 당신이 어디를 다쳤는지, 고통의 범위가 어느 정도인지, 왜 다쳤는지 알게 될 때 비로소 행해질 수 있다. 당신은 아이를 잃어버린 것에 대한 슬픔, 분노, 고통을 가볍게 여겨서는 안 된다. 만일 지난 일을 가볍게 여겨버린다면, 그것은 반창고를 붙이는 것과 같다. 반창고는 문제 해결에 도움을 줄 수 없다. 반창고는 고통을 잠시 덮어버릴 뿐이다.

당신은 가장 신성한 관계를 잃었음을 명심하는 것이 중요하다. 그리고 상실과 관련해 강한 감정을 경험하는 것은 이상한 일이 아니다. 만일 아이가 태어날 때 죽었다면 모두 비극이라고 인식했을 것이다. 당신은 장례, 기념식, 사진, 방문할 묘지를 갖게 됐을지도 모른다. 당신은 슬픈 감정이나 분노를 표출하는 것을 허락 또는 격려받았을 것이다. 당신은 슬퍼하고, 아이를 잃은 것에 대한 치유를 받게 될 것이다. 그러나 '입양'이라는 단어를 연결하자마자 대다수 사람들이 이 상실을 심각하게 보지 않거나 또는 상실이라고 여기지 않게 된다. 그러나 어머니 관점에서 보면 이 경험은 동일하다. 아이를 잃는 경험은 물리적인 죽음과 똑같다. 심리적인 죽음 역시 동일하게 슬프고 비극적인 일이며 그만큼 애도해야 하는 것이다. 당신 아이가 어디에 있는지 모르거나 잘 있는지 알고 있으면 쉽게 슬퍼할 수 없다. 이것을 부정하는 것은 현실을 부정하는 것이며, 애도를 허용하는 것과 슬퍼하는 것은 치료의 중요한 부분이 된다.

대다수 추방된 어머니들은 세상에서 안전감을 느끼지 못한다. 그들은 종종 상처받기 쉽고 이따금 불안감을 경험하기도 한다. 오늘날 세계에서 아이를 상실하는 일이 다시 일어날 것 같은 느낌은 어렵지 않게 느낄 수 있다. 아이를 잃었을 때와 같은 상실의 감정을 다시 체험하는 것은 충격적인 경험을 하고 살아남은 사람들의 특징이다. 당신이 아이를 잃었을 때 그 누구도 당신이 그것에 대해 이야기하는 것을 돕지 않았기 때문에, 당신이 엄습한 불안감을 느낄 때 무엇을 느끼는지 알 수 없게 됐는지도 모른다. 당신은 그저 죽는다는 것을 두려워한다. 당신은 이 같이 세상에서 가장 강력한 감정을 느낄 때 스스로에게 무슨 말을 해야 할지 알 필요가 있다.

대다수 어머니들은 뒤를 돌아보며 자신에게 무슨 잘못이 있었는지 궁금해 한다. 그들은 왜 자기가 아이를 지키기 위해 더 강하고 지혜롭지 못했는가에 의문을 품는다. 그들은 스스로를 비난한다. 그들은 자신이 얼마나 무력한 상황이었는지, 산 채로 부러진 상황에 있었다는 것을 볼 수 없다. 아이를 잃은 어머니의 인격 한 부분은 거짓믿음에 기반하고 있다. 치유는 이와 같은 거짓믿음 체계를 바로잡는 것과 관련되어 있다.

이러한 균열을 치료하는 첫 번째 단계는 그녀가 아이를 지킬 수 있을 만한 그 어떤 방법도 없었음을 이해시키는 것이다. 만일 방법이 있었다면 그녀는 그것을 사용했을 것이다. 어머니는 이 사실을 인지적으로 정확하게 이해하고 있어야 한다. 이와 같은 믿음이 인지 내에 굳건하게 자리를 잡으면, 그녀는 감정적인 수준에서 선택의 제한이 있었음을 믿는 과정을 통해 치유의 다음 단계로 나아갈 수 있다. 그녀가 이 같은 감정적인 단계로 나갈 준비가 되면 스스로에게 이렇게 할 수 있다. 젊었을 당시를 마음속에 상상해보라. 어머니로서의 당신을 그려보며 마음속으로 크게 외쳐라. "당신은 선택의 여지가 없었어. 아이를 떠나보낸 것은 당신 통제하에 있던 일이 아니야. 당신은 잘못이 없어. 충분히 사랑스럽고 가치 있는 존재인 당신이 비난받을 필요가 없어. 당신과 나, 우리는 둘 다 괜찮아." 당신과 당신 내면의 아이에게 이 사실을 확실하게 말하는 동안 실제 세상에서는 아무 일도 일어나지 않는다. (당신 내면의 아이에게 거짓말할 수 없으므로 절대적으로 또한 지적으로 이러한 진술이 진실이라고 믿어야 한다.)

만일 당신이 고통의 엄습이나 불안감을 느낄 때 마음속으로 크게 외쳐라. "이젠 아무 일도 일어나지 않아. 나는 그것이 어떤 느낌인지 알아. 하지만 괜찮아. 진정하자." 당신이 이렇게 당신과 당신 내면의 아이에게 말하는 동안 실제로 아무런 일도 일어나지 않는다는 것을 명심하라.

당신은 자신 그리고 내면의 아이와 어떻게 하면 더 나은 의사소통을 할 수 있을지 배우게 될 것이다. 또한 내면의 아이를 좀 더 기분 좋게 할 수 있는 또 다른 것들을 배우게 될 것이다. 어떻게 '시각화(visualization)'를 이용하는지, 당신의 요구만 있으면 비싸지 않은 휴가를 갈 수 있는 '안전지대'를 만드는 방법 등을 배울 것이다. 이 안전지대는 내면의 아이와 함께 일하는 본거지가 될 것이다. 내면의 아이가 집으로 돌아와 당신과 함께하길 '원한다'는 것을 알게 될지 모르는데, 이와 같은 재부모화는 대단한 축복이 될 수 있다.

당신은 아주 초기의 강력한 감정을 다루게 될 것이기 때문에 그것을 두려워하게 될지도 모른다. 하지만 당신은 이러한 감정을 완벽히 다루는 법을 배우게 될 것이다. 치유를 위해서 당신은 과거로 돌아가 처음에 일어났던 그 일(아이를 잃은 일)을 경험해야 한다는 것을 기억해라. 그렇게 함으로써 당신은 정확히 무슨 일이 있었는지, 어떻게 생존했는지 알게 되고, 생존하기 위해 당신이 가졌던 강점을 새롭게 인식하게 될 것이다.

제4부의 장들에서 다음과 같은 것을 배우고 알게 될 것이다.

- 분노의 감정을 어떻게 쏟아버리는지 배울 것이다.
- 필요할 때 당신 내면의 아이에게 털어놓음으로써 확언(affirmation)을 배우게 될 것이다.
- 당신이 분노하고 슬퍼했던 모든 것에 대한 목록을 작성하게 될 것이다.
- 눈물이 자신에 대한 유감의 감정이 아니라 당신에게 일어났던 일에 대한 감정인 것을 인식하게 될 것이다.
- 당신의 상실에 대해 애통해야 한다는 것과 당신의 상실이 존중받지 못했었음을 깨닫게 될 것이다.
- 당신만의 두려움과 감정을 존중하는 법을 알게 될 것이다.
- '나는 느낀다'는 표현을 연습하게 될 것이다.
- 당신의 감정에 도전하지 않고 대화를 나눌 만한 사람들을 찾을 것이다.
- 당신의 상처가 완전하게 깨끗이 치료될 수 있음을 깨닫고 이를 배울 것이다.
- 치유는 감정적인 치아 신경 치료에 비유될 수 있는데, 이는 매우 고통스럽지만 건강을 위한 유일한 방법이라는 것을 인식하게 될 것이다.

제21장

내면의 아이 치유: 혁신적인 접근

그간 입원 치료를 필요로 하는 정신질환을 가진 많은 어머니들이 나를 찾아왔다. 그들은 자신이 미치지 않았다고 말하지 않은 것은 쉬웠지만(그것이 사실이므로), 그들의 상황은 매우 미치거나 심각하게 파손되어 있었다. 나는 그들의 상황 인식방법이 변화되도록 돕고 있다. 이러한 변화는 내면의 아이와 관련된 작업의 핵심이다.

추방된 어머니들의 경험은 아이를 잃은 트라우마 때문에 억압되어 있다. 어머니는 살아남기 위해 아이를 잃은 슬픔, 분노, 고통의 감정을 억눌러야만 했다. 내면의 아이 작업은 슬퍼하고 치유하고 이전 삶에서 견뎌왔던 상실을 최대한 회복시키는 효과적이고 덜 시간소비적인 방법을 제공한다. 나는 내면의 아이 작업이 신속하기 때문에 기존의 전통적인 치료보다 더 경제적이라고 생각한다. 내면의 아이라는 말이 마치 별 의미 없는 심리학적인 용어를 늘어놓은 듯하거나 줄임말처럼 보인다면, 이 작업에 당연히 회의를 가질 수 있다. 그래서 나는 다음과 같이 제안한다. 어떤 이가 발끈하고 성내는 성미를 가지고 있을 때, 나는 그들이 분명하게 두 살짜리 아이처럼 행동하기를 희망한다. 실제로 두 살배기(내면의 아이)가 어른의 행동에 통제를 가해왔다는 것이다. 성인인 그녀가 두 살짜리처럼 행동하고 있다고 말해보라. 그녀는 더 화가 날 것이고 이를 거부할 것이다.

당신 내면의 아이는 당신 과거의 여러 시점에서 일어났던 느낌, 생각

아이의 감정이 (특히 분노를 느끼고 상처받은 감정이) 표출되지 못하는 경우 그는 자신의 내면에 분노로 인해 상처받은 아이를 지닌 성인이 될 것이다. 이 아이는 성인된 그의 행동을 자연스레 훼손하기 마련이다._존 브래드쇼(John Bradshaw), 『귀향: 내면의 아이의 도전과 승리(Homecoming: Reclaiming and Championing Your Inner Child)』

그리고 감정을 대변한다. 우리 안에 있는 내면의 아이는 과거에 존재했던 각기 다른 경험과 순간을 대표한다. 내면의 아이는 바깥세상 어른들의 가르침이나 기대에 의해 부담을 느끼지 않는다. 그가 가지고 있는 감정이나 느낌은 어린 당신 스스로의 가공되지 않은 진짜 감정이다. 성인인 당신은 자기 내부 속에 깊이 잠재해 있는 내면의 아이 안에서 그런 감정을 배우기 시작할 것이다. 당신의 성인 자아는 내면의 아이가 당신 어릴 적의 모습이라는 것을 알 필요가 있다. 모든 감정을 가지고 있고 장난기 많고 순진한 이 모습은 당신이 어렸을 때의 모습과 같다. 어려운 일을 겪는 동안 당신을 진정시키기 위해 "긴장 풀어"라고 마음속으로 자신에게 말해본 적이 있는가? 만일 그런 적이 있다면 당신은 이미 내면의 아이 작업을 해본 것이다.

현재 느끼고 있는 우리 안의 많은 고통과 분노는 해결 불가한 고통스러운 과거 경험에 기반한 경우가 많기 때문에 상처받은 아이에게 '말하는' 방법을 찾는 것은 치유에 굉장히 좋은 기회를 제공하는 것이 될 수 있다. 내면의 아이 작업을 통해 당신은 잠재의식에 접근하는 방법을 얻을 수 있고 스스로에 대해 생각하는 방법을 바꿀 수 있다. 성인으로서 겪는 어려움은 대부분 잘못된 믿음—어린 시절 사물을 이해하는 방식의 결과물—으로부터 온다. 보통 나쁜 일이 발생할 때 사람들은 종종 그

내면의 아이에 관한 놀라운 사실 세 가지는 사람들이 내면의 아이에 관한 작업을 하면서 변화하는 속도, 변화의 깊이, 그리고 과거의 상처가 치유된 결과로 인한 능력과 창의성이다._존 브래드쇼, 『귀향: 내면의 아이의 도전과 승리』

릇되게 자책하는데, 당신이 성인으로 갖고 있는 많은 상처를 해결하는 길은 자신 속에 있는 내면의 아이가 지닌 자책감을 제거하는 것을 도와주는 데 있다는 것을 알아야 한다.

내면의 아이 작업에는 몇 가지 실천이 동반된다. 나는 독자들이 이 작업을 잘 해나갈 수 있도록 도움을 주는 책으로 『내일은 어떻게 될지(What We May Be)』와 『귀향(Homecoming)』를 추천한다. 부록 E의 추천도서에 내면의 아이 작업과 관련된 다른 책들도 함께 정리해두었다. 내 의도는 어떤 다른 모습을 보여주고자 하는 것이 아니라 추방된 어머니의 치유와 관련된 내면의 아이 작업을 설명하고자 하는 것이다. 그리고 최근의 몇 가지 방법과 내면의 대화 사례는 특별히 아이를 잃은 어머니를 치유하는 데 도움이 될 것이다.

■ 근거 없는 믿음

_내면의 아이 작업은 의미 없이 쓸데없는 심리학적 용어를 지껄이는 작업이다.

_내면의 아이 같은 건 없다.

■ 사실

_내면의 아이는 잠재의식을 관찰하고 의사소통하는 방법이자 개념이다.

_인간은 각기 다른 시기에 따라 많은 내면의 아이를 가지고 있다.

이 장을 더 읽기 전에, 이 책의 앞부분에 있는 '주의 깊게 진행하기'(18

쪽)를 다시 한 번 읽길 권한다. 만일 당신이 치료 중이라면 이 작업을 하기 전에 치료사와 상담을 해보길 바란다.

당신이 이 작업을 하면서 어린 시절 모습을 떠올리는 일은 매우 중요하며, 그 시절의 자기를 연민하고 존중할 수 있어야 한다. 이렇게 하면 당신 내면의 아이를 항상 존중할 수 있다. 그 아이가 지닌 상처, 분노, 슬픔을 존중해라. 이제 제27장 '우리가 전혀 갖지 않았던 존중'을 읽기에 적당한 시간이다. 당신이 내면의 아이를 잘 다루고 그 아이의 반응에 24시간 깨어 있는 것이 중요하다. 당신이 그 아이와 함께 있을 때 아이가 하고 싶은 대로 하게 내버려두어라. 만일 그녀가 화를 내고 소리 지르길 원한다면 그렇게 하도록 하라. 만일 그녀가 냄비와 프라이팬을 '쾅' 하고 내려치길 원한다면, 멋진 일이다. 항상 그녀가 스스로의 감정을 느낄 수 있도록 격려하고, 지금은 안전한 상태이며 무슨 일을 하더라도 벌 받지 않을 것임을 아이가 알게 하라. 당신은 지금 그 아이를 '돌보고' 있기 때문이다. 이러한 '돌봄(양육)'은 그녀가 마땅히 부모나 사회로부터 받았어야만 하는 방식으로 아이를 돌보는 것이다.

먼저, 제23장에 나오는 기본적인 시각화 기술을 배워보자. 당신의 안전한 장소로 들어가라. 그리고 마치 물에 둥둥 떠 있는 듯한 자세로 누워 아이를 잃었던 바로 그 직후 시점의 나이로 돌아가라(당신을 치유하는 작업을 하려는 이 책의 목적을 위해 항상 이 나이로 돌아간다). 그 그림 속으로 들어가 어린 당신 앞에 서라. 그리고 크게 말하라. "안녕! 나는 네가 어른이 된 모습이야. 난 너를 돕기 위해 이곳에 왔어!" 그녀의 기분이 어떠한지 물어보라. 그녀는 어쩌면 당신과 이야기하고 싶어 하지 않을지도 모른다. 그녀에게 이 세상 그 누구보다도 '당신'은 그녀가 믿을 수 있을 만한 사람이라고 이야기하라. 하루에 몇 번이고 이와 같은 이야기를 하면서 그녀가 이 관계를 믿을 수 있도록 상황을 발전시켜라. 그녀에 대해 인내심을 가져라. 그녀는 아마도 오랫동안 감정과 관련한 이야기를 할 만큼 충분히 믿을 만한 사람을 만나본 적이 없었으리라. 당신을 믿는 데 시간이 필요할 것이다. 그녀가 무슨 이야기를 하든지 그녀가 이야기하는 것을 중단시키지 마라.

당신이 내면의 아이에게 말하는 모든 것을 지적으로 이해하고 믿어야만 한다(가령 그녀가 아이를 넘겨준 것은 그녀의 탓이 아니라는 사실을 이해하고 믿어야 한다). 만일 당신이 그녀에게 말하는 것을 지적으로 믿지 않는다면 그녀 역시 믿을 수 없을 테니 말이다. 그녀에게 진실만 말하는 것이 그녀가 진실을 볼 수 있도록 돕는 길이다. 그 아이에게 일어났던 모든 진실은 그녀의 잘못이 아니며 그녀가 통제하지 못할 것들이었다.

이 책에 나와 있는 모든 시각화 기술과 확언은 스스로 내면의 아이를 치유할 수 있도록 한다. 당신은 내면의 아이와 이야기하기 위해서 당신만의 의사소통방법을 발전시킬 필요가 있을 것이다. 그녀는 스스로 그 누구보다도 무엇을 필요로 하는지를 잘 알고 있다. 만일 그녀에게 무엇이 필요한지 묻는다면 대답할 것이다. 그 말에 귀를 기울여라. 그녀의 소망을 존중하고 고통을 이해하며 당신이 할 수 있는 한 그녀를 도와라. 그녀는 희생자(피해자)임을 잊지 마라. 그녀에게 일어났던 그 어떤 일도 그녀의 책임이 아니다. 그녀의 상황은 충분히 공감을 불러일으킬 만하다.

당신이 내면의 아이와 대화를 할 때 가장 중요한 두 가지 요소는 다음과 같다.

첫째는 '사랑스러운 확언'이다. 당신 내면의 아이에게 큰소리로 말해주어라. "너는 아이를 잃은 것에 대한 책임이 없어. 나는 네가 느끼고 있는 감정을 알고 있어. 너에게 일어난 모든 일은 네 잘못이 아니야. 우리는 괜찮아." 그녀에게 이 말을 종종 해주어라. 그녀를 안아주어라. 그녀에게 사랑한다고 말하라. 그녀에게 '24시간 대기 중'이라고 이야기하라. 잠시 자리를 비워도 되겠는지 물어보지 않은 채 그녀 곁을 떠나서는 안 된다. 만일 그렇다면 모든 것을 다시 시작해야 할지 모르기 때문이다. 지금까지 알려준 것을 가능한 만큼 자주 그리고 계속 진행해라(한 시간에 여섯 번, 한 달 동안 매일 아침 일어나는 시간을 이용하면 괄목할 만한 변화가 있을 것이다).

둘째는 '반(反)공황 또는 반(反)불안 확언'이다. 불안감을 느낄 때 아무 일도 일어나지 않을 것이라는 것을 증명하기 위해 방안을 돌아다니며 말하라. "이제 아무런 일도 일어나지 않아. 난 그 기분이 어떤 것인지 알아. 하지만 방금 상황을 확인했고 그건 아무것도 아니었어. 편안하게 쉬도록 해. 난 여기에 있어. 우린 안전해."

당신은 당신의 스타일대로 이 확언(지지)을 바꿀 수 있고, 상황에 맞게 적용시킬 수 있다. 당신은 하루에 여러 번 내면의 아이를 방문해 의견을 밝히는 것이 중요하다. 그녀와의 활동을 계획하라(부록 D에는 내면의 아이와 함께 할 수 있는 활동이 적혀 있다). 이것은 몇 초 정도밖에 걸리지 않지만, 그녀는 훨씬 좋은 기분을 느낄 수 있게 될 것이다. 언제라도 무언가가 당신을 화나게 하거나 무엇이 왜 잘못되었는지 알 수 없을 때, 당신 내면의 아이에게 무엇이 잘못되었는지 말해달라고 물을 수 있다. 그녀는 아마도 당신에게 정확히 대답해줄 것이며 (어른인) 당신은 그것을 다룰 수 있을 것이다.

당신이 지금 하고 있는 것은 내면의 아이를 잘 돌보는 일이다. 당신은 그녀의 감정과 진정한 자아를 인정함으로써 과거에 다루어져야 했

만약 내가 어머니에게 화내는 것을 멈춘다면 나는 어머니를 잃을 것이다. 내가 어머니에게 할 수 있는 것은 이것이 전부이며 나는 이것을 포기하고 싶지 않다._16세의 여성 입양인

던 방식대로 그녀를 대하는 중이다. 이것은 당신이 전혀 알지 못했던 내면의 평화를 당신과 당신 내면의 아이에게 제공할 것이다. 어느 날 당신과 아이는 두려움에 떨지 않게 될 것이고 불안감이 없이 살아가게 될 것이다. 이와 같은 단계는 여기서 설명된 작업을 통해 도달할 수 있다. 솔직히 말하면, 이것은 쉽지 않은 일이다. 그렇지만 당신이 더 이상 두려움을 갖지 않게 되는 그때 진정 자유로워질 것이다. 그것은 당신이 스스로에게 줄 수 있는 가장 큰 선물 중 하나가 아닐는지?

자신의 감정을 계속 거부해왔던 여성은 고통이라는 감옥에 갇힌 채 죄수처럼 살아가며 무의식적으로 이 감정을 드러내는 것을 피하는 데 익숙해지게 된다. 이것은 이해할 만한 일이다. 왜냐하면 이는 고통이 구석구석에 배어드는 일일 것이기 때문이다. 당신이 내면의 아이 작업에 익숙해지게 되면 당신의 고통을 경험할 수 있게 스스로에게 허락하라. 그리고 그것이 치유와 자유로의 과정임을 인식하고 힘들지라도 받아들여라. 당신은 더 이상 죄수가 아니다.

또한 당신은 이 같은 변화가 종종 무서운 것이라는 것을 깨달을 필요가 있다. 치유는 확실히 고통, 분노, 슬픔을 동반한다. 가령 아이를 잃은 어머니는 죄책감과 수치심을 어떻게 다루어야 하는지 전문가만큼이나 확실히 알고 있다. 작아서 맞지 않지만 버리기 아까운 신발처럼 버릴 수 없는 것이다. 어떤 변화가 두려우며 왜 두려운지에 대한 목록을 작

성해도 좋을 것 같다. 당신이 고통, 분노, 슬픔을 포기한다면 어떤 일이 진짜로 일어나겠는가? 당신은 이것을 어디에 놓을 수 있을까? 창조적이어야 할 때이다!

■ 요약

_내면의 아이 작업은 어린 시절의 고통과 상처를 줄이거나 해결하는 방법이다.

_당신은 몇 가지 기초적인 안내를 따라 스스로 내면의 아이 작업을 할 수 있다.

_당신은 이 작업을 통해 마음의 평안을 얻을 수 있다.

■ 연습

_당신의 눈을 감고 상상해보라. 당신이 다시는 이와 같은 두려움을 느끼지 않을 수 있다면 어떠할 것 같은가?

■ 그 순간을 경험하기

_당신은 편안한 생각을 통해 적잖은 행복감을 경험했을 수도 있다. 그 경험을 즐겨라. 사랑의 확언을 한 번 말하라. 당신 내면의 아이와 함께 뭔가 즐거운 일을 하라.

제22장

분노

분노는 인간이 가지는 가장 기본적인 감정 중 하나이다. 아이는 인생의 첫날 극심한 분노를 보일 것이다. 만일 아이가 수유 중인 어머니의 젖이나 우유병으로부터 분리되면, 조그마한 주먹을 꽉 쥐고 얼굴이 붉게 변하면서 격렬한 분노가 담긴 울음으로 터뜨릴 것이다. 이것은 정상적이고 건강한 반응이다.

■ 근거 없는 믿음

_분노는 끔찍하다.

_화가 났다고 말하는 사람들이 화난 사람들이다.

■ 사실

_분노는 끔찍한 것이 아니다. 분노에 차서 무언가를 한다는 것이 더 끔찍한 일일 수 있다.

_사람들이 자신이 화났다고 이야기할 때 이것은 그 사람이 화난 사람이라는 것을 의미하지 않는다. 이것은 그들이 무언가에 대해 화가 났고 화를 표현하는 것은 건강한 것이다.

성인이 되면 어떻게 분노를 조절하고 사회적으로 용인되는 방법으로 표현할 수 있을지 배우게 되지만, 불행하게도 많은 사람들이 이를 잘 습득하지 못한다. 그들은 분노를 쌓아두었다가 그대로 표출하곤 하는데 이는 매우 마음을 아프게 한다. 표현되지 않은 분노는 항상 우리

몸의 고통에 대해서는 몸에게 말하라. 몸에게 "내가 돌볼게. 나는 너와 싸우기보다는 네 협조가 필요해. 그러면 우리 둘 다 나아질 거야." _ 줄리, 37세 입양인

에게 영향을 미친다. 만일 우리가 분노를 소리 내어 말하지 않고 밖을 향해 행동하게 되면 주변 사람들이 상처를 받게 되고, 또는 안을 향해 작용하면 스스로에게 상처를 주게 된다. 표출되지 않은, 억눌려진 분노는 관계를 방해하고 사람들을 밀어내고 심리적인 질병상태에 놓이게 하고 누군가의 몸에 나쁜 짓을 하는 행동의 가장 큰 원인이 된다. 분노를 갖는다는 것은 나쁜 일이 아니다. 그러나 분노가 건전한 방식으로 표현되고 인식되고 의식되는 방식을 배운다는 것은 매우 중요하다. 분노(anger)는 '위험(danger)'에서 철자 하나 뺀 말로, 우리가 분노의 감정을 어떻게 다루어야 할지 모른다면 그것은 실제로 매우 위험해질 수 있다.

분노는 독소의 폐기물 같지만 재활용이 가능하다. 긍정적인 방향으로 돌린다면 분노를 줄이거나 완화할 수 있다. 이를 위해 당신은 마음속으로 짧은 몇 개의 단어를 크게 말하기만 하면 된다. 당신은 이것을 느낄 필요가 없고 또는 심지어 왜 그것이 거기 있는지 알 필요도 없다. 당신은 이렇게 말하면 된다. "나는 내 분노를 운동하는 데 사용할거야." "난 이 분노를 가져다가 페인트칠 하는 데 사용할 거야." 청소, 설거지, 운동, 걸레질, 조깅, 그림 그리기, 악기 연주, 노래, 걷기, 시 쓰기 등과 같은 일상적인 활동은 변화를 제공한다. 어떤 신체활동은 당신의 분노를 쏟는 데 유용할 수 있다. 그러나 책을 읽거나, TV를 보거나, 음악을 듣는 것으로 분노의 방향을 돌리려 하면 안 된다. 정적(靜的)인 활동은 분노를 잘라내지 못한다. 당신은 마음속으로 이렇게 말해야 하는 것이

다. "나는 내 분노를 이 의자에서 일어나 집 안을 청소하는 데 갖다 쓸 거야!"

분노를 쏟아낼수록 당신은 좀 더 좋은 기분을 들 것이다. 분노가 적어질수록 삶을 살아가는 데 더 많은 에너지를 갖게 될 것이다. 분노를 다른 곳으로 돌릴 때 당신은 진정으로 잠재된 의식과 이야기하고 잡다한 생각을 차분히 정리할 수 있을 것이다. 당신은 문자 그대로 분노의 통제에 사용하던 에너지를 자유롭게 풀어주고(해방!), 좋은 에너지를 저장할 수 있게 된다. 정기적으로ㅡ하루에도 여러 번ㅡ분노를 쏟아낼 때 당신은 더 이상 마음속으로 크게 외치지 않아도 될지 모른다. 당신은 분노를 삶의 방식으로 쏟아낼 것이고 자동적으로 기분이 훨씬 나아질 것이다.

당신의 분노에 이름을 붙여줌으로써 분노가 삶을 방해하거나 길을 막을 때 옆으로 비켜 있으라고 말할 수 있다. 분노에 이름을 붙이고 분노와 친밀해짐으로써 분노가 당신의 친구가 될 수 있음을 깨닫는 것은 큰 도움이 될 것이다. 당신이 분노하는 대상이 당신의 관심을 요하는 대상이 된다.

이미 벌어진 사건에 대해 분노를 표출하는 것이 당신의 삶을 결코 방해하지 않는다는 것을 배울 수 있다. 이와는 반대로, 분노는 당신의 삶을 강화시킨다. 좋은 방식으로 화가 났다는 사실을 주변 사람에게 알리게 되면, 어떤 면에서 그들은 더 협조적인 방식으로 반응할 수 있다. 만일 분노를 당신 안에만 두면 아무도 무엇 때문에 당신이 어려움을 겪는지 모르게 되는데 당신은 갑자기 주변 사람에게 이를 폭발시켜버림으로써 관계를 망치게 될 수 있다. "나는 무엇 때문에 화가 났어"라고 말하는 것은 결코 잘못된 일이 아니다.

한 훌륭한 의식 제고 그룹은 여성에게 화를 내도록 허가해준다. 좋은 친구나 좋은 치료사도 이렇게 한다._로빈 모건(Robin Morgan), 『자유의 해부학(Anatomy of Freedom)』

당신은 종이 위에 그림을 그리거나 분노로 무언가 하는 것을 머릿속에 상상하거나 또는 "난 화가 났어"라고 속삭이듯 말하는 것만으로도 분노를 다룰 수 있다. 이것은 분노가 너무 커서 당신을 두렵게 할 때 종종 안도감을 제공한다. 당신의 분노는 때때로 폭발적이고, 가끔 표현하기에는 안전하지 못하게 느껴질 수도 있다. 하지만 당신이 분노를 숨기고 참고 있다면 그것이야말로 진짜 위험하고 파괴적인 것이 되어버린다. 지지모임의 좋은 점 중 하나는 당신에게 분노를 표현할 수 있는 안전한 장소를 제공한다는 것이고, 분노를 인정받고 동시에 그것을 다루는 새로운 방법을 당신에게 가르쳐준다는 것이다.

마지막으로, 당신의 분노에 관해 일기에 쓰는 것도 종종 도움을 줄 수 있다. 당신이 무엇에 화가 났는지에 대해 오늘부터 과거까지 리스트를 만들어보라. 새로운 것도 생각해보고 추가하라. 이러한 과정은 리스트 목록에 '가중치'를 주는 데 도움이 될 것이다. 각각의 분노 항목에 1~10의 점수를 매겨 각각에 얼마나 분노하는지를 기록하라. 1부터 10은 물론, 100 또는 1,000까지도 매길 수 있으며, 어떤 사람들은 실제로 1에서 100만까지의 기준을 사용하기도 한다. 당신이 할 수 있는 것을 하라.

제23장

시각화 기술

이제 시각화 방법을 배울 시간이다. 시각화 기술을 배우는 것은 치유를 위한 도구를 다루는 것과 같다. 먼저, 어떻게 '휴식'하는지를 배워야 한다. 소파나 마루처럼 편하게 누울 만한 편안한 장소를 물색하라. 되도록 평평하게 누워라. 필요하다면 옷을 느슨하게 풀고 꼭 끼이지 않게 하라. 두 손을 몸 옆에 나란히 두어라. 마음속으로 고요하게 "느긋해지자"라고 안심시키듯 말하라. (이것을 휴식 운동 중에 종종 반복하라.) 깊이 그리고 천천히 호흡해라. 신중하고 천천히 다음을 따르라. 우선, 당신 왼쪽 발가락을 꽉 조여라. 몇 초 동안 긴장감을 유지한 후 발을 편안하게 하라. 그다음, 왼쪽 발목을 팽팽하게 하라. 몇 초 동안 긴장감을 유지한 후 편안하게 하라. 같은 방식으로 왼쪽 종아리와 허벅지도 힘을 주어 긴장감을 주었다가 편안히 하며 운동하라. 당신의 모든 왼쪽 다리가 얼마나 이완되었는지를 주목하라. 이제 오른쪽 다리에 같은 방법으로 적용하라. 그러고 나서 긴장했다가 이완하는 방법을 엉덩이근육, 골반, 복근, 가슴근육에도 적용하라. 또한 왼손 주먹을 꽉 쥐고, 팔꿈치를 꼭 조이며, 왼팔 전체의 근육을 긴장시켰다가 이완시켜라. 오른쪽 팔에도 적용하라. 그리고 어깨근육, 목근육, 머리근육, 얼굴근육에도 같은 방법을 적용해라. 당신 기분이 얼마나 이완되었는지를 인식한 뒤 다시 "느긋해지자" 하고 마음속으로 이야기한다.

이렇게 움직이고 나면 운동을 위한 명령어를 자신의 목소리로 녹음

하고 싶을 수도 있다. 당신의 목소리는 당신을 더욱 편안하게 해주고, "긴장을 풀어라"고 말하는 자신의 목소리에 반응하는 능력이 강화될 것이다.

이와 같은 동작을 몇 차례 반복한 후 당신은 아마도 휴식 상태로 접어들 수 있게 될 것이다. 단지 누워서 "느긋해지자"라고 말하는 것만으로도 말이다. 그러나 서 있는 동안에는 시도하지 마라. 너무 많이 이완되어 넘어질 수도 있다. 당신이 여전히 이완되어 있는 동안 가장 좋았던 휴가지나 스스로 편안해지고 안전함을 느낄 수 있는 장소에 대해 그림을 그려본다. 캐리비안의 해변이나 산 정상의 호수, 숲처럼 당신에게 안전함과 이완감을 주는 곳이면 된다.

그리고 실제로 당신이 그 안전한 곳에 있다고 상상하라. 당신은 바다 공기 또는 소나무 향을 맡고 있을지 모른다. 갈매기나 새들이 보일 수도 있다. 파도소리, 잎사귀를 스치는 바람소리를 느낄 수도 있고, 태양을 온 몸으로 느끼고 있을지도 모른다. 당신의 몸을 그 안전한 장소에서 편안히 쉬도록 하라. 당신은 원할 때 언제든지 이 공짜여행을 갈 수 있다. 이것을 사무실에서 오후에 짬을 내어 1~2분 정도 할 수도 있다. 항공료도 대기시간도 없이 이 세상 어디든 즉시 여행할 수 있다. 당신의 상상은 여행사가 되고, 이 같은 시각화 자체가 당신의 휴가가 된다. 당신이 준비되면 언제나 "지금 그리고 여기"로 다시 떠올리면 된다. 안전한 당신만의 장소에서 이루어지는 이완 운동과 시각화는 당신 내면의 아이와 함께하는 작업을 촉진시켜준다.

같은 방식으로 시각화 운동을 시작하자. 눈을 감고 "느긋해지자"라고 마음속으로 말한다. 안전한 장소로 가라. 그러고 나서 시각화를 시작해라. 처음에 당신 내면의 아이는 멈칫거릴 수 있다. 그녀가 당신과 대화하기를 원하지 않을 수도 있다. 인내심을 가지고 그녀를 대하라.

당신이 제대로 말하고 그녀를 다루는 방법을 알고 서로 신뢰가 쌓일 때까지 그녀가 희생자이며 당신을 믿지 않을 수밖에 없는 이유를 가지고 있다는 사실을 기억하라. 그녀에게 일어났던 상황에 대해 충분히 공감한다면 그녀도 당신의 마음을 알게 되고 신뢰하게 될 것이다. 당신이 그녀를 알게 되고 그녀가 당신을 신뢰하게 될 때 다음과 같은 내면의 아이 운동을 비로소 할 수 있게 된다.

①오른쪽 위로 잃어버린 당신의 아이를 볼 수 있을 때까지 바닥에 누워 긴장을 풀고 몸과 마음을 편안히 하라. 이제 그림 안으로 들어가 그녀에게 안녕 하고 인사하라. 당신이 그녀를 사랑한다는 사실을 이야기하고 안아주고 싶다고 말하라. 그리고 그녀의 기분이 어떤지 물어라. 그녀의 기분을 확인하되 그녀가 느끼고 있는 오해를 교정하려고 노력하지 마라. 이제, 그녀에게 자신의 아이를 안고 싶은지 물어보라. 만일 그녀가 "아니요"라고 대답하면 왜 안고 싶지 않은지 말해주지 않겠냐고 물어라. 만일 그녀가 "네"라고 대답하면 그녀가 아이를 안고 있는 모습, 가령 아이에게 젖을 물리고 있는 모습을 상상해보라. 당신이 원하는 만큼 시각화해보라. 그리고 준비가 되면 천천히 '지금, 이곳'으로 돌아오라.

②당신 내면의 아이에게 그녀가 당신과 함께 이사하기 원하는지 물어보라. 만일 "네"라고 대답하면, 지금 집에서 그녀를 위한 추가적인 부분을 창조해내라. 그녀에게 원한다면 어떤 방식으로 집을 꾸며도 된다고 이야기하라. 예를 들어, 그녀가 보기 원하는 영화가 있다면 즉시 TV에 세팅될 것이며, 그녀가 원하는 책이 있다면 즉시 선반에 오르게 될 것이다. 이러한 생각은 그녀가 엄청난 고통을 겪었던 장소로부터 멀리 떨어질 수 있도록 하는 데 도움이 될 것이다. 당신이 시각화하는 동

시각화를 위한 집중력은 우리의 초자연적인 메커니즘 전체가 발휘한 진정한 추진력이다. 아무것도 우리의 행동 역량을 그 어떤 발전보다 높일 수 없다. 분야를 막론하고 어떤 성공이든 이 역량의 지능적 사용으로 설명될 수 있다. 집중력을 극대화하는 것은 아무것으로도 막을 수 없다._피에로 페루치(Piero Ferrucci), 『내일은 어떻게 될지(What We May Be)』

안 그녀에게 과거에 겪었던 고통이나 '나쁜' 것이 이곳에서는 절대로 그리고 결코 일어날 수 없을 것이라고 설명해야 한다. 그녀가 새롭고 스트레스 없는 공간에서 실컷 즐길 수 있도록 해줘라. 그녀는 그럴 만한 자격이 있다. 이러한 상상 끝에서 당신 내면의 아이에게 일 때문에 잠시 떠났다 와도 괜찮겠느냐고 물어라. 그녀가 원하는 것이라면 무엇이든 할 수 있다는 것을 알려주고, 당신이 곧 돌아올 것이라고 이야기하라. 또한 그녀에게 만일 당신이 빨리 돌아오길 바란다면 언제든 연락할 수 있다고도 이야기하라. 만일 그녀가 당신이 가는 것을 원치 않으면 당신은 그녀가 당신과 함께하기를 제안할 수 있다. 그녀를 당신의 주머니 또는 어깨에 올릴 수 있다. 그녀는 그런 것을 좋아할 것이다.

③당신이 수많은 종류의 꽃이 피어 있는 넓은 초원에 있다고 상상해 보라. 당신은 새와 나비와 메뚜기, 아름다운 하늘과 강아지 구름을 보고 있다. 주변을 둘러보고 많은 꽃이 피어 있음을 확인하라. 당신은 초원 속으로 들어가, 초원 한가운데를 흐르고 있는 시냇물로 다가간다. 그곳에는 낡고 삐걱거리는 나무다리가 개울 건너 다른 쪽을 향해 놓여 있다. 그곳을 건너가면 아이를 잃고 혼자 울고 있는 당신 내면의 아이를 만나게 된다. 그녀에게로 가까이 가라. 당신 자신이었던 어린 어머

니에게 다가가 마음속으로 말을 건네라. 그녀는 당신이 하는 말을 들을 수 있고 이해할 수 있으며 또한 당신에게 이야기할 수 있다. 그녀가 사랑스럽다고 이야기해주고, 잃어버린 아이에 대한 책임이 없다고 말하라. 또한 그녀에게 일어났던 일은 그녀의 잘못이 아니었다고 이야기해주어라. 그녀가 원한다면 그녀를 안아주고 그녀의 아이를 위해 울도록 두어라. 그리고 당신과 함께 개울을 건너가기 원하는지 물어라. 만일 그녀가 동의하면 함께 손을 잡고 팔을 낀 채로 그 다리를 건너라. 만일 기회가 되면 당신과 어린 당신 자아가 포옹하고 초원에 앉아 있는 장면을 상상해보라. 이러한 시각화 과정 중에 당신이 느끼는 것을 적어두도록 하라.

④고치 안에 있는 당신을 상상해보라. 얇은 막을 통해 응시하는데 명확히 보이지 않고 어렴풋이 보일 뿐이다. 당신은 허물을 벗고 곧 나비가 될 것이라고 상상해보라. 나비가 되는 과정은 두렵고 고통스럽다. 처음으로 날개를 펴는 것만으로 당신이 어떻게 될지 아무도 알 수 없다. 당신이 날개를 펼치고 있다고 상상해보라. 그리고 날개를 활짝 펼치고 갑자기 날아오른다! 둥둥 떠 있는 감각을 느끼고, 세상을 아래로 내려다보고, 용감하게 당신이 원하는 곳이라면 어디든지 날아가고, 무게감 없고 자유로운 그 자체를 만끽해라. 과업을 완수하고 어려움을 이겨내면 당신은 나비처럼 될 수 있다는 것을 인식하라. 당신의 '날개'를 펼치면 당신이 무엇을 할 수 있을지 모르지만, 자유를 찾고 궁극적으로 당신 자신이 될 것이다.

제24장

확언 또는 지지

추방된 어머니로서 당신은 사회에서 아이를 지킬 만한 기회를 가질 수 없었다는 것을 인지적으로 알 필요가 있다. 당신은 이것을 믿어야만 한다! 돈벌이를 중요시하는 입양산업에 대항하는 싸움과 노력은 결국 실패했다. 당신은 기회가 없었다! 이와 같은 생각이 단단히 뿌리내릴 때 당신은 다음과 같은 것을 행하고 말할 필요가 있다. 당신의 젊었을 적 자아를 마음속에 떠올려보라. 아이를 잃었을 때 당신이었던 젊은 여성을 떠올리며 마음속으로 이렇게 외쳐라. "너는 아이를 잃어버린 것에 대해 책임이 없어. 네가 그렇게 느끼는 것을 알고 있어. 그러나 너에게 일어났던 일은 네 잘못이 아니야. 우리는 괜찮을 거야." 이 말을 하면서 당신과 내면의 아이가 괜찮다는 것을 증명하기 위해 주변을 돌아보라. 당신은 인지적으로 완벽하게 이 이야기가 사실임을 믿어야만 한다. 왜냐하면 당신은 내면의 아이에게 결코 거짓말을 할 수 없기 때문이다.

나는 이 확언을 한 달 정도 아침에 일어나서 여섯 번, 당신이 정말 아무 잘못도 없다는 사실을 인지적으로 습득할 때까지 마음속으로 반복하기를 권한다. 만일 당신이 이 작업을 충실하게 한다면, 한 달이 끝나갈 때 즈음 당신 스스로에 대해 훨씬 더 좋은 감정을 가질 수 있는 멋진 기회를 갖게 될 것이다.

당신은 비록 감정적으로는 그렇지 않다 할지라도 아이를 잃은 일과 같은 사건은 당신 인생에서 다시는 반복되어 일어나지 않을 것이라는

> 대단히 충격적인 사건은 놀라운데, 그것은 그 사건이 드물게 발생하기 때문이 아니라 일반적인 인간 삶의 적응력을 압도하기 때문이다. 보통 일어나는 불행과는 달리, 대단히 충격적인 사건은 보통 초자연적인 온전성에 위협이 된다.…대단히 충격적인 사건은 인간에게 극도의 비관과 공포, 참사의 반응이 일어나게 한다. 심리적 트라우마는 극도의 공포, 무력감, 자제력 상실, 소멸의 위협을 느끼게 한다._주디스 허만(Judith Herman), 『트라우마와 회복(Trauma and Recovery)』

사실을 인지적으로 깨달아야 할 필요가 있다. 당신은 더 이상 우유부단하고 주변에 도움을 구할 수 없는 무기력한 예전의 젊은 여성이 아니기 때문에 그런 일이 다시 일어날 수 없다. 그러므로 (당신의 어렸을 적 모습을 머릿속에 그리면서) 외쳐라. "나는 그것이 다시는 일어나지 않을 사건이라는 것을 네가 알기를 원해. 나는 네가 마치 그 사건이 또 일어날 것이라고 느끼고 있다는 것을 알고 있지만, 내가 약속하건대 그런 일은 다시는 없어. 우리는 괜찮아."

만일 당신이 불안이나 공황장애, 불편하고 안전하지 못한 감정을 느낀다면 마음속으로 이렇게 말할 수 있다. "이젠 아무 일도 일어나지 않아. 나는 그것이 어떤 느낌인지 알아. 하지만 괜찮아. 맘을 편히 가져." 정말로 아무 일도 일어나지 않는다는 사실을 입증하기 위해 당신은 이 말을 하는 동안 주변을 돌아보는 것을 잊지 말라.

일반적으로 불안 및 공황장애는 매우 미묘한 무언가가 당신의 잠재의식 속의 트라우마(아이를 잃어버린 기억)를 일깨울 때 그리고 그것이 반복될 것만 같은 느낌을 갖게 될 때 발생하게 된다. 불행하게도, 트라우마에서 살아남은 사람의 '유산'이라고 할 정도로 일반적인 특성 중 하나이다.

전 남편이나 전 부인은 있지만, 전 어머니, 전 아빠, 전 아이는 없다._익명

입양으로 인한 상실감은 세상에서 희생자가 감사하다고 느끼도록 기대되는 유일한 트라우마다._키스 그리피스(Keith C. Griffith)

내면의 아이 작업은 꼭 필요하다. 내면의 아이 작업은 온전한 인간으로 성장하기 위한 진액이다._셰릴 리처드슨(Cheryl Richardson)

어느 정도 내면의 아이와 작업하게 되면, 당신은 자신의 새로운 확언을 만들어낼 수 있을 것이다. 당신 내면의 아이는 언제든 무엇을 두려워하는지 또한 무엇을 필요로 하는지 말할 수 있게 될 것이다. 그러면 당신은 그녀의 기분이 나아지도록 정기적으로 무엇을 말해야 할지 결정하는 능력을 가지게 된다.

궁극적으로, 확언을 이용하는 것의 필요성은 당신이 치료가 되면 될수록 점점 줄어들게 될 것이다. 그러나 당신은 만일 도움이 필요하다면 이 방법을 통해 당신 스스로를 돕는 능력을 항상 가지고 있어야 할 것이다.

제25장
어머니를 위한 애도

어머니의 치유에서 가장 고통스러운 부분은 애도 또는 슬픔의 과정일 것이다. 치유되려면 상실을 슬퍼해야 한다. 대부분의 추방된 어머니는 아이를 잃은 것에 대한 슬픔이 허락되지 않아 20년, 30년, 40년 또는 그 이상 동안 몸속에 박혀 있으며 언젠가는 몸 밖으로 빠져나가야 한다. 어머니는 많은 것－아이를 잃은 상실감, 아이와 관계에 대한 상실, 그녀 삶 속에서 공유되었을 모든 이정표의 상실 등－을 슬퍼해야 한다.

나는 모든 어머니가 이 모든 상실을 슬퍼하는 방법을 찾아야 한다고 믿는다. 한 가지 좋은 출발점은 (가급적이면 일기에) 잃어버린 모든 것의 목록을 작성하는 것이다. 그리고 자신이 느끼는 슬픔 정도에 따라 1~10 또는 1~100까지 '점수를 매기는' 것이다. 이는 당신이 상실감을 확인하고 슬퍼하는 과정을 도와줄 것이다.

덧붙여 당신의 상실을 슬퍼하기 위해 집이나 교회에서 양초를 밝히고 잃어버린 것에 대해 '장례식'을 치룰 수도 있다. 또는 당신이 잃어버린 것에 대한 목록을 만들고 장례 절차처럼 그것을 상자에 묻는 방법도 있다. 당신은 (당신 내면의 아이가 자신을 드러낼 수 있도록 되도록이면 주로 사용하지 않는 쪽 손으로) 아이에게 편지를 써볼 수도 있다. 그리고 그 편지를 크게 읽고 마음 놓고 울어라. 당신은 내면의 아이를 만났을 수도 있고 그가 자기 아이에 대한 상실과 다른 모든 상실감으로 울 때 붙잡아주었을 수도 있다. 당신의 상실감을 애도할 수 있는 방법은 수만 가

트라우마에서 벗어나는 것은 통제의 기회를 제공한다. 그러나 대부분 생존자들은 의식적으로 그 기회를 찾거나 반기지 않는다. 도리어 그들은 그 기회를 두려워하거나 겁에 질린다. 트라우마의 극복은 내재된 기억의 형태이든 꿈이든 행동이든 간에 원래 사건과 같은 정서적 강도를 수반한다. 생존자는 지속적으로 공포와 분노에 대항해야 한다. 이러한 감정은 일반적인 공포나 분노와는 다르다. 이들은 원래의 정서적 경험의 범주에서 벗어나 있으며 감정을 수용할 수 있는 능력을 뛰어넘는다._주디스 허만, 『트라우마와 회복』

지가 있으며 스스로 창의적이 될 수 있다. 앞에서 말한 방법은 당신이 할 수 있는 몇 가지 예일 뿐이다.

어머니는 자신의 가장 신성한 관계를 잃어버린 것을 슬퍼할 시간을 가질 자격이 있고 현재 그녀의 삶에서 실제 사망사건이 있었던 것처럼 대우받을 자격이 있다. 당신은 슬픔을 달래기 위해 며칠 또는 일주일간 휴가를 원할 수도 있다. 당신은 스스로 울도록 허락해야 하고 울 때마다 치유된다는 것을 이해해야 한다. 이 작업을 할 때 고통스럽지 않을 방법은 없다. 당신이 울면 몸에서 해로운 물질을 눈물로써 내보낼 수 있고 치유 물질이 혈류에서 나올 수 있다. 당신은 자신의 세계에서 슬퍼하지 못했던 상실감의 '독성'을 충분히 방출했을 때 기분이 나아짐을 느낄 것이다.

만약 당신이 운이 좋아 아이를 다시 만날 기회를 갖고 그녀가 스스로 마음을 열고 당신과 가까워지는 데 충분히 안전하다고 느낀다면, 그녀가 당신 품에 안겨 지난날 동안 간직해야 했던 고통을 서로에게 울부짖을 때 둘 다 대단히 큰 치유를 받을 수 있을 것이다. 무엇이든 간에 당신은 아이의 상실을 슬퍼할 필요가 있으며 그럼으로써 도움을 받는 것은 중요하다.

제26장

한 여성의 여정

60세의 입양인 티나에게 온 편지는 내면의 아이 작업이 지닌 치유 관점을 아름답게 설명하고 있다.

"저는 존 브레드쇼의 『홈커밍』에 관한 텔레비전 프로그램을 보다가 '내면의 아이' 작업을 처음 알게 되었습니다. 조금 이상해보였지만, 이 방법의 가능성을 깨달은 것 같았습니다. 그것을 제 치료 과정에서 또한 스스로 사용하기 시작했을 때 비로소 그 힘과 경이에 감명 받았습니다.

시작은 어려웠습니다. 성인으로서 제 생각이 그녀를 대신해서 말하게 하고 싶은 유혹에 저항하고, 대신에 그냥 그 어린 소녀가 수년 동안 말하고 싶어 했던 것을 말할 수 있도록 했습니다. 그리고 실제로 그녀는 그렇게 했습니다! 그녀는 성인인 저라면 말하지 않을 것을 말합니다. 제가 기억하지 못하는 것, 또는 제가 잊으려 했지만 그녀가 그렇지 않았던 것들을 말했습니다. 처음에 '그녀' 모습을 떠올리는 것이 문제여서 저는 제 아이 때 사진을 찾아서 거기에 집중했습니다. 이상하게 들릴지 모르지만, 그다음 문제는 자유였습니다. 그녀는 자기가 원하는 대로 뭐든지 할 수 있고, 말할 수 있고, 가질 수 있다(우리 18층 아파트에 있던 두 장난감 조랑말을 포함해서)는 사실을 받아들였습니다. 그것은 완전한 자유였습니다.(당신은 왜 그녀가 조랑말을 두 마리나 가지고 있었는지 물을지도 모르겠습니다. 그녀는 신화 속의 천리마처럼 완전히 하얀색 날개가

달린 것뿐만 아니라 톤토족이 탔던 얼룩말처럼 점박이 무늬도 갖고 싶어 했습니다. 내게는 합당하게 들렸습니다!) 언젠가 제 치료사가 자신을 무언가 재밌는 것으로 대해보라고 제안했습니다. 그 즉시 저는 (아님 그녀가?) 물개를 떠올렸습니다! 저는 어렸을 때 항상 물개 사진 보기를 좋아했지만 노스캐롤라이나 서부에서 자라는 동안에는 진짜 물개 같은 건 없었습니다. 그래서 제 마음속에서 그녀를 물개에게 먹이도 주고 같이 수영도 하는 센트럴파크 동물원에 데리고 갔습니다. 그녀는 북극곰에게도 똑같이 하는 것을 좋아했습니다. 그런 무제한적 자유가 그녀를 그녀가 있고 싶은 만큼 물개와 북극곰과 함께 물속에 있도록 했습니다. 그녀는 공기를 마시러 나올 필요가 없었습니다.

처음에 저는 입양 부모의 집에 있는 그녀를 떠올리려고 했습니다. 하지만 제 '작은 소녀'는 현재 그녀가 안전하다고 느끼는 제 아파트에서 저와 살고 있습니다. 그녀는 아파트 창문으로 아래에 지나다니는 모든 사람을 봅니다. 그녀가 다른 내면의 아이와 놀러 센트럴파크에 갔다가 저보다 먼저 집에 오게 되면 거위 인형이 그녀를 안아주고 가장 좋아하는 음식인 피넛버터와 바나나 샌드위치를 준비해서 그녀를 맞아줍니다. 제가 어렸을 때 부모님은 모두 일을 하셨고 그래서 자주, 학교에서 집에 왔을 때 저는 커다란 집에 혼자 있었습니다. 그때 항상 다시는 누구도 집에 돌아오지 않을 것처럼 느껴졌고 저는 겁을 먹은 채로 거기에 혼자 있었습니다. 그러고 나서 저의 내면의 아이 작업에서 그녀가 특히 고통스러운 기억을 경험했을 때 제가 그녀에게 물개도 보고 북극곰도 보러 동물원에 데리고 간다는 이야기하는 것으로 상을 주는 걸 제안했습니다. 거기에 저는 그녀가 집에 돌아와야 하고 제가 퇴근하면 집에 있겠다고 덧붙였습니다. 처음에 이 말을 했을 때는 좋은 아이디어 같았습니다만 두 번째로 제가 그녀에게 말했을 때는 불편한 감정을 들게 했습니다. 그때 깨달았어요! 저는 제가 받았던 그대로 그녀에게 하고 있었던 것입니다. 이제 그녀는 집에 저나 거위 인형이 반겨주지 않는 한 집에 오지 않습니다. (지금까지) 그녀가 했던 가장 큰 일은 (제 마음속에서) 서커스에 가서 그녀가 원했던 모든 동물을, 특히 큰 고양이를 타보고 만져주고 했던 것 같습니다. 보조(Bozo)라는 이름의 광대도 심지어 그녀 이름이 적힌 팻말을 들고 그녀가 오기를 기다리고 있었습니다. 그녀는 거기 하루 종일 있었습니다! 모든 서커스 단원이 그녀에게 인사했고 그녀가 와서 그들이 얼마나 기쁜지 말해주었습니다. 제가 그녀에게 그것에 대해 물어봤을 때 너무 신나서 방방 뛰면서 말하기를 멈추지 않았습니다.

제 내면의 아이 작업은 매일매일 유지 및 응급처치 형태를 취합니다. 처음 시작할 때는 그녀와 접촉하는 것이나 단순히 사랑한다고 말해주는 것을 잊기 쉬웠습니다. 그녀가 저를 동요시킬 때에만 그녀와 말했습니다. 누군가 자신의 습관을 바꾸는 것, 또는 그 정신적 순환을 끊는 것이 얼마나 어려운지 알기 때문에 저는 특정한 시간에, 적어도 하루에 한 번 그녀와 이야기하고, 그녀에게 아무런 책임도 걱정할 필요도 없다고 말해주었습니다. 그녀는 단지 사랑스러운 소녀이며, 사랑이 많고, 제가 사랑했기 때문에, 현재 나쁜 일이란 일어나고 있지 않으며 앞으로도 다시는 일어나지 않을 거라고 말해야 한다고 생각했습니다. 저는 아침에 5번가에서 버스 타는 것으로 그 작업을 하기로 했습니다. 먼저, 저는 내면의 아이를 유지하고, 그러고 나서야 그 주에 읽고 있던 책을 읽습니다. 종종 그녀와 시간을 보내는 게 너무 즐거워서 책읽기 근처에 가지도 못합니다. 응급처치는 그녀가 두려워하거나 슬퍼할 때 또는 제가 그녀 곁에 있어주기를 바랄 때 언제든지 실시합니다.

제 안에 그 작은 아이는 오래전에 묻어두었던 기억을 가지고 있습니다. 이전에 한 번도 표현된 적 없는 감정 또는 적어도 귀담아 듣지 않았던 감정을 생겨나게 하는 기억 말입니다. 그녀가 말하게 함으로써 저는 제 어린 시절에 일어난 일의 심각성을 깨달았고 그녀가 이해받고 사랑받고 있음을 느낄 수 있도록 도와주고 싶었습니다. 정신적으로 그 고통스러웠던 시간으로 돌아가서 그녀가 전혀 받지 못했던, 실제로 그랬던 인정과 지지를 '그녀에게' 줄 수 있다는 것이 치유였습니다. 내면의 아이 작업은 그녀가 사랑스러운 작은 소녀이지 나쁘고 영악한 아이가 아니라는 것을 깨닫게 해주었고 그녀 주변 사람들이 줄 수 있는 것보다 더 많은 것을 받을 만한 자격이 있다는 것을 알게 되었습니다. 내면의 아이 작업은 제가 그녀가 처음부터 받았어야 했던 방식으로 그녀를, 그리고 성인으로서 지금의 저를 사랑할 수 있도록 만들어주었습니다."

제27장

우리가 전혀 갖지 못했던 존중

나는 당신의 눈을 수천 번 보았고 그 눈을 통해 당신의 마음을 보았으며 고통과 분노를 보았다. 당신은 그 어떤 인간이라도 참아낼 수 없는 것을 감내했다. 당신을 추방시킨 그 세계로부터 떨어져 홀로. 소중한 아이를 잃어버린 당신. 입양으로 잃어버린 당신의 소중한 아이와 존중받지 못한 그 상실감. 우리가 맨 처음부터 함께 나눠온 것이기 때문에 나는 당신의 고통을 알고 있다. 우리의 날카로운 고통. 적어도 우리는 그것을 가지고 있다. 이제는 존중으로.

누군가를 비난하기보다 나는 우리가 가져보지 못했던 존중을 바라보길 제안한다. 첫 단계로 우리는 시작을 바라볼 필요가 있다. 그 시작은 출생 및 산모와 아이의 격리였다. 입양 보낸 사람들에게 시작은 불임이나 어떤 방법으로든 가정에 아이를 데리고 올 수 없음을 발견하는 것이었다.

그것은 벌판에서 일어난 대형 비행기 추락사고와 같았다. 모든 어머니와 아이가 누워서 울고 있고 구조대가 와서 그들을 각자 다른 방향으로 데리고 갔다. 그들이 응급실에 도착하자 그들의 먼지를 털어주고 이제 괜찮다며 각자의 길로 보냈다. 어머니는 집에 돌아가고 아이는 새로운 집으로 갔다. 그들이 들은 말의 전부는 '괜찮다'는 것이었다. 세상에서 가장 신성한 관계는 연기 속으로 사라졌다. 그들은 어떤 사고도 없었고 어떤 추락도 없었으니 그만 잊어버리고 그저 본인의 인생에 충실히 하라는 얘기를 들었다. 아이를 집에 데리고 온 사람들은 아이는 건강하고 모든 아이들을 마치 자기 자식처럼 돌봐야 한다는 얘기를 들었다. 마치. 참 대단한 표현이다. 마치.

'마치'라는 것은 내 고양이를 마치 내가 정말 갖고 싶었던 독일 셰퍼드처럼 돌본다는 것과 같다. 고양이는 사냥감을 물어오지도 않고, 문을 향해 짖지도 않으며, 내 슬리퍼를 가져가지도 않는다. 나는 고양이를 사랑하지만, 내가 원하는 방식으로 행동하지 않을 때 너무 화가 난다. '마치'라는 것은 통하지 않는다.

그러면 비행기 사고를 당한 어머니와 아이에게 대체 무슨 일이 일어났던 것일까? 내가 보기에 죽음으로 아이를 잃는 경험과 입양으로 아이를 잃는 경험은 큰 차이가 없다. 아이가 태어나자마자 죽어서 어머니의 가족과 친구들이 주변에 모여 "네 아이가 죽어서 너무 안타까워. 너무 슬프겠다. 내가 위로해줄게. 너 많이 아프겠다. 내가 아픔을 달래줄게. 너 화났겠다. 내가 도와줄게"라고 말하는 것을 제외하면. 실제 일어난 일에 대해 장례식과 애도와 인정이 있을 것이고, 묻힐 무덤이 있을 것이고 확인과 치유가 있을 것이다. 이 어머니는 존중받았다.

반면에 입양으로 아이를 잃은 어머니는 자녀의 심리적인 죽음을 경험한다. 위로 대신 그녀는 자신이 용감하고 고귀하고 이기적이지 않으며 애정 어린 행동을 했다는 이야기와 이 일을 잊어버리고 자신의 삶을 계속해나가야 한다는 이야기를 듣는다. 누구도 그녀와 그녀가 겪은 것에 관해 이야기하고 인정해주고 울어주고 아이를 잃은 것을 슬퍼해주지 않는다. 그래서 그 상실감이 거의 풀리지 않게 된다. 슬픔은 그녀 몸속에 깊숙이 박혀 그 고통을 가지고 있는 것은 파괴적이다. 그녀는 생존하기 위해 어떤 충격을 겪어야 하고, 자기 삶에 일시정지 버튼을 누르고 기절한다. 삶이 영원히 변화한다. 당신은 그런 방식으로 정말 살 수는 없지만 존재할 수는 있다. 그녀는 존중받지 못한다.

만약 어머니가 출산 직후에 실제로 사망했다면, 언젠가 아이 아버지가 아이에게 어머니가 죽었고 이런 일이 네게 일어나서 너무 슬프고 네가 아프겠구나, 아빠가 너를 위로해줄게, 아픔을 달래줄게, 그리고 네가 화가 나겠구나, 내가 도와주마.…그리고 사진과 이야기가 있을 것이고 방문할 묘지가 있을 것이며, 애도가 그리고 결국엔 그 아이는 어머니가 의도적으로 사망하지 않았다는 것을 알게 될 것이다. 이 아이는 존중받을 것이다.

반면에 어머니가 자신을 입양 보낸 아이는 어머니의 심리적 죽음으로 고통을 받는다. 위로를 받기보다 그 아이는 특별하고 선택받았으며 행운아라는 이야기를 듣는다. 아이는 다른 어머니가 존재한다는 것을 잊어버려야 한다. 여기가 자신의 유일한 가족이며 모든 것이 좋다고 믿어야 한다. '마치'는 너의 것이다. 그 메시지는 너희 어머니가 여기에 있지 않아 다행이고 나를 위해 죽었다는 것이다. 아이는 이러한 상황에서 슬퍼하는 것이 허락되지 않고 고통, 분노 또는 슬픔을 인정하는 것도 허락되지 않는다. 심지어 친어머니의 상실을 애도하는 것이 허락되는 않는다. 슬픔이 아이 몸에 박혀 있어 파괴적인 고통을 가지고 있다(분노와 슬픔을 가지고 있는 것도 마찬가지이다). 그 아이는 일종의 충격을 겪게 되고 기절한다. 아이는 정말 그렇게 살 수 없지만 사는 체 할 수 있다. 입양아는 훌륭한 배우이다. 이 아이는 존중받지 못한다.

만약 당신의 어머니가 오늘 돌아가셨는데 당신에게 울 수도 없고 장례식에 갈 수도 없으며 그녀가 이 세상에 존재하지도 않았다고 믿으라고까지 한다면 무슨 일이 일어날까? 당신에게는 어떤 일이 일어날 것인가? 시간을 가지고 생각해보라. 이것이 입양과 관련된 이들에게 어떤 식으로든 벌어지는 일이 아닌가?

우리가 정말 입양 보낸 어머니와 아이를 존중한다면 그 관계의 신성함을 보존하기 위해 최대한 할 수 있는 일을 하고 그들을 절대 떨어뜨려놓지 않으리라는 생각이 든다. 만약 어머니와 아이가 현실적으로 같이 있을 수 없다면, 그녀가 아이를 잃었을 때 존중해주고 그 가족과 친구들이 주변에 모여 "아이를 데리고 있을 수 없어서 안타깝다. 네가 슬프겠구나. 내가 위로해줄게. 네가 아프겠구나. 아픔을 달래줄게. 화가 났겠구나. 도와줄게" 그러면 실제로 일어난 일에 대한 인정과 애도가 있을 것이다.

만약 어머니와 아이가 현실적으로 같이 있을 수 없다면, 입양 보낸 아들이 어머니를 잃었을 때 존중해주고 새로운 가족들이 "네 원래 가족을 잃어서 슬프겠구나. 그것에 대해서 울어도 돼. 나도 슬프구나. 마음이 아프겠구나. 널 위로해줄게. 화가 났겠구나. 도와줄게. 너와 함께 곁을 지켜줄게"라고 말해줄 수 있다.

만약 입양을 하는 사람들이 존중을 받았다면 그들은 입양아에 대한 완전한 정보를 받았을 것이고 생물학적 가족을 잃는다는 것이 아이에게 미칠 영향에 대한 진실도 알았을 것이다. 입양기관과 다른 이들이 불임 또는 자신의 아이를 가질 능력부족의 슬픔을 인정했을 것이다. 그들의 고통과 분노는 인정받을 것이고 그들은 스스로 가질 수 없는 아이에 대해 슬퍼하도록 격려받을 것이다. 또한 그들은 그들이 입양한 아이에게 자녀를 잃음으로써 항상 슬퍼하고 아이가 어려서든 커서든 지속적인 관계를 가지고 싶어 할 수도 있는 어머니와 아버지가 있다는 사실을 인정하기 위한 상담을 받을 것이다.

입양의 현실을 부정하는 것은 고통과 아픔을 증가시킨다. 진실이라고 믿는 것을 아니라고 하고 진실이 아니라고 믿는 것을 맞다고 한다면, 누가 제대로 기능할 수 있겠는가?

내가 태어나자마자 사고로 다리를 잃는다면 어떨까? 사람들은 나에게 태어나자마자 다리를 잃은 것이 아니라 내가 잘못 알고 있는 것이라고 말한다. 그러나 여전히 아프고 어머니, 그리고 무언가를 잃은 것 같다. 그리고 나는 내가 마치 한 다리만 가졌던 것처럼 (그들은 그것에 대해 거짓말하지 않을 것이다, 그렇겠지?) 계속 넘어지고 왜 두 다리를 가진 사람처럼 살 수 없는 것인지 알지 못한다.

우리 사회는 모두에게 무슨 일이 일어났는지 인정하고도 존중해주고도 싫어 하지 않는다. 진실로, 나는 다리보다 더한 것을 잃었다. 나는 어머니를 잃었다. 잠깐, 나에게는 의족이 있다. 새로운 어머니, 대리인이. 왜 이것은 그냥 잘 움직이지 않는가? 왜 계속 아픈가? 당연히 우리 어머니는 아이를 잃었다. 그러나 그들은 대리인을 찾지 못했다. 대체물이 없다.

존중은 진실이다. 비밀이 없는 절대적인 정직이다. 우리는 모두 진실을 다룰 수 있다. 입양과 관련된 우리가 눈을 가지고 있었던 것인가? 이제 눈을 크게 뜰 시간이 아닌가?

글쎄, 우리가 어떻게 그전에 한 번도 스스로에게 받지 못했던 존중을 받을 수 있겠는가? 우리 감정을 경험하는 법을 배움으로써, 우리 경험에 대해서 말하는 법을 배움으로써 가능하다. 내가 ________ 때문에 슬프다. 내가 ________ 때문에 화가 난다. 내가 ________ 때문에 마음이 아프다(빈칸을 채워라)는 것을 배움으로써 가능하다.

우리가 이런 것을 처음으로 크게 말하고 최초로 인정할 때 표현하지 않았다면 절대 실현되지 않았을 방식으로 우리의 감정은 실제가 된다. 우리의 감정이 일단 실제가 되면, 우리는 우리가 느끼는 것을 왜 느끼는지 이해할 수 있게 되고, 우리가 느끼는 것을 왜 느끼는지 알게 되면 현재 경험이 우리에게 영향을 주는 방식을 바꿀 수 있다.

우리에게 일어난 것에 대해 분노를 표시함으로써 스스로를 존중할 수 있다. 우리에게 일어난 무언가에 대해 분노하는 것과 그 분노를 표현하는 것은 우리를 화난 사람으로 만들지 않는다. 우리는 그것을 표현해야 한다. 우리가 분노를 밖으로 표현하지 않는다면 분명히 그것을 겉으로든 속으로든 하게 될 것이다. 어떤 경우든지 파괴적이다. 그것은 독이다. 그것을 내보내지 않는다면 우리의 삶과 관계를 해칠 것이다.

우리는 슬픔을 표현함으로써 스스로를 존중할 수 있다. 어떤 슬픈 일에 대해 슬픔을 느끼는 것은 우리를 우는 아이나 겁쟁이로 만들지 않는다. 우리는 그것을 표현해야 한다. 고통을 지니고 있는 것은 파괴적이다. 그것은 독이다. 그것을 내보내지 않는다면 우리의 삶과 관계를 해칠 것이다.

진정으로 행복해질 수 있는 길은, 내가 알고 있는 유일한 방법은 우리가 느끼는 모든 감정을 존중해주는 것이다. 나쁜 감정을 느끼지 않는다면 좋은 감정도 느낄 수 없다.

우리를 둘러싼 사람들은 우리의 상실감과 경험을 최소화하려고 한다. 우리는 그것을 받아들이지 말아야 한다. 우리는 처음부터 그 사건이 미칠 진짜 파장을 인정함으로써 스스로를 존중할 수 있다. 우리가 받은 전체적 상처의 정도를 알지 못한다면 우리는 치유될 수 없다. 진실을 인정해야만 비로소 상처를 치유할 수 있다. 만약 사고를 당해 응급실에 갔는데 내 상처를 검사하지 않는다면, 내 상처를 깨끗하게 하지 않고 이물질을 닦아내거나 독을 빼내지 않는다면 나는 감염될 것이다. 내 상처가 표면적으로는 나을지 몰라도 감염된 곳은 그대로 남아 있어 언젠가는 곪아 터질 것이다. 내가 스스로를 존중하고 그 상처를 다시 여는 위험을 감수하고 그것을 깨끗이 해야만 나는 진정으로 치유될 수 있을 것이다.

치유는 많은 고통을 동반하지만 그 대안은? 추측하건대 우리는 모두 그것을 따라왔다. 우리는 스스로에게 치유로 이어지는 고통의 산을 오를 수 있는 존경심을 스스로에게 주어야 한다. 그 산은 가파르지만 오를 수 있다. 올라가는 길에 많은 균열이 있지만 균열 하나하나는 당신을 정상에 가까워질 수 있도록 이어준다. 우리는 여기에, 존중과 치유로 가는 길목에, 서로를 돕고 보살펴주며 지지하고 나누며 서로에게서 배우기 위해 있다.

『늑대와 함께 달리는 여성들』을 쓴 클라리사 핀콜라 에스테스(Clarissa Pinkola Estés)는 '버림'을 당하고 그것에 직면해 이겨낸 사람은 지구상에서 가장 강한 사람이 될 수 있다고 말했다. 잠시도 의심하지 마라. 진정으로 용감한 사람만이 이 작업을 하고 지지모임에 나와 이를 이겨낼 수 있다.

이 작업을 하는 것의 대안은 무엇인가? 우리는 타조같이 계속 머리를 처박고 있을 수도 있다. 하지만 우리가 그렇게 하면, 뒤에서 발로 차여도 뒤에 무엇이 있는지 전혀 보지 못할 것이다. 다른 말로, 우리가 부정(denial)의 강에서 수영을 계속하면 결국 악어에게 물릴 것이다.

부록

부록 A

어머니들이 듣고 싶어 하지 않는 말

1. 그(당신 아이)에 대해 잊어버리고 당신 인생을 살아라.
2. 혼자서도 충분히 잘 산다. 그(아이)에게는 이제 새로운 가족이 있다.
3. 당신은 옳은 일을 한 것이다.
4. 당신이 연락한다면 아이 또는 아이 인생이 파괴되거나 방해될 것이다.
5. 당신은 아이를 부양할 수 없었을 것이다.
6. 그 아이에게는 두 명의 부모가 있는 것이 낫다.
7. 자는 강아지를 내버려두라.
8. 당신의 아이는 이제 자신의 가족을 가지고 있다.
9. 당신에게는 다른 아이들이 있고 당신도 이제 행복해해야 한다.
10. 왜 그냥 흘려버리지 못하나?
11. 당신 아이는 더 잘 지내고 있다.
12. 이제는 지나간 일이다.
13. 아이가 당신이 필요할 때 찾아올 것이다. 당신이 나서지 말아야 한다!
14. 당신은 결정을 내렸고 그 결심은 돌이킬 수 없다.
15. 당신은 진짜 그 아이의 어머니가 아니다.
16. 이미 오래전의 일이다. 무슨 문제인가?
17. 그 아이는 아주 좋은 사람이므로 당신은 감사해야 한다.
18. 그 아이는 좋은 가정에 있다.
19. 당신에게는 다른 자녀들이 있다.
20. 당신 가족에 더 집중하라.

21. 당신은 아이를 놓아주어야 한다.

22. 아이는 당신의 것이 아니다.

23. 아이를 길러준 사람들이 진짜 부모이다.

24. 이기적이 되지 마라.

25. 아이에게는 어머니가 있다.

26. 당신은 좋은 어머니가 되지 못했을 것이다.

27. '그들의' 사생활(프라이버시)을 존중해줘라.

28. 언젠가 당신은 아이를 잊을 것이다.

29. 당신은 도움이 필요하다!

30. 언제나 이걸 극복할 것인가?

31. 다른 자녀는 몇 명이 있는가?

32. 당신이 나를 포기해서 감사하다.

33. 아이는 입양 가정의 부모와 닮았다.

34. 아이는 당신을 절대 용서하지 않을 것이다.

35. 그래서 또 무슨 일이 벌어졌나?

36. 다른 아이들에게는 말하지 마라.

37. 당신은 정말 이 문제에 집착하게 돼버렸다.

38. 언젠가 당신은 그 사진을 버리게 될 것이다.

39. 왜 이제야, 몇 십 년이 지난 후에야?

40. 당신은 당신 권리를 오래전에 잃었다.

여기에 언급된 것 말고도 자신만의 것을 추가할 수 있다!

부록 B

봉인된 입양 기록

이 책을 쓸 때 미국의 7개 주(앨라배마, 알래스카, 델라웨어, 하와이, 캔자스, 오리건, 테네시)에서 입양인이 자신의 출생증명서 원본을 볼 수 있도록 허락되고 있다. 오하이오에서는 1963년 이전 출생자에 한해 출생증명서 원본을 공개한다. 다른 여러 주에서는 입양인을 대신해 조사를 실시할 것이다. 그러나 아이 어머니의 연락처가 없다면 입양인이 자체적으로 할 수 있다. 인간적으로 모든 입양 기록이 원래 부모와 입양인에게 열람 가능해져야 한다.

입양된 이들의 나이가 몇이든지 찾는 것은 불법이 아니다. 자신이 어디에서 태어났는지에 상관없이 찾는 대부분의 사람들이 끈질기게 노력한다면 성공할 것이다. 그러나 왜 그들이 그 많은 시간과 돈과 에너지와 감정을 그들 자신의 가족구성원을 찾는 데 써야 하는가?

2002년 10월 영국에서는 어머니에게 찾을 수 있는 권리를 승인했다. 북미 대륙 밖에 있는 대부분 국가에서는 입양인이 성인 연령이 되었을 때 자신의 기록을 열람할 수 있다. 네덜란드에서는 청소년기에 자신에 대한 지식을 갖는 것의 중요성을 알고 최근 자신의 출생증명서를 확인할 수 있는 연령을 14세에서 12세로 낮췄다. 벨기에, 네덜란드, 스웨덴, 호주, 뉴질랜드 정부에서는 모자 간 분리가 두 사람의 인생을 황폐화시킬 수 있음을 알기 때문에 이를 방지하기 위해 최장시간을 주고 있다.

1976년 영국에서 입양 기록이 공개되었을 때(1975년 아동복지법), 거기에는 자신의 뿌리에 대한 입양인의 권리는 사생활에 대한 그 누구의 '추정된' 권리를 초월한다는 논리가 있었다. 덧붙여 입양인의 기록을 공개하도록 촉

구하는 선두에 섰던 사회복지사들과 다른 이들은 그들이 지금껏 잘못된 질문을 해왔다고 말했다. "우리는 스스로에게 왜 입양된 사람들이 찾으려고 할까라는 질문을 해왔다. 제대로 된 질문은 사회집단으로서 우리는 입양인이 찾는 것을 두려워하도록 무엇을 했는가 하는 것이다."

사생활 보호 문제는 입양인 또는 친모가 잃어버린 친지의 정보에 대해 접근하는 것을 반대하는 소수 사람들에 의해 기록 열람에 대한 논쟁으로 성가시게 불거졌다. 사실 미국 대부분의 주에서 입양 기록은 서로 연락하는 것을 막는 것이 아니라 그 외의 공갈·사기로부터 보호하려는 취지로 봉인되어 있었다. 게다가 대부분의 포기각서에는 새로운 어머니에게 자녀를 양육할 권리를 양도하는 것 이상의 조항은 없다. 기록 열람을 반대하는 사람들의 주장과는 반대로 포기각서에 사생활보호, 또는 찾는 것, 또는 양육에 대한 언급은 존재하지 않는다. 게다가 대부분 주 법령에 판사는 정당한 사유가 있다고 판단될 때 입양인에게 자신의 모든 정보를 줄 수 있다는 단서 조항이 있으나 여기에 사생활 보장이 첫째로 들어가 있지는 않다.

"법은 삶과 조화되어야 한다. 법은 역사의 거대한 흐름을 무시할 수 없고 또 무시해서도 안 된다. 인간은 '나는 누구인가'와 '왜 존재하는가'라는 오랜 질문을 이해하려고 노력하는 것보다 더 큰 본능적 충동은 소유하고 있지 않다. 현재까지도 땅의 모래와 연기는 우리가 인간으로서 첫 발을 디뎠던 곳이 어디인지를 찾기 위해 면밀히 조사되고 있다. 인류의 종교는 종종 각자 다른 방식으로 조상을 숭배한다. 많은 이들은 과거를 돌아보지 않고는 미래를 볼 수 없다. 과거를 알고자 하는 갈망을 불러일으키는 그 감정과 불안은 피상적이거나 변덕스러운 것이 아니다. 그것은 신과 인간의 법 아래에 진실한 것이며 '정당한 이유'이다."_웨드 웨더포드(사우스캐롤라이나 순회재판관)

《뉴욕 뉴스데이》, 서한

1990년 12월

동의의 시기를 지나

조 솔

내가 성인으로서 결혼하길 원한다면 부모의 허락이 필요한가? 이혼할 때에도 그들의 허락이 필요한가? 그렇다면 왜 앤 랜더스는 12월 12일 그녀의 칼럼에서 오리건 주 세일럼의 '임시 부모(Interim Parent)'에게 입양된 아이들이 원래 가족과 다시 만나기 위해서는 (그들을 키워준 부모의) 허락을 받아야 한다고 생각한다고 조언한 것일까? 그리고 어려서 입양되어 성인이 된 자녀를 왜 '입양아'라고 표현했을까?

나는 심리치료사이자 입양인이자, 짐작컨대 자유인으로서 내가 무엇을 하기 위해 부모의 허락을 받아야 한다는 데 동의하지 않는다. 그것은 유아적일 뿐만 아니라 품위를 손상시키는 일이다.

나는 말 그대로 수천 명의 입양인과 그 원래 가족이 다시 만날 수 있도록 도와주었다(그들을 키워준 사람들의 허락 없이). 그리고 8년 동안 한 번도 그들이 원래 부모로부터 거절당하는 것을 본 적이 없다. 대부분의 입양인은 만남 이후에 (그들을 키워준 부모들과) 더 가까워진다.

입양인은 입양을 취소하라고 요구하지 않았다. 그들은 확실히 누가 자신을 이 세상에 낳아주었는지 또는 자신의 유산이 무엇인지를 아는 세상의 다른 모든 사람과 동등한 권리를 가졌어야 했다. 그들은 남들과 동일한 권리를 가지고 있고 영원한 아이로 취급되어서는 안 된다. 성인은 누군가에게 동의를 구하는 일 없이 스스로의 관계를 조율한다.

부록 C

입양 분리의 상실감

_켄 왓슨(Ken Watson) 박사에 의해 영감을 받은 달린 게로(Darlene Gerow) 작성

시작하기 전에 다음 다섯 가지 범주에 당신이 가장 좋아하는 것을 써라.

당신의 선택을 아래에 써라.

당신이 가장 좋아하는 소리:

당신이 가장 좋아하는 맛:

당신이 가장 좋아하는 냄새:

당신이 가장 좋아하는 장소:

당신이 가장 좋아하는 사람:

어렵겠지만, 당신이 가장 좋아하는 것 중에서 그나마 잃어버려도 덜 그리워할 것을 지워라. 모든 목록이 없어질 때까지 계속 지워나가라.

사람을 포함해서 당신이 가장 좋아하는 모든 것을 잃었다고 상상하면 어떤 기분이 드는지 주의 깊게 노트를 작성하라.

아이가 가장 좋아하는 것들은 아마도 알기 쉽겠지만 아이가 좋아하는 것과 입양 분리(hand-off) 기간 동안 그들이 겪은 진짜 상실감을 생각해야 한다.

아이가 가장 좋아하는 소리	규칙적인 어머니의 호흡소리와 안정감을 주는 심장박동. 그러나 가장 좋아하는 것은 그녀의 목소리.
아이가 가장 좋아하는 맛	나를 위해 특별히 생기는 모유. 그리고 그녀의 살과 젖의 맛. 이 모든 것이 하나이다.
아이가 가장 좋아하는 냄새	내가 어머니의 목에 얼굴을 묻을 때 나는 그녀의 체취. 이것은 기본적이고 딱 좋다. 여기가 내 자리이다.
아이가 가장 좋아하는 장소	내가 태어날 때부터 경험한 소리와 냄새와 맛이 함께 있는 어머니의 품. 여기가 나의 집이다.
아이가 가장 좋아하는 사람	어머니는 나의 우주이다. 그녀는 내가 그런 것처럼 나의 일부분이다. 누구도 그녀를 대신할 수 없다. 만약 내가 그녀와 떨어진다면 평생 그녀를 그리워할 것이다.

입양된 모든 이들은 나이와 관계없이, 신생아든 더 나이가 들었든, 국내 입양되었든 해외 입양되었든, 입양되는 순간에 그들이 가장 좋아하는 모든 것을 포기하게 된다.

상실은 이름을 잃는 것으로부터 시작된다. 그들은 자기 자신과 자기의 뿌리에 대한 모든 정보를 잃는다. 그들은 자기정체성을 잃는다.

그들은 모든 것을 잃는다. 그들은 익숙한 냄새와 맛, 소리와 장소 그리고 사람들, 가장 좋아하는 것들을 잃어버린다. 그들이 여태껏 알았던 모든 것은 사라져버리고 영원히 바뀌게 된다.

우리가 확실히 이해할 만한 그들의 가장 큰 상실은 가장 좋아하는 사람을 잃는 것이다. 어머니를! 그들은 돌이킬 수 없이 가장 좋아하는 사람을 잃는다.

만약 어머니와 아이의 분리가 불가피하다면, 다른 방법이 없다면, 입양인의 상실감을 이해함으로써, 이전의 삶을 가능한 한 많은 부분을 유지시켜 줌으로써 그 고통을 달래도록 노력할 수 있다. 그들의 상황에 공감함으로써 그들의 과도기를 고통스럽지 않게 만들 수 있다.

저자의 말

신생아가 어머니 또는 다른 이들의 눈을 들여다볼 때 '안다'는 몇 가지 증거가 있다. 이는 입양 인구에서 현저히 높은 비율의 시력 문제가 있음을 설명할 수 있을 것이다. 만약 어머니가 영아의 눈을 보지 않으면 영아는 그것을 실제로 알고 자기가 가장 좋아하는 것을 잃는 것 때문에 불안감이 더욱 심해질 것이다.

입양 분리에서 오는 어머니의 상실은 입양아가 갖는 상실감의 이면이다. 이것은 똑같이 크고, 똑같이 중요하며, 똑같이 돌이킬 수 없고, 똑같이 고통스럽고, 똑같이 슬프고, 똑같이 비극적이다.

부록 D

내면의 아이와 함께 할 일

여기 당신과 내면의 아이가 함께할 수 있는 재미있는 것의 목록이 있다.

1_당신이 아이였을 때 항상 하고 싶었지만 허락되지 않았던 것들 하기. 예를 들어 매일 강아지가 내면의 아이와 당신 침대에서 잘 수 있도록 하는 것.

2_돌고래와 수영하기. 그중 몇몇은 특별히 플리퍼(Flipper)* 일 것이다!

3_북극곰과 수영하기. 그들은 당신을 해치지 않고 당신은 숨을 쉬러 물 밖으로 나올 필요가 없다.

4_동물원/서커스에 가서 '무대 뒤'에 가기.

5_장난감 조랑말을 한 마리(또는 두 마리) 갖기.

6_매 또는 독수리를 갖기.

7_세상에 있는 당신이 원하는 아무 장난감이나 갖기.

8_어른인 당신이 내면의 아이와 함께 집에 갈 수 없을 때는 어머니곰 또는 어머니오리 또는 미키마우스가 아이를 돌보도록 하기.

9_내면의 아이를 위한 여분의 방이 없을 때에는 마음속에 방을 하나 지어주기. 그것이 30층에 있어서 당신 건물에서 비쭉 튀어나온다 하더라도.

10_날기.

11_구름 위에 앉기.

12_공원에 아이를 혼자 가도록 허락하고 다른 사람들로부터 해를 당할까 걱정할 필요가 없음을 알기.

---

* 미국 영화에서 주연을 한 돌고래의 이름. — 옮긴이

13_수영장만큼 큰 욕조 갖기.

14_만약 그녀가 특히 무서워하는 날이 있다면 문 밖에 두 명의(오직 그녀만을 위한) 착한 거인들이 지켜준다고 말하기.

15_그녀가 원하는 만큼 늦게 자도록 하기.

16_그녀는 더 이상 알레르기 증상을 보이지 않으므로 고양이, 강아지, 이구아나, 앵무새 또는 그녀가 애완용으로 키우고 싶어 하는 어떤 동물이든 가질 수 있다.(머릿속에서 더 이상 알레르기로 고생할 필요가 없다고 그녀에게 크게 말하라.)

17_박물관에 데리고 가서 그녀가 원하는 대로 만지고 집어 올릴 수 있도록 하기.

18_(특히 만나기 전에) 내면의 아이를 시각화해 사진 속에서 돌아다닐 수 있도록 하고 포옹 받을 수 있도록 하기.

다음은 당신과 내면의 아이가 같이 할 수 있는 치유 의식이다.

촛불을 밝히고 나서

1_불꽃이 더 이상 존재하지 않는 무언가를 가지고 싶은, 예를 들어 과거로 되돌아가고 싶다거나 이 시간이 아이를 키우는 데 허락되길 바라는 욕구를 태우는 것을 상징하도록 한다. 불가능한 무언가를 바라는 것을 멈출 준비가 되면 당신이 삶을 것을 방해하고 불가능에 대한 욕구에 불을 지폈던 그 불을 꺼버려라.

2_불꽃이 당신의 상실감을 나타낸다고 생각하라. 당신이 가지지 못한 것을 슬퍼할 시간이다. 촛불이 당신이 잃어버렸던 것의 상징이라고 생각하고 지금까지 억누르려고 노력해왔던 모든 것에 대해 슬퍼하고 울 수 있다.

3_불꽃이 당신을 치유 과정의 이 시점으로 데리고 오는 불똥이 되게 하라. 불꽃을 소중히 하라. 당신 강점을 인정하라.

4_불꽃이 뒤뜰 또는 숲에 구멍을 파고 이룰 수 없는 욕망을 묻을 수 있는 당신 에너지가 되게 하라.(당신은 실제로 그 욕망을 종이에 적고 상자나 캔 등에 묻을 수 있을 것이다.)

당신 내면의 아이를 진짜 사랑하는 방법 (또는 관련된 다른 아이들도)

그곳에 있으라.

'예스'를 가능한 한 자주 말하라.

그들이 화분과 프라이팬을 부딪치게 하라.

그들이 시무룩해하면 당신은 그들을 사랑하며 시무룩해 해도 괜찮다고 말해주라.

그들이 하면 안 되는 행동을 하면 당신은 그들을 사랑하며 같이 할 수 있는 재미있는 것을 찾아보자고 말하라.

아이로 있기가 얼마나 중요한 것인지를 깨달아라.

기뻐하며 책을 크게 낭독하라.

함께 즐거움을 발견하라.

그들이 실제로 얼마나 작은지 기억하라.

많이 킬킬대라.

그들을 깜짝 놀라게 하라.

필요할 때엔 안 된다고 말해주라.

감정을 가르쳐라.

당신 내면의 아이를 사랑, 사랑, 사랑으로 치유하라.

양육에 대해 배우라.

함께 나무를 껴안아라.

사랑하는 것을 안전한 것으로 만들라.

케이크를 만들어서 손대지 말고 먹어라.

코끼리를 찾아가서 뽀뽀를 해주어라.

당신이 마술을 부릴 수 있다고 상상하라.

담요로 요새를 많이 만들어라.

꿈을 드러내라.

긍정적인 면을 발견하라.

번득이는 아이디어를 유지하라.

신에게 편지를 쓰라.

어리석음을 격려하라.

열린 마음을 가지라.

고함치지 마라. 영원히!

당신 사랑을 표현하라.

친절하게 말하라.

그들의 테니스화에 색칠하라.

잘 돌보라.

아이는 놀라운 존재임을 기억하라.

부록 E

입양인의 위한 모임과 추천도서

입양 교차로

'입양 교차로(Adoption Crossroads)'는 470개 이상의 조사/지원 그룹과 관계를 맺고 있으며 8개국의 변호인단 및 치료사와 연계해 전 세계의 조사, 원조지원에 연계하고 있다. 더 많은 정보를 위해서 입양 교차로에 전화(845-268-0283)하거나 74 Lakewood Drive, Congers, NY 10920-1710으로 편지를 보낼 수 있다. 입양 교차로 웹사이트(AdoptionCrossroads.org)를 방문하거나 cera@idt.net으로 이메일을 보내도 된다.

입양 교차로에서는 매년 여섯 번의 치유 주간을 실시하고 있으며 각종 컨퍼런스 및 다른 입양 관련 행사에 대한 정보를 제공한다. 더 많은 정보를 원하면 입양 교차로 사무실에 전화하거나 온라인 웹사이트에서 확인하면 된다.

입양 교차로는 뉴욕 주에서 허가한 자선, 501c(3), 비영리기관이다. 입양 교차로는 뉴욕시 인적 서비스 의회, 요크빌 시민의회의 일원이다. 또한 입양 교차로는 International Soundex Reunion Registry와 협약기관이며 뉴욕주립 입양특별 전문위원회의 공동창립회원이다.

한국에 있는 지지모임

_입양인 원가족모임 민들레회

_진실과화해를위한해외입양인모임(http://justicespeaking.wordpress.com)

_뿌리의집(www.koroot.org)

_중앙입양원(www.kcare.or.kr)

입양 관련 서적

Allen, Elizabeth Cooper. *Mother, Can You Hear Me?*

Adersen, Robert. *2nd Choice: Growing Up Adopted*

_____ & Tucker, Rhonda. *The Bridge Less Traveled*

Bailey, Julie & Giddens, Lynn. *Adoption Reunion Survival Guide*

Domer, Patricia Martiniz. *How to Open an Adoption*

Gonyo, Barbara. *Forbidden Love: Genetic Sexual Attraction*

Gravelle, K. & Fischer S. *Where Are My Birthparents? A Guide for Teenage Adoptees*

Guttman, Jane. *The Gift Wrapped in Sorrow*

Hamner, Kasey. *Adoption Forum: Intimate Discussions*

Hughes, Ann H. *Soul Connection: A Mother's Healing Journey*

Keamey, Meg. *An Unkindness of Ravens*

Kunzel, Regina. *Fallen Women, Problem Girls, Unmarried Mothers and the Professionalization of Social Work 1890-1945*

Lifton, Betty Jean. *Journey of the Adopted Self*

_____. *Lost and Found*

_____. *Twice Born*

Musser, Sandra. *I Would Have Searched Forever*

_____. *To Prison With Love*

Riben, Mirah. *Shedding Light on the Dark Side of Adoption*

Schaefer, Carol. *The Other Mother*

Shawyer, Joss. *Death By Adoption*

Solinger, Rickie. *Wake Up Little Susie: Single Pregnancy & Race Before Roe v.*

Wade

_____. *Beggars and Choosers, How the Politics of Choice Shapes Adoption, Abortion and Welfare in the Unite States*

Soll, Joe. *Adoption Healing... A Path to Recovery*

Sorosky, A., Baran, A. & Pannor, R. *The Adoption Triangle: Sealed or Open Records: How They Affect Adoptees, Bithparents and Adoptive Parents*

Taylor, Pat. *Shadow Train: A Journey Between Relinquishment & Reunion*

Verrier, Nancy Newton. *The Primal Wound: Legacy of the Adopted Child*(낸시 뉴턴 베리어, 『원초적 상처: 입양가족의 성장을 위한 카운슬링』, 뿌리의집, 2003)

_____. *The Adopted Child Grows Up: Coming Home to Self*

Vincent, Clark. *Unmarried Mothers*

'내면의 아이' 관련 서적

Asper, Kathryn. *Abandoned Child Within: On Losing and Regaining Self-Worth*

Bradshaw, John. *Homecoming: Reclaiming & Championing Your Inner Child*

Ferrucci, Piero. *What We May Be: Techniques for Psychological and Spiritual Growth Through Psychosynthesis*

Miller, Alice. *Drama of The Gifted Child: The Search for the True Self*

_____. *The Truth Will Set You Free*

Stettbacher, J. Konrad. *Making Sense Out of Suffering*

Whitfield, Charles L. *Healing the Child Within*

기타

Bass, Ellen & Davis, Laura. *The Courage to Heal: Guide for Women Survivors of Sexual Abuse*

Chamberlain, David. *Babies Remember Birth*

Chodorow, Nancy J. *The Reproduction of Mothering*

Edelman, Hope. *Motherless Daughters: The Legacy of Loss*

Estés, Clarissa Pinkola. *Women Who Run With The Wolves*

Gallagher, W, I. D. *How Heredity & Experience Make You Who You Are*

Hay, Louise. *Heal Your Body*

Hermann, Judith. *Trauma and Recovery*

Neubauer, Peter B. et al. *Nature's Thumbprint: The New Genetics of Personality*

Pearce, Joseph Chilton. *Magical Child*

Sark, Living Juicy. *Daily Morsels for your Creative Soul*

Verny, Thomas. *Secret Life of the Unborn Child*

Book may be ordered on-line at http://www.adoptioncrossroads.org

Click on Book Store. Email: cera@idt.net

부록 F

중요 지침

분리하기

재회는 경이롭고 반드시 필요하지만, 항상 초기의 상실에서 느꼈던 고통과 분노, 슬픔을 현재로 가져온다. 또한 필수적인 몇 달간의 준비 과정에서도 다시 만나는 것을 협상하기 어렵다. 조사에 착수하기 전에 왜 당신이 찾기를 원하는지, 그로부터 무엇을 얻기 바라는지 이해하는 것이 중요하다. (이런 일이 너무 자주 일어나지만) 준비 과정 없이는 어머니와 입양인 모두 만나는 동안 분출되는 수만 가지의 감정을 감당하느라 매우 어려운 시간을 보내게 된다.

그러므로 만약 찾는 사람이 준비하기를 원하지 않고 지속적인 관계를 유지하려는 노력을 기울인다면 조사를 감행해서는 안 된다. 지난 모든 상처를 열어놓고 내가 원하는 것만 얻고 떠나버리는 것은 잔인한 일이다. 어머니와 과 입양인은 분노와 죄책감, 슬픔, 그리고 불가피하게 떠오르는 버림받았다는 느낌을 다룰 수 있도록 함께 노력해야 한다. 그 감정들은 너무 두려워서 입양인 또는 친모가 대개 어떤 설명이나 아무 형태의 의사소통 없이 연락을 멈추길 바라게 만든다. 한쪽이 무서워지고 도망가고 싶어지면 자격이 있는 상담자에게 도움을 요청해야 한다. 어머니와 입양인은 입양 관련 경력이 있고 자격증이 있는 상담자와 함께 치료법을 찾도록 권한다. 덧붙여 인터넷 및 지역, 사적인 지원모임도 종종 매우 가치가 있다고 증명된다.

누군가가 도망가려 한다면 그것은 자신의 감정에 대한 두려움 때문이지 거부감 때문이 아님을 기억하는 것이 중요하다. 4~6주마다 '당신을 생각한다'는 간단한 카드나 글을 보낼 것을 권장한다. 가능한 한 많이 연락하는 것이 중요하다. 모든 어머니와 입양인이 치유되어야 할 매우 깊고 고통스러운 상처를 가지고 있음을 이해하도록 노력해야 한다. 당신은 이러한 감정을 스스로의 방식으로 다루고 당신이 찾는 사람 또는 당신을 찾는 사람에게 관대해야 한다. 누군가가 찾는다는 것이 재회 순간의 수많은 감정에 대처할 준비가 되었다는 뜻은 아니다. 우리는 항상 다른 사람들의 감정이 무엇이든간에 존중할 필요가 있다. 우리는 절대로 도망쳐서는 안 된다.

입양 보낸 어머니는 불리하게 해석될 여지가 있다. 자녀와 다시 연결될 때, 어머니에게 다른 사람들이 그녀에 대해서 진실이 아닌 이야기를 했을 수 있음을 알게 되는 것은 고통스러운 일이다. 입양인은 친모에 대해 본인만의 편견에 치우치지 않은 의견을 만들도록 해야 한다. 입양인은 심판이 되어서는 안 된다. 입양인으로서도 이해하기 어렵겠지만, 입양 보낼 수밖에 없게 만든 사회적 압력에 대한 어머니의 설명을 수용할 필요가 있다. 어머니도 선택할 수 있었다고 주장하는 것은 그들 관계를 파괴시키는 확실한 방법이다. 입양인은 입양 보낸 것에 대해 분노할 권리를 갖지만, 그 비난을 다른 곳으로, 진정 비난받아야 할 곳인 입양산업으로 돌릴 필요가 있다.

마지막 당부. 누구도 자기 자신을 존중받지 않도록 내버려두어서는 안 된다. 입양인 또는 입양인의 어머니가 무례하다면 "저는 당신을 사랑하지만 당신은 무례하네요. 당신이 저를 이런 식으로 대한다면 당신과 의사소통할 수 없어요. 저를 존중할 수 있을 때 알려주세요"라고 말하는 것이 적절하다. 이 기간 동안 규칙적으로 카드를 보내는 것을 잊지 않도록 하라.

유전적 매력

유전적 매력은 일반적인 것으로 이해될 수 있지만, 성적 매력에 따라 행동하는 것은 잠재적으로 위험하다는 점을 명심해야 한다. 관계가 어떻게 자제력을 잃을 수 있는지는 이해할 만하며 '흥분'된 것에 대해 누구도 스스로에게 죄책감을 갖게 해서는 안 된다. 만약 이미 친인척과 성적 관계를 맺고 있거나 맺을 생각을 하고 있다면 가능한 빨리 전문적 도움을 받길 바란다. 감정은 매우 강렬하고 멈추기 어렵지만 친인척과 어떤 식으로든 성적 관계를 맺는 것은 끔찍한 결과를 불러올 수 있다.

재회의 지침

이 지침의 몇몇은 시카고 '입양 진실의 추적자(Truth Seekers in Adoption)'의 수 마틴(Sue Martin)의 것이다. 여기에 몇 가지를 추가했다.

이 지침이 반드시 절대적인 것은 아니다!

0_누구도 '규칙'을 알지 못한다. 특히 찾아진 사람일수록.

1_입양인은 일시적으로 '뒷걸음질'칠 수 있다. 그들이 찾았더라도.

2_추방된 어머니는 '뒷걸음질'치지 않을 것이다. 특히 그들이 찾았다면.

3_모두에게 '공간'이 필요하지만 무한한 공간은 아니다. 공간의 의미는 분리, 인내, 인정, 염려, 공감 등이다.

4_'공간 안에' 있는 사람들에게 '생일 축하합니다' 또는 '당신을 생각해요'라고 표시된 단순한 카드는 받아들일 수 있는 수준이다: 이는 몇 년간 지속될 수 있으므로 '큰 기대'는 하지 마라.

5_더딤은 특히 초기의 신호이다.

6_만나기 전에 장문의 편지나 화난 편지로 시작하지 마라.

7_모든 것이 입양 또는 재회와 연결된 것은 아니지만 출생 시의 분리는 거의 다른 모든 것으로 발산하는 핵심적인 문제이다.

8_입양인이 분노를 표현하리라는 것을 예상하라. 어떻게든, 어떤 방식으

로든, 아마도 겉으로 드러나지 않게, 심지어 입양인 자신도 자기가 화났다는 것을 알아차리지 못할 정도로.

9_만남이 처음이라면 서로에게 세우고자 하는 경계를 이야기하라. 다시 말하지만, 입양인에게는 자유가 있지만 어머니는 '책임감 있는 성인' 역할을 유지해야 한다.

10_지원 단체에 가입하라. 다른 이와 나누고 배우는 것이 가장 중요하다.

11_자기만의 애도의식을 시작하라. 필요하면 전문적인 도움을 구하라.

12_찾는 것과 다시 만나는 것이 당분간 당신의 '인생목표'가 되리라는 것을 현재의 가족과 친구들에게 이해시켜라. 당신에게는 든든한 지원군과 경청이 필요할 수 있음에 공감하라. '조언'은 들리지 않을 수 있다! 당신의 친구가 이해하지 못할 수 있음을 기억하라. 심지어 당신조차 이해하지 못할 수 있다.

13_찾는 것과 다시 만나는 것은 다른 누군가를 찾는 것에 대한 것뿐만 아니라 당신에 대한 것이다. 수많은 방식의 변화를 기대하라. 찾음으로써 본인이 '고쳐'지리라 기대하거나 선량한 가족이 기대하도록 만들지 마라.

14_당신이 맘대로 할 수 있는 상상의 세계와는 달리 현실세계는 '뒤죽박죽'이라는 것을 기억하라. 만약 당신이 '현실'을 대할 준비가 되지 않았거나 환상을 포기할 준비가 되지 않았다면 찾지 말라! 그리고 절대 연락하지 마라!

15_친인척 간에도 일어난다! 관계를 올바른 시각으로 바라보기 위해 시간과 노력이 필요하다. 성적인 매력이 느껴질 때에도 이를 기억하라!

16_이상적으로 가족은 독립성을 존중하면서도 서로에게 재미있고 상상력을 자극하고 서로 도움을 주어야 한다.

에필로그

나는 무언가를 찾고 있습니다. 내가 잃어버린 성스러운 무언가를.
나는 무언가를 찾고 있습니다. 내 영혼의 일부를,
결코 잃어버려서는 안 되는 무언가를 찾고 있습니다.
한밤중에 잃어버린 무언가를.
빌리 조엘(Billy Joel), 〈꿈의 강(River of Dreams)〉

언젠가 음악선생님이 들려준 이야기이다. 세계적으로 명성을 떨치던 작곡가에게 아들이 있었다. 그 아들은'도 레 미 파 솔 라 시' 피아노 건반을 두드리고는 멈추곤 했다. 아버지의 마음은 피아노로 달려가 마지막 건반인 '도'를 쳐서 음계를 마무리 짓고 싶은 충동으로 가득 찼다.

입양인과 어머니로서, 우리 이야기는 아직 끝나지 않았다. 그러나 깊은 마음속에는 우리의 이야기를 끝마치고 싶은 깊은 욕구가 자리 잡고 있다. 대부분의 사람이 경험하거나 이해하지 못한 진정으로 강렬한 것, 완성의 부재를 경험한다. 처음 우리에게 상실로 인해 초래된 파괴와 연관된 느낌 그리고 고통스런 지식을 회피하게 위해 우리는 의도적으로 무감각해졌다. 제인 거트맨의 아주 적절한 표현이 생각난다. "이러한 깊은 욕구가 삶의 청사진이 되기도 한다."

나는 네 살 때 어머니를 잃은 고통을 예민하게 인식하고 경험해왔다. 나는 직접적으로든 간접적으로든 지속적으로 전의식에 자리 잡고 있는 이 고통을 인식해왔지만 그 존재를 부정해왔다. 생존을 위해서 이를 밀어냈다. 이 고통을 실제가 아닌 것으로 만들었어야 했다. 그래서 나는 이를 부정했다. 나는 친구나 아내에게 고통을 언급하지 않았다. 만약 내 자신에게 이 고통을 경험하도록 허락한다면, 고통과 슬픔이 나를 쇠약하게 하고 심장을 두 조각 낼 것이라는 느낌이 들었다. 치료사를 찾았으나 입양에 대해서 논하지 않았다. 나는 치료사에게 비유를 통해서 내가 입양되었다는 메시지를 전달했다. 나는 치료사에게 만약 당신이 'ㅇ' 이라는 단어를 언급한다면 즉시로 치료실을 떠날 것이고 말했다. 진심이었다! 내 삶에서 단 한 번도 입양이라는 단어를 말하거나 글로 표현한 적이 없었으며 향후에도 그럴 계획이 없었다.

그런데 어느 날 어머니를 찾는 것이 가능하다는 것을 알게 되었다. 치료사는 아홉 달 동안 나를 설득했고 마침내 나는 지지모임에 참석했다. 모임 장소 밖에 숨어서 '친절'하게 보이는 사람이 나타날 때까지 기다렸다. 그 사람을 따라 모임 장소로 들어갔다. 나는 입양된 여러 사람을 만날 수 있었다. 나는 내가 입양아가 아닌 입양인(adoptee), 입양된 사람(adopted person) 또는 입양된 성인(adopted adult)이라 불린다는 것을 알게 되었다. 내 생애 처음으로 나는 그 단어를 입 밖으로 냈다. 내가 입양되었노라고 말했다. 그 단어는 거기서 끝나지 않았다. 그날은 내 삶을 통제로 변화시켰다. 나는 더 이상 희생자가 되는 것을 거부했다. 치료사에게 상실에 대한 내 감정을 쏟아내기 시작했다. 흐느꼈고, 고함쳤으며, 이제껏 한 번도 상처받은 경험이 없었던 것처럼 아파했다. 어린 시절에 경험했던 고통의 기억이 몰려왔다. 끊임없이 경험했던 고통을 회피 위해 내 마음의 벽을 세워나갔던 것이다.

오랫동안 치료를 받았다. 그러던 중 어느 날 지금껏 경험했던 그 어떤 고통보다 쓰라린 감정을 경험하게 되었다. 그때 치료사가 "조, 드디어 당신이 살아 있는 것 같군요"라고 말했다. 나는 치료사의 정신이 나

내 개인사는 아주 흔치않은 경우이다. 그래서 내 이야기 때문에 찾기를 멈추는 일은 없기 바란다. 대부분 사람은 찾기에 성공한다. 대부분 사람은 나처럼 지어낸 출생 일자와 출생 장소를 갖고 있지 않다.

갔다고 생각했다. 나는 심장이 뜯겨나가는 고통 속에 몸부림을 치고 있는데, 나보고 살아 있다고 하다니! 어이없군! 그러나 마침내 치료사가 한 말의 의미를 깨닫게 되었다. 나는 진짜 감정을 느낄 수 있었다. 그 감정은 나를 죽이지 못했다. 나는 고통을 수용했다. 그 고통은 나의 일부였으며 내 감정과 치유의 여정을 안내하는 역할을 했다. 나는 내 속의 악마와 직면했다. 그 감정은 엄청난 분노의 불, 선사시대 분노의 불처럼 느껴졌다. 그러나 치료사는 한결같은 인내로 나를 위로해주었다. 이전에 받아보지 못한 위로였다. 마침내 크나큰 상실감이 인식되었고, 나는 점점 더 큰 고통을 느끼는 동시에 간간히 내가 나아지고 있다는 것을 깨달았다.

21년 동안 친가족을 찾아왔지만 단 한 명의 친척과도 연락이 닿지 않았다. 나는 내가 언제 어디서 태어났는지 알지 못한다. 전갈자리 성격과 흡사한 것으로 미루어보아 아마도 1939년 늦은 가을과 겨울 사이에 태어난 것 같다. 버시 버나드라는 '아이판매상'에게 팔렸다고 한다. 뉴욕이나 플로리다에서 태어난 것 같지만 아닐 수도 있다. 어머니의 이름은 헤이브만(Haveman)이나 하버삭(Habersack) 또는 윌슨(Wilson)으로 추정되며, 나를 임신한 당시에 맨해튼 렉싱턴 가 677번지에 거주했던 것으로 보인다. 어머니는 윈클레스텐(Winklesten)이라는 의사를 알았을 것이다. 하지만 내가 알고 있는 것은 이것이 전부이며 이것도 가정일 뿐이다. 포기한 것은 아니지만, 실제적인 정보가 부재한 상태에서 더 이상의 조사는 쉽지 않을 것이다.

어머니와 다른 친척들을 찾을 수 없는 현실에 화가 난다. 어머니가 나를 양육하지 못할 것이라고 믿게 만든 환경에 대해 분노가 치밀어 오른다. 나는 이 분노를 내 직업과 사람들을 돕는 일을 비롯한 다양한 활동을 통해 승화시켰다. 나는 화난 감정을 발전적인 방향으로 사용하는 것을 배웠으며, 이는 성공적이었다. 만약 어머니나 다른 친척들을 찾지 못한다면 나는 더 이상 살아가지 못할 것이고 행복하지 못할 것이라고 생각했던 적도 있다. 한때 그런 생각을 가졌었다.

하지만 가족을 찾는 과정과 치료의 경험, 무엇보다도 지지모임에 참석하는 것은 충분한 치유 과정이 되었다. 충분하다는 말은 내가 여전히 때때로 끔찍한 고통을 경험하기도 하지만 예전만큼 자주 경험하는 것은 아니라는 의미이다. 고통이 모습을 드러내면 나는 이를 포용해버리고, 감정이 극단으로 치솟을 때까지 내버려두고, 마침내 감정이 영속하는 것이 아니라는 것을 경험하게 된다. 가장 중요한 것은 내가 더 이상 내 감정을 두려워하지 않게 된 것이다. 마침내 그 감정을 견딜 수 있게 되었다. 나는 내 감정에 대해 두려워하지 않는다.

누군가 20여 년 전에 내게 이런 말을 했다면, 그 말을 믿지 않았을 것이다. 그러나 나는 두려워하지 않으며, 당신이 이 작업을 하게 된다면 당신 역시 자신과 자신의 감정에 대해 두려워하지 않을 수 있다. 참 행복은 그것이 좋은 것이든 나쁜 것이든 자신의 모든 감정이 경험되도록 허락하는 사람들에게 찾아온다. 그렇지 않으면 우리가 생각하는 행복이란 굉장히 불편한 감정의 부재를 의미하는 것이 될 것이다. 재회는 고통, 분노, 슬픔을 몰아내는 것이 아니다. 오직 성실하게 분투하는 과정만 이를 가능케 한다. 물론 재회는 아주, 아주 중요하다. 재회는 우리

"맞아. 내가 보는 모든 곳, 내가 보는 모든 얼굴에, 그녀는 내 마음에 있다. 나는 내 일부분을 찾아야 한다. 시간이 갈수록 전보다 더욱 친어머니를 그리워한다. 죽는 날까지 내 어머니가 누구였을까를 궁금해 할 것이다._글래디스 쉘리(Gladys Shelly), 『내 어머니는 누구일까(Wonder Who My Mother Is?)』

삶에서 금상첨화인 셈이다. '나쁜' 재회라고 할지라도 이것이 주는 이득이 있다. 그게 무엇이든지 간에 당신은 적어도 당신의 진실에 대해서 '알게'된다. 그러나 그 과정은 가장 중요한 요소가 된다. '여정'이 모든 어머니와 입양인을 위한 치유의 핵심이 되는 것이다. 21년 동안 나는 그 누구에게도 자신이 가족을 찾았기 때문에 내게 미안하다는 말을 들어보지 못했다. 나는 그렇게 생각하는 누군가가 당연히 존재해야 한다고 생각했고 이러한 생각이 나를 슬프게 했다. 우리가 준비되어 있을 때 친가족 찾기는 진정한 상생 게임이 된다.

이 책을 읽는 동안 당신이 고통을 경험했으리라 생각한다. 잠시 당신의 상처를 보라. 당신의 상처를 자랑스럽게 여겨라. 왜냐하면 이것은 당신이 생존했다는 증거이기 때문이다. 나는 당신이 희망이 있다는 것을 알았으면 좋겠다. 당신에게는 고통과 분노, 슬픔을 다룰 수 있는 능력이 있다. 당신은 스스로의 감정을 두려워하는 것을 멈출 수 있다. 당신에게는 그런 능력이 있다. 이런 방법에 대한 나눔은 당신에게 바치는 나의 선물이다. 진실로 바라는 것은 이 책을 읽은 뒤 당신이 이 선물을 풀어보는 것이다. 이 선물은 이것이 얼마나 나쁜지 좋은지를 아는 사람이 보낸 것이다.

2003년 6월
조 솔

한국어판을 내며

한국은 제2차 세계대전 이후 가장 많은 아동을 해외로 입양 보낸 나라이다. 친생모(부)와 그 가족의 품으로부터 탈구된 20만 명에 이르는 아동을 낯모르는 구미 각국의 백인 가정으로 들어가 살도록 강제했다. 친생모(부)와 친족 관계망과 사회·문화적 관계망 안에서 아동이 성장할 수 있도록 해결책을 모색하는 대신, 결별의 결과에 대한 단순한 대응책으로서 아동을 인종과 문화와 언어가 다른 세계로 강제 이주시키는 일은 전쟁과 재난의 상황에서만 불가피하게 용인될 수 있는 일일 터이다.

그러나 재난의 상황이 종결되었음에도 불구하고 국가와 사회가 이를 통해서 직접적 이익이나 혹은 부수적 이익을 취하는 동시에, 나아가 이런 잔인한 입양 양육방식에 친생가족 중심의 보편적 아동 양육방식을 능가하는 '선의와 덕행'이라는 상징력의 화관을 씌웠다면, 그리고 이런 방식의 아동 양육 시스템을 항구적인 것으로 정착되도록 법적·제도적 조치들을 지속적으로 강화시켜왔다면, 이는 결국 친생가족과 아동에 대한 인권 유린이자 조직적 국가 폭력에 다름 아니다. 2013년 3월 호주연방정부는 연방의회로 원가족들과 입양인들을 초대하고 수상의 연설을 통해 강제 입양으로 아픔을 겪은 그들에게 정중하게 사과했다. 입양의 본질이 복지가 아니라 인권 유린인 동시에 사회적·국가적 폭력이었음을 인정한 것이다.

입양은 본질은 복지가 아니라 결별이다. 복지가 공여되기 전에 결별이 일어났다. 결별의 결과가 복지의 기회가 되었을 뿐이다. 그러나 입양 결별로 인해 친생모과 그 가족은 '사회적 죽음(social death)'에 내몰리고, 입양 아동은 종종 '원초적 상처(primal wound)'로 파편화되어버린 자신의 정체성을 수습하는 일에 생사를 건다. 결별의 위기에 처한 친생모와 아동을 하나의 통합된 단위로 여겨 그들의 함께 살 권리에 기반한 사회적 안전망을 제공하려는 노력 없이, 결별을 자명한 것으로 간주하고 입양 복지의 확대와 성장을 추구했다면 그것은 더 이상 사회복지라는 이름을 얻어서는 안 될 것이다.

지난 60년간 성장에 성장을 거듭해온 한국의 입양 복지는 입양 아동이 얻게 되는 복리를 강조하는 일과 입양 부모의 덕행을 상찬하는 일에는 전방위적 노력을 아끼지 않았지만, 친생모(부)가 겪게 될 '사회적 죽음'과 친생가족이 겪게 될 트라우마에 대해서는 철저하게 함구했거나 심지어 그들을 향한 편견과 비난을 지속적으로 생산해왔다. '입양 삼자(adoption triard)'라는 소위 전문가적인 용어가 회자되는 자리에서도 언제나 철저하게 외면당한 한 축은 바로 친생모(부)였다. 도처에서 입양 아동과 입양 가족에 대한 전생애적 서비스(lifelong service) 제공의 필요성을 역설했지만, 정작 입양 삼자의 한 축이자 아동의 상실자이며 제공자인 친생모(부)에 대한 서비스 제공을 논한 흔적을 어디에서도 찾을 길이 없다. 친생모(부)는 일생을 가름하는 트라우마와 우울증과 자괴감과 자살충동과 자식의 생사안위에 대한 염려와 그리움에 신음하고 있었지만, 입양 복지가 이들에게 보여준 것은 냉혹한 배척과 비난의 얼굴뿐이었음을 이 땅의 많은 친생모(부)들은 토로하고 있다. 더러 마음 따뜻한 입양 사회복지사와의 만남 안에 이들이 위로와 상담적 조언을 얻은 경우가 없지는 않았다고 하더라도, 입양 복지 차원에서 이들을 돕고자 하는 체계적 노력의 가시적 결과물에 대한 소식은 들어보지 못했다.

조 솔(Joe Soll)과 캐런 부터보(Karen Buterbaugh)가 쓴 『입양 치유(Adoption Healing)』를 번역·출간하는 것은 바로 이런 결핍을 목격한 데서 흘러나온 열정 때문이다.

이제 이 책의 출간을 추동하고 가능하게 했던 사람들에게 고마움을 표하고 싶다. 먼저 미국 입양인 수잔(가명)에게 진심으로 감사를 표한다. 수잔은 다섯 살 때 여동생과 함께 미국 캘리포니아 주로 입양 보내졌다. 이별의 슬픔을 알 만한 나이였던 수잔은 김포공항에서 대성통곡하며 한국을 떠나야 했다. 사실상 강제 이주에 다름이 아니었다. 이듬해 입양모가 죽자 입양부는 그녀와 동생을 학대하기 시작했다. 결국 그녀와 동생은 뉴멕시코 주의 다른 가정으로 재입양되었지만 불운하게도 학대는 차원을 달리하여 계속되었다. 동양에서 온 두 소녀를 향한 백인 아버지의 학대는 인간 존엄의 근저를 무너뜨리는 일이었으나 그들은 존경스럽게도 살아냈고 살아남았다. 그들은 생존자들이다! 수잔은 고등학교를 졸업하자마자 집을 떠났고, 지금은 사회복지학 석사를 마치고 캘리포니아 주의 비영리 사회기관에서 일하고 있다.

수잔은 몇 차례 한국을 방문했고 가족을 찾았으며, 한국에 올 때마다 '뿌리의집'을 방문했다. 몇 해 전 수잔은 내게 이 책의 원서를 선물하면서 우리말로 출간해줄 것을 부탁했다. 수잔은 친생모를 만났을 때 어머니가 30년 동안 자기 삶의 문제를 가슴 가장 깊은 곳에 꽁꽁 숨겨둔 채 살아온 것과, 바로 그래서 어머니의 삶이 처절하게 과거에 포박되어 있는 사실에 직면했다. 또한 그녀는 자식을 입양 보낸 어머니들이야말로 가장 진지하고 따뜻한 상담 서비스를 제공받아야 함에도 불구하고 철저하게 방치되어 있었다는 사실에 분노했다. 무엇보다도 그녀는 자신의 생모가 그녀의 생애를 관통하는 입양 결별의 트라우마에서 회복되기를 간절히 바랐다. 이런 회복 없이는 자신과의 마음 깊은, 그리고 서로에게 안식과 평안을 주는 재회와 관계의 지속과 성숙이 불가능하다는 사실을 뼈저리게 느꼈다. 이 책은 그녀의 생존과 회복을 향한 진심어린 염려와 투쟁에 대한 존경의 표지이다.

이 책은 2011년 서울대학교 사회복지학과 대학원에 재학 중이던 오혜인, 김수현, 김준영, 김화선, 유영선, 정새날, 정의진이 번역했다. 논문자격시험과 사회복지실습으로 눈코 뜰 새 없이 바쁜 분들이 입양으로 아이를 잃은 여성들과 연대하는 마음 하나로 이 일을 감당해준 것이다. 같은 대학원에 다니고 있던 내 친구이자 스위스 입양인인 마크 샤포는 이 번역 프로젝트가 결과를 볼 때까지 찬찬히 이끌어줬다. 이 자리를 빌려 번역자들과 마크에게 진심어린 감사를 표한다.

내 친구이자 함석헌 연구가인 김성수 박사는 원고를 꼼꼼히 감수하고 빠진 부분들을 추가로 번역해줬다. 언제나 아름다운 친구 김두연도 사무적으로 늘 더듬거리는 나를 도와 번역과 출판의 전 과정을 빈틈없이 챙겨줬다. 무엇보다도 한국 사회의 입양 담론과 보편적 아동 양육 시스템 구축에 대해 가장 지혜롭게 또한 무한하게 열정을 불태우는 나의 존경하는 친구 제인 정 트렌카가 게으른 나를 추동해 이 책이 기어이 출간되도록 한 일도 언급해야 한다. 그녀는 또한 한국어판 출판에 필요한 원저자 조 솔과의 편지 교환이라는 궂은일을 대신 해줬다. 사랑하는 세 친구들의 우정과 조언과 수고에 심심한 존경과 감사를 드리는 바이다.

결국 이 책의 출판을 가능하게 한 것은 내 친구 유재현 군의 조언과 편집자 온현정 씨의 헌신 덕분이다. 온현정 씨는 편집인으로서의 전문성을 유감없이 발휘하여 번역투의 문장에 유려한 한국어의 숨결을 불어넣고 출판의 전 과정을 꼼꼼하게 챙겨주었다. 감사드린다.

마지막으로, 이 책을 미미한 '뿌리의집' 출판사가 출판할 수 있도록 허락해준 원저자 조 솔에게 심심한 감사를 드린다. 생각을 함께하는 친구가 지구 반대편에도 살고 있다는 것을 아는 일은 이 땅에서 입양 담론의 새로운 지평을 열어내기 위해 분투하는 '뿌리의집'에게는 큰 용기가 되는 일이기도 하다. 그래서 그에게 더욱 감사하다.

이 책이 아이를 입양으로 잃은 이 땅의 많은 어머니들의 손에 들어가 닿기를 바란다. 다 읽지 못하더라도 몇 쪽만으로도 그들이 혹시 삶의 새 지평이 열어가는 데 도움을 입을 수 있었으면 한다. 입양에 이런저런 일로 연루된 사회복지사, 사회복지학도, 연구자와 정책입안자에게도 참고문헌이 되었으면 한다. 아이의 입양을 의뢰하고 무너져 내리는 걸음으로 돌아서는 이 땅의 어머니들 손에 누군가 이 책을 쥐어주었으면 한다. 아이를 잃은 슬픔에서 회복된다는 것은 환상이거나 어쩌면 망상에 가까운 일일 수도 있다. 그러나 그 여정에 함께 서서 마음을 나누며 미래를 내다볼 수 있다는 것만으로도, 또한 이런 일이 이 땅에 거듭되지 않기를 바라고 작은 헌신이나마 모아가려는 작은 몸짓만으로도 우리는 서로에게 힘이 되어줄 수 있을지도 모른다.

2013년 5월 11일 제3회 싱글맘의 날에 즈음하여

인왕산 남녘 자락 아래 깃든 '뿌리의집'에서

김도현 목사 씀